"十三五"国家重点出版物出版规划项目

中国工程院重大咨询项目 中国生态文明建设重大战略研究丛书(II)

第 四 卷

农业发展方式转变与美丽乡村建设战略研究

中国工程院"农业发展方式转变与美丽乡村建设战略研究"课题组

刘 旭 唐华俊 尹昌斌 主编

科学出版社

北 京

内 容 简 介

本书是中国工程院重大咨询项目"生态文明建设若干战略问题研究（二期）"成果系列丛书的第四卷。全书包括课题综合报告和专题研究两部分内容：课题综合报告对4个专题研究内容就农业发展方式转变与美丽乡村建设咨询课题的研究成果进行了全面提炼和总述，内容涵盖农业发展方式转变与美丽乡村建设面临的机遇与挑战，美丽乡村建设思路、重点任务与路径选择，美丽乡村建设评价（考核）指标体系，种植业、畜牧业发展方式转变与美丽乡村建设研究，适应村镇美化建设的乡村土地规划研究，重大科技工程措施和重大政策建议8个方面；专题研究部分更深入地运用数据分析、案例分析和情景模拟等就种植业、畜牧业和乡村土地规划方面的发展方式转变进行了探讨。

本书适合政府管理人员、政策咨询研究人员，以及广大科研从业者和关心国家发展建设的人士阅读，也适合各类图书馆收藏。

图书在版编目(CIP)数据

农业发展方式转变与美丽乡村建设战略研究/刘旭，唐华俊，尹昌斌主编. —北京：科学出版社，2018.11

[中国生态文明建设重大战略研究丛书(Ⅱ)/周济，刘旭主编]

"十三五"国家重点出版物出版规划项目　中国工程院重大咨询项目

ISBN 978-7-03-059143-2

Ⅰ.①农… Ⅱ.①刘… ②唐… ③尹… Ⅲ.①农业发展–发展方式–研究–中国　②农村–社会主义建设–研究–中国　Ⅳ.①F323　②F320.3

中国版本图书馆CIP数据核字(2018)第241857号

责任编辑：马　俊　郝晨扬／责任校对：严　娜
责任印制：肖　光／封面设计：北京铭轩堂设计有限公司

科学出版社 出版

北京东黄城根北街16号
邮政编码：100717
http://www.sciencep.com

中国科学院印刷厂 印刷

科学出版社发行　各地新华书店经销

*

2018年11月第　一　版　开本：787×1092　1/16
2018年11月第一次印刷　印张：12 1/2
字数：300 000

定价：**108.00元**

（如有印装质量问题，我社负责调换）

丛书顾问及编写委员会

顾　问

徐匡迪　钱正英　陈吉宁　张　勇　沈国舫

主　编

周　济　刘　旭

副主编

郝吉明　杜祥琬　吴丰昌

丛书编委会成员

（以姓氏笔画为序）

丁一汇	丁德文	万东华	王　浩	王元晶
尹伟伦	曲久辉	朱广庆	刘　旭	刘克成
刘鸿亮	江　亿	严　耕	杜祥琬	李　阳
李文华	李德发	吴丰昌	张林波	陈　勇
金鉴明	周　济	郝吉明	段　宁	钱　易
徐祥德	凌　江	唐华俊	唐孝炎	唐海英
傅志寰	舒俭民	魏复盛		

"农业发展方式转变与美丽乡村建设战略研究"课题组成员名单

组　长： 刘　旭　　中国工程院副院长，院士
副组长： 唐华俊　　中国农业科学院院长，院士
　　　　　 李德发　　中国农业大学教授，院士
　　　　　 尹昌斌　　中国农业科学院农业资源与农业区划研究所主任，研究员
　　　　　 刘克成　　西安建筑科技大学建筑学院院长，教授

专题研究组及主要成员

1. 农业发展方式转变下的美丽乡村建设要求、挑战与推进策略专题组
　　　　 刘　旭　　中国工程院副院长，院士
　　　　 尹昌斌　　中国农业科学院农业资源与农业区划研究所主任，研究员
　　　　 杨　鹏　　中国农业科学院农业资源与农业区划研究所副所长，研究员
　　　　 杨瑞珍　　中国农业科学院农业资源与农业区划研究所，研究员
　　　　 陈永福　　中国农业大学，教授
　　　　 赵俊伟　　中国农业科学院农业资源与农业区划研究所，博士研究生

2. 种植业发展方式转变与美丽乡村建设研究专题组
　　　　 唐华俊　　中国农业科学院院长，院士
　　　　 易小燕　　中国农业科学院农业资源与农业区划研究所，副研究员
　　　　 陈印军　　中国农业科学院农业资源与农业区划研究所，研究员
　　　　 王亚静　　中国农业科学院农业资源与农业区划研究所，副研究员
　　　　 方琳娜　　中国农业科学院农业资源与农业区划研究所，助理研究员
　　　　 袁　梦　　中国农业科学院农业资源与农业区划研究所，硕士研究生

3. 畜牧业发展方式转变与美丽乡村建设研究专题组
　　　　 李德发　　中国农业大学教授，院士
　　　　 臧建军　　中国农业大学，高级畜牧师

　　　　范润梅　　中国农业科学院饲料研究所，助理研究员
　　　　贾　伟　　中国农业科学院农业环境与可持续发展研究所，助理研究员
　　　　胡高裕　　忻州市农业综合开发领导组办公室，会计师
　　　　马学海　　饲料博物馆，高级工程师

4. 适应村镇美化建设的乡村土地规划研究专题组
　　　　刘克成　　西安建筑科技大学建筑学院院长，教授
　　　　段德罡　　西安建筑科技大学建筑学院副院长，教授
　　　　王　瑾　　西安建筑科技大学建筑学院，讲师
　　　　黄　梅　　西安建筑科技大学建筑学院，讲师
　　　　黄　晶　　西安建筑科技大学建筑学院，科研助理
　　　　菅泓博　　西安建筑科技大学，博士研究生

5. 农业发展方式转变与美丽乡村建设战略综合组
　　　　刘　旭　　中国工程院副院长，院士
　　　　尹昌斌　　中国农业科学院农业资源与农业区划研究所主任，研究员
　　　　杨瑞珍　　中国农业科学院农业资源与农业区划研究所，研究员
　　　　易小燕　　中国农业科学院农业资源与农业区划研究所，副研究员
　　　　鞠光伟　　中国农业科学院农业资源与农业区划研究所，助理研究员
　　　　赵俊伟　　中国农业科学院农业资源与农业区划研究所，博士研究生
　　　　黄显雷　　中国农业科学院农业资源与农业区划研究所，博士研究生

课题工作组

组　长：尹昌斌(兼)　中国农业科学院农业资源与农业区化研究所主任，研究员
成　员：易小燕　　中国农业科学院农业资源与农业区划研究所，副研究员
　　　　　王　波　　中国工程院咨询服务中心，副处长
　　　　　鞠光伟　　中国农业科学院农业资源与农业区划研究所，助理研究员
　　　　　宝明涛　　中国工程院咨询服务中心，经济师

丛 书 总 序

为积极参与生态文明建设研究，更好地发挥"国家工程科技思想库"的作用，中国工程院于 2013 年启动了"生态文明建设若干战略问题研究"重大咨询项目，对生态文明建设进行全局性系统研究，提出了中国未来生态文明建设的总体目标、战略部署和重点任务。为持续跟踪支撑国家生态文明建设，2015 年中国工程院启动了"生态文明建设若干战略问题研究（二期）"重大咨询项目，项目由周济、刘旭任组长，郝吉明任副组长，20 余位院士、200 余位专家参加了研究。2017 年 12 月，经过两年多的紧张工作，在深入分析和反复研讨的基础上，经过广泛征求意见，综合凝练形成了项目研究报告。研究期间，部分研究成果上报国务院，得到了有关领导的高度重视和批示。

项目在构建国家生态文明建设指标体系、综合评估我国生态文明发展水平的基础上，对我国环境承载力与经济社会发展战略布局、固体废物分类资源化利用、农业发展方式转变与美丽乡村建设等生态文明建设领域的重大战略问题开展研究。

项目全面客观评估我国生态文明发展水平与建设成效。以生态环境质量改善为核心，从绿色环境、绿色生产、绿色生活、绿色设施 4 个领域，构建包括 10 个目标、20 个指标的评估体系。充分考虑城市的主体功能定位，按功能区发展要求确定差异化的指标权重，采用双基准渐进法，以 2015 年为评估年，以全国 337 个地级及以上城市（不含香港特别行政区、澳门特别行政区、台湾省及三沙市）为单元，从国家、省、市三个层次开展了评价。结果表明，2015 年我国生态文明发展水平平均分值为 61.16，处于一般水平，与生态文明建设目标仍有一定差距，东南沿海地区的生态文明发展水平整体略高于中西部地区。具体指标结果表明，我国整体经济社会成果显著，在经济生活方面具有了一定基础，部分一线城市已达到国际中高收入或高收入国家水平，但是在生态环境保护、工业污染控制、产业优化、资源高效利用等领域，以及农业主产区生态文明建设等方面仍需进一步加强。

在此基础上，项目组提出了若干政策建议：一是基于资源环境承载能力优化产业发展布局，强化京津冀、西北五省（自治区）及内蒙古自治区的资源环境承载力约束，整治高污染、高耗能、高耗水企业，严控新增产能，强化产业调整和特别污染排放限值管理，运用行业排放标准推进产业技术进步，综合考虑水资源承载力和水资源效率进行农业布局；二是以"无废国家"为目标，促进资源充分循环，将固体废物资源化利用上升到国家战略高度，推动资源产出率、资源循环利用率等作为重要战略性量化指标，构建绿色消费模式，促进城市矿山开发，推动生态农业生态生产模式，促进乡村废物资源化，加快工业发展绿色转型，提高资源利用效率；三是转变农业发展方式，建设美丽乡村，通过延伸农业产业链，构建一二三产业深度融合经营体系，探索新型高效生态农业，推进种养结合、农牧融合，提高村庄规划水平，加强宅基地和农村集体建设用地的规划管理，为未来发展留出空间，开展一批重点示范建设工程，推进美丽乡村建设。

项目提出了新时代生态文明建设的目标，即建议将生态资源资产与经济发展协同增长作为实现中华民族伟大复兴中国梦的目标之一，作为各级政府的工作任务，按约束指标列入年度发展计划，坚持人与自然和谐共生、物质精神同步、经济生态协调与坚持区域发展平衡；通过全社会不懈的努力，到 21 世纪中叶，基本实现人民群众物质财富与生态福祉的双重富裕，建成美丽中国；到 21 世纪下半叶，全面建成零碳无废社会，实现物质财富与生态福祉极大富裕。基于上述目标，提出了八大重点任务：一是培育生态产品生产成为新兴产业，将生态资源资产核算纳入国民经济核算体系，扩大生态生产产业的就业；二是坚持绿色驱动产业的生态化转型，以资源环境承载力约束、优化产业布局，推进传统产业生态化转型；三是深化美丽乡村建设，打造现代农业升级版，实现中国特色农业现代化；四是将建设"零碳无废"社会目标提升到国家战略高度，推动能源革命实现低碳发展，推进生产和消费领域的循环发展；五是培育全民生态文化自觉和绿色生活方式；六是健全绿水青山就是金山银山的法制保障，创新生态资源资产为核心的生态环境管理体系；七是引领全球治理共同构建人类命运共同体，为发展中国家提供绿色发展中国智慧；八是实施绿色科技创新工程支撑生态文明建设。

本套丛书汇集了"生态文明建设若干战略问题研究（二期）"项目的综合卷和 4 个课题分卷，分项目综合报告、课题报告和专题报告三个层次，提供相关领域的研究背景、内容和主要论点。综合卷包括综合报告和相关课题论述，每个课题分卷则包括课题综合报告及其专题报告。项目综合报告主要凝聚和总结各课题和专题中达成共识的主要观点和结论，各课题形成的其他观点则主要在课题分卷中体现。丛书是项目研究成果的综合集成，是众多院士和多部门多学科专家教授、企业工程技术人员及政府管理者辛勤劳动和共同努力的结果，在此向他们表示衷心的感谢，特别感谢项目顾问组的指导。

生态文明建设是关系中华民族永续发展的根本大计，更是一项巨大的惠及民生福祉的综合性建设。由于各种原因，丛书难免还有疏漏和不够妥当之处，请读者批评指正。

中国工程院"生态文明建设若干战略问题研究（二期）"

项目研究组

2018 年 11 月

前　言

党的十八大确定了生态文明建设的战略任务，确定"五位一体"的战略发展格局，提出了建设美丽中国。2015年，在中共中央国务院发布的《中共中央国务院关于加快推进生态文明建设的意见》中更加明确地指出要"加快美丽乡村建设"。建设美丽中国的重点和难点在农村，美丽乡村的建设情况直接影响和制约着美丽中国的建设进程。从美丽乡村的内涵和实质看，建设美丽乡村是建设美丽中国的重要内容，是推进农业经济发展方式转变、一二三产业融合的必由之路，是推进农村生态文明建设的重要抓手，是统筹城乡发展、推进城乡一体化的有效途径，是加快新型城镇化进程的重要手段。

随着工业化、城镇化进程的不断加快，农村优质生产要素大量流向城市，农村产业盲目实现跨越式发展，农村正面临着传统农业逐渐衰弱、农村逐渐边缘化和空心化、真正从事农业生产的农民数量逐渐减少、农村逐渐没落等问题，主要表现为村庄"空心化"、农业产业"空洞化"和农村劳动力"老龄化"等"三化"问题。

因此，必须按照"创新、协调、绿色、开放、共享"的发展理念，转变农业发展方式，发展标准高、融合深、链条长、质量好、方式新的精致农业，走资源节约型、环境友好型农业发展之路，深入开展农村环境综合整治，推进农村垃圾、污水处理和土壤修复，解决农村生态环境污染问题，教育和引导农民养成健康、低碳、环保的现代生产和生活方式，让乡村"天蓝、地净、水清、山绿"，让乡村宜业、宜居、宜游。转变美丽乡村创建形态，建立城乡要素平等交换机制，选好特色产业，发展新型集体经济，促进农村基础设施建设和农村景观升级，更加关注生态环境资源的有效利用，更加关注人与自然和谐相处，更加关注农业发展方式转变，更加关注农业功能多样性发展，更加关注农村可持续发展，更加关注保护和传承农业文明，真正把建设美丽乡村作为提升农业产业、缩小城乡差距、推进城乡一体化的重要载体和抓手，形成"内生式"发展路径。

课题于2015年5月正式启动，沈国舫、方智远为课题组顾问，刘旭为课题组组长，唐华俊、李德发、尹昌斌、刘克成为课题组副组长，易小燕为课题联系人，课题设置了4个专题研究，根据专题设置和研究需要，邀请相关方面专家30余位参加专题研究。在研究工作开展过程中，还得到了国家开发银行的支持。课题组组织研讨会议100余次，并赴江苏、浙江、福建、贵州、湖北、山西、甘肃等典型地区开展农业生态文明建设情况综合调研，最终形成了本书，以期为国家推进生态文明建设背景下的农业发展方式转变提供科学决策依据与参考。

农业发展方式转变与美丽乡村建设是一项长期而复杂的系统工程，很难通过一次研究就将其内容加以全面的覆盖。本书仅是中国工程院生态文明建设战略问题研究的阶段性成果。由于各种原因，本书难免还有疏漏和不妥当之处，请读者批评指正。

作　者

2018 年 5 月

目 录

丛书总序
前言

课题综合报告

第一章 农业发展方式转变与美丽乡村建设面临的机遇与挑战 ·········· 3
    一、背景与意义 ·········· 3
    二、面临的挑战 ·········· 4

第二章 美丽乡村建设思路、重点任务与路径选择 ·········· 6
    一、发展思路 ·········· 6
    二、重点任务 ·········· 6
    三、路径选择 ·········· 8

第三章 美丽乡村建设评价（考核）指标体系 ·········· 11
    一、确定美丽乡村发展目标 ·········· 11
    二、确定指标分类框架 ·········· 11
    三、初步确立指标名称 ·········· 11
    四、确立指标值 ·········· 11
    五、修改、完善指标 ·········· 12

第四章 种植业发展方式转变与美丽乡村建设研究 ·········· 13
    一、总体思路 ·········· 13
    二、基本原则 ·········· 13
    三、战略重点 ·········· 14
    四、重点问题的转变路径与案例分析 ·········· 17

第五章 畜牧业发展方式转变与美丽乡村建设研究 ·········· 23
    一、总体思路和基本原则 ·········· 23
    二、战略构想与目标 ·········· 24
    三、战略选择 ·········· 25
    四、重点问题的转变路径——大中型养殖场粪污处理与资源化利用 ·········· 26

第六章 适应村镇美化建设的乡村土地规划研究······29
一、总体思路······29
二、战略构想······29
三、农村基础设施建设和村庄整治路径······31
四、适应村庄建设的乡村土地规划······32

第七章 重大科技工程措施······34
一、高标准农田建设工程······34
二、精准施肥推进工程······34
三、高效节水灌溉工程······34
四、农业废弃物综合利用示范工程······35
五、农牧结合与畜牧业清洁生产示范工程······36
六、乡村整治与土地利用规划编制示范工程······37
七、农村基础设施推进与示范引导工程······37
八、新型职业农民培训工程······37

第八章 重大政策建议······38
一、科学规划布局，因地制宜地开展乡村基础设施建设······38
二、推进美丽乡村建设与建立新型产业相结合······38
三、优化农业功能分区，尽快制定绿色种养业结合发展规划······38
四、构建农村基础设施建设的长效机制······39
五、加大绿色农业与农村发展技术的集成与示范······39

专 题 研 究

专题一 农业发展方式转变下的美丽乡村建设要求、挑战与推进策略······43
一、背景与意义······43
二、问题与挑战······45
三、转变农业发展方式，建设美丽乡村的路径选择······50
四、我国农业生态文明发展评价研究······57
五、农业发展方式转变下美丽乡村建设评价（考核）指标体系······69

专题二 种植业发展方式转变与美丽乡村建设研究······80
一、当前我国种植业发展的现状与趋势······80
二、种植业发展面临的问题与挑战······86
三、种植业发展方式转变战略······89
四、重点问题的转变路径与案例分析······94
五、需要支撑的科技工程······110

专题三　畜牧业发展方式转变与美丽乡村建设研究 ·· 114
一、中国畜牧业发展成就与潜力 ··· 114
二、中国畜牧业发展面临的问题与挑战 ··· 122
三、中国畜牧业发展的战略思考 ··· 126
四、中国畜牧业发展方式转变模式与案例分析 ·· 128
五、科技工程与政策建议 ·· 146

专题四　适应村镇美化建设的乡村土地规划研究 ·· 151
一、目前的形势和问题 ··· 151
二、关于形势的判断和发展趋势 ··· 158
三、总体思路和战略构想 ·· 160
四、若干问题的剖析和对策 ··· 163
五、重点问题、典型案例的实证分析 ·· 170
六、需要支撑的科技工程 ·· 180
七、政策建议 ·· 182

主要参考文献 ·· 185

课题综合报告

第一章　农业发展方式转变与美丽乡村建设面临的机遇与挑战

一、背景与意义

党的十八大确定了生态文明建设的战略任务，确定"五位一体"的战略发展格局，提出了建设美丽中国。2015 年，在中共中央国务院发布的《中共中央国务院关于加快推进生态文明建设的意见》中更加明确地指出要"加快美丽乡村建设"。建设美丽中国的重点和难点在农村，美丽乡村的建设情况直接影响和制约着美丽中国的建设进程。从美丽乡村的内涵和实质看，建设美丽乡村是建设美丽中国的重要内容，是推进农业经济发展方式转变、一二三产业融合的必由之路，是推进农村生态文明建设的重要抓手，是统筹城乡发展、推进城乡一体化的有效途径，是加快新型城镇化进程的重要手段。

（一）建设美丽乡村是建设美丽中国的重要内容

党的十八大要求把生态文明建设放在突出位置，努力建设美丽中国。中国幅员辽阔，人口众多，大部分国土属于农村地区，65%人口的家在农村，近半数人口还常住在农村。森林、草原、河流、湿地等生态屏障绝大部分在农村，建设美丽中国，首先要建设美丽乡村。习近平总书记早在 2003 年就指出"既要金山银山，又要绿水青山"。建设美丽乡村，就是要按照"科学规划布局美、村容整洁环境美、创业增收生活美、乡风文明身心美"的要求，进一步丰富拓展其内涵和领域，全面提升农村生产、生活条件，努力打造农村宜居、宜业、宜游的良好发展环境。

（二）建设美丽乡村是推进农村经济发展方式转变的必由之路

2016 年中央一号文件指出"加快转变农业发展方式，保持农业稳定发展和农民持续增收，走产出高效、产品安全、资源节约、环境友好的农业现代化道路"。加快美丽乡村建设，有利于推动农村经济结构调整，加快农村经济转型升级；有利于促进人们转变生产方式和消费方式，着力提升农村人居环境和农民生活质量；有利于节约集约利用各类资源要素，从根本上促进人口与资源环境的承载能力相协调，推动经济社会的可持续发展。

（三）建设美丽乡村是推进农村生态文明建设的重要抓手

2015 年，中共中央国务院发布了《中共中央国务院关于加快推进生态文明建设的意

课题综合报告执笔人：尹昌斌　杨瑞珍　易小燕　赵俊伟。

见》，这是我国生态文明建设的纲领性文件。农村生态文明建设是生态文明建设的重要内容，关系到我国整个生态文明建设的进展成效。没有农村的生态文明，就没有全国的生态文明。然而多年来，在生态文明建设方面，许多地方程度不同地存在着重城市、轻农村的做法，农村普遍"脏乱差"。

（四）建设美丽乡村是加快新型城镇化进程的重要手段

实施城镇化与美丽乡村同步发展的驱动战略，美丽乡村必须是城镇化带动下的美丽乡村，城镇化必然是美丽乡村基础上的城镇化。美丽乡村建设是实现城镇化的现实基础，城镇化过程中的粮食、土地、人力资本和内生经济增长等问题的解决必须依靠美丽乡村的稳步建设和提升；城镇化是美丽乡村建设的动力来源，美丽乡村建设中投入、户籍、公共服务和社会保障等问题的解决必须依靠城镇化的适度推进和延伸。随着工业化、城镇化、信息化、农业现代化进程的加快，推进美丽乡村建设是解决新型城镇化面临的新情况、新问题、新挑战的有效手段。

二、面临的挑战

我国是一个农业大国，农业关乎国家粮食安全、资源安全和生态安全。近年来，我国农业发展取得巨大成就，粮食生产实现历史性的"十二连增"，农民增收实现"十二连快"。然而，长期粗放式经营积累的深层次矛盾逐步显现，农业持续稳定发展面临的挑战前所未有，水土资源约束日益趋紧，农业面源污染加重，农业生态系统退化明显，农村的"脏乱差"问题没有得到根本改观，传统的农业生产方式已难以为继。

（一）农业资源环境硬约束日益严重

我国人均耕地面积仅为 0.1hm^2，人均水资源量仅占世界人均水资源量的 1/4。农田灌溉水有效利用系数比发达国家平均水平低 0.2，华北地下水超采严重。农业用水有效利用率只有 50%左右，大水漫灌、超量灌溉等现象比较普遍，我国每立方米灌溉水生产 1kg 粮食，每亩[①]每毫米降水能确保生产 0.5kg 粮食，只有发达国家的一半。我国每公顷土地施用的化肥量是世界平均水平的 4 倍以上。化肥真正能够用于作物生长的比重不到 30%。我国每年使用的农药约为 180 万 t，每年遗留在土地里的农膜有 100 万 t 以上。畜禽粪污有效处理率不足 50%，秸秆焚烧现象严重。全国水土流失面积达 295 万 km^2，年均土壤侵蚀量为 45 亿 t，沙化土地面积为 173 万 km^2，石漠化面积为 12 万 km^2，草原超载过牧问题依然突出。

（二）农村"三化"问题严峻，农村发展缺乏内生动力

随着工业化、城镇化进程的不断加快，农村优质生产要素大量流向城市，农村产业

---

① 1 亩≈666.7m^2。

盲目实现跨越式发展，农村正面临着传统农业逐渐衰弱、农村逐渐边缘化和空心化、真正从事农业生产的农民数量逐渐减少、农村逐渐没落等问题。主要表现为村庄"空心化"、农业产业"空洞化"和农村劳动力"老龄化"等"三化"问题。我国农村空心化正处于快速上升发展期，外扩内空、人走屋空有加速趋势，还出现了一户多宅、建新不拆旧、新房无人住的现象。伴随着农村大量劳动力的流失，农村资金也出现了大量外流，农村经济发展非常缓慢甚至停滞不前，没有经济增长点，村民收入低且来源单一，农村劳动力老龄化问题越来越突出。

（三）农业增效、农民增收难度加大，面临供给侧改革的压力

我国农业生产成本快速上升，特别是生产性服务费用支出，年均增幅达到8%~9%，农业生产成本"地板"在往上抬升。面临着国际国内农产品价格倒挂的压力，谷物的价格如果按批发价来计算，国内外的价格每吨要差400~800元，即国内的谷物价格每吨要比国际市场价格贵400~800元。农业生产成本"地板"抬升和农产品价格"天花板"封顶的两重压力，相当于天花板在往下压，地板在往上升，于是中间的空间就越来越小，直接导致农业增效、农民持续增收难度加大。

（四）农村一二三产业连接不够紧密，农村基础设施薄弱

我国农村一二三产业连接不够紧密，农业产业整体发展水平不高，如农业产加销仍未形成高效完整的产业链条。农产品加工业起步晚，基础差，技术装备落后，加工转化率低。农产品流通方式落后，运输流通成本高、损失大。农业生产规模小，组织化程度低，农业多功能性远未发挥。基础设施和公共服务设施严重欠缺，现有文化设施利用率低下，土地资源浪费严重。特别是村级规划缺乏，导致建房选址随意性大，普遍存在占用耕地建房、沿路建房、建新不拆旧等突出问题，有新房无新村，有新村无新貌。

（五）体制机制尚不健全，创建美丽乡村建设的制度体系任务艰巨

农业资源市场化配置机制尚未建立，特别是反映水资源稀缺程度的价格机制没有形成；生态循环农业发展激励机制不完善，种养业发展不协调，农业废弃物资源化利用率较低；农业生态补偿机制尚不健全，农业污染责任主体不明确，监管机制缺失，污染成本过低；全面反映经济社会价值的农业资源定价机制、利益补偿机制和奖惩机制的缺失和不健全等。城乡要素平等交换、有效配置机制尚待完善，美丽乡村建设的动力机制尚未完全构建。

第二章 美丽乡村建设思路、重点任务与路径选择

一、发展思路

按照"创新、协调、绿色、开放、共享"的发展理念，转变农业发展方式，发展标准高、融合深、链条长、质量好、方式新的精致农业，走资源节约型、环境友好型农业发展之路，深入开展农村环境综合整治，推进农村垃圾、污水处理和土壤修复，解决农村生态环境污染问题，教育和引导农民养成健康、低碳、环保的现代生产和生活方式，让乡村"天蓝、地净、水清、山绿"，让乡村宜业、宜居、宜游。转变美丽乡村创建形态，建立城乡要素平等交换机制，选好特色产业，发展新型集体经济，促进农村基础设施建设和农村景观升级，更加关注生态环境资源的有效利用，更加关注人与自然的和谐相处，更加关注农业发展方式转变，更加关注农业功能多样性发展，更加关注农村可持续发展，更加关注保护和传承农业文明，真正把建设美丽乡村作为提升农业产业、缩小城乡差距、推进城乡一体化的重要载体和抓手，形成"内生式"发展路径。

二、重点任务

（一）加强农村综合规划与治理

加强农村山水林田路等综合规划与治理，综合处理农村生活污水，开展农村生活垃圾分类、收集和处理，建立农村生活污染治理设施长效运行机制。加快农村饮用水水源保护区或保护范围划定工作，加大农村饮用水水源地环境监管力度，搞好农村饮用水水源地周边环境整治，健全农村饮水工程及水源保护长效机制。开展规模化畜禽养殖场（小区）、散养密集区的污染治理，划定畜禽养殖禁养区，严格畜禽养殖业环境监管，强化畜禽养殖污染物减排，鼓励养殖小区、养殖专业户和散养户适度集中，对养殖废弃物统一收集和处理。加强农业面源污染的防治监管和评估，重点研究制定化肥、农药等农用化学品使用的环境安全标准；加强粮食主产区和国家水污染防治重点流域、区域的农业面源污染监测与评估，开展农业面源污染防治监管试点；推广秸秆综合利用技术和测土配方施肥技术；开展农村地区历史遗留工矿的污染排查和整治。研究村庄适宜性规划和基础设施建设策略。

（二）口粮生产紧抓不放

按照国家粮食安全战略的总体要求：一是做到"谷物基本自给"，保持谷物自给率

在95%以上；二是做到"口粮绝对安全"，稻谷、小麦的自给率能达到98%以上；三是推进绿色、低碳、清洁的种植方式。整合各方面力量和资源，形成部门联动、上下配合、合力推进粮食生产的工作格局。按照2015年国务院发布的《国务院关于建立健全粮食安全省长责任制的若干意见》精神，强化省级人民政府的粮食安全责任意识。加强耕地保护，既要坚守耕地数量红线，又要提升耕地质量，实现"藏粮于地""藏粮于技"。加强耕地质量建设，采取综合措施提高耕地基础地力。继续大规模开展粮食高产创建，抓好整乡整县整建制推进，集成推广先进实用技术，扎实开展粮食增产模式攻关，促进大面积均衡增产。继续落实好农业"四补贴"（种粮直接补贴、农资综合补贴、农作物良种补贴、农机具购置补贴）政策，新增农业补贴重点向种粮大户、家庭农场、农民合作社等新型经营主体倾斜，让多生产粮食者多得补贴。加快完善主产区利益补偿机制，继续加大对产粮大县的奖励力度，调动主产区生产积极性。加快构建以农户家庭经营为基础、以合作与联合为纽带、以社会化服务为支撑的立体式复合型现代农业经营体系。

（三）大力发展农牧结合

优化调整种养业结构，大力推广农牧结合、种养结合的生态循环技术和生产模式。一是构建农牧结合的耕作制度，东北冷凉区实行玉米大豆轮作、玉米苜蓿轮作、小麦大豆轮作等生态友好型耕作制度；北方农牧交错区重点发展节水、耐旱、抗逆性强等的作物和牧草；西北风沙干旱区以水定种，改种耗水少的杂粮杂豆和耐旱牧草；南方多熟地区发展禾本科与豆科、高秆与矮秆、水田与旱田等多种形式的间作、套种模式。二是加强示范推进，结合高效生态农业示范园区建设、沃土工程、测土配方、畜禽养殖场排泄物治理和农村能源建设工程等项目，扩大农牧结合、生态畜牧业发展的试点范围，重点支持粮食主产区发展畜牧业，推进"过腹还田"，积极发展草牧业，支持苜蓿和青贮玉米等饲草料种植，开展粮改饲和种养结合型循环农业试点。三是加大培训和扶持力度，加强对农民有关农牧结合、循环农业等知识的培训力度，提高农民的科技素质。

（四）积极推进农村一二三产业融合发展

按照习近平总书记指出的"要加快建立现代农业产业体系，延伸农业产业链、价值链，促进一二三产业交叉融合"的精神，积极有序地推进农村一二三产业融合发展。一是培育多元化产业融合主体，鼓励和支持家庭农场、龙头企业、专业合作社、协会、农业社会化服务组织及工商企业，开展多种形式的农村一二三产业融合发展。二是建立农村一二三产业融合发展的利益协调机制，鼓励有条件的地区开展土地和集体资产股份制改革，将农村集体建设用地、承包地和集体资产确权分股到户，支持农户与新型经营主体开展股份制或股份合作制，打造农业产业技术创新和增值提升战略联盟；鼓励农商双向合作，强化"农超对接"。三是大力发展农业新兴业态，探索"互联网+"现代农业的业态形式，扎实推进信息进村入户和现代农业大数据工程建设，完善配送及综合服务网络，推进现代信息技术在农业生产、经营、管理和服务中的应用，鼓励对大田种植、畜禽养殖、渔业生产等进行物联网改造，鼓励发展多种形式的创意农业、景观农业、休闲农业、农业文化主体公园、农家乐、特色旅游村镇；利用生物技术、设施农业装备技术与信息技术相融合的特点，发展工厂化农业。

三、路径选择

以促进农业产业发展、农民增收致富、人居环境改善为目标，以农村环境综合整治为突破口，拓展和提升新农村建设内涵，发展农业生产和农村新兴产业，改善农村人居环境，传承生态文化，培育文明新风，建立与资源环境保护相协调的生产和生活方式，全面推进现代农业发展、生态文明建设、农村社会管理和绿色化发展，建设"生产高效、生活美好、生态宜居、人文和谐"的美丽乡村。

（一）推动农村一二三产业融合，建立新型农业产业体系

转变农业发展方式，提高农业供给体系质量和效率，真正形成结构合理、保障有力的农产品有效供给，降低生产成本，提高农业效益和竞争力，树立"大农业、大食物观念"，以产业链思维横向或者纵向整合，促进农村一二三产业融合，提升整体效率。加强农业基础设施建设，发展现代农业园区，建设高标准农田，集中推广区域性、标准化高产高效模式，着力提高农业综合生产能力，保障粮食安全和重要农产品有效供给。大力发展生态农业、循环农业、有机农业，扩大"三品一标"的生产规模和范围，提升农产品质量安全水平。深入推进"一村一品""一乡一业"，加快发展农产品储藏、运输、保鲜、包装、加工业，推进农产品加工业由规模、数量扩张向质量提升和结构优化方向转变，由资源简单消耗向技术升级和品牌竞争方向转变，由分散无序发展向产业化和集聚区方向转变。

（二）注重美丽乡村建设与建立新型产业发展相结合

围绕农业生产过程、农民劳动生活和农村风情风貌，统筹顶端设计，强化特色创意，打造一批功能多元、环境优美、景色迷人的美丽田园，创建一批主导产业突出、环境友好、文化浓郁的休闲农业优势产业带和产业群。坚持以农业为基础、以农民为主体、以农村为场所兴办休闲农业，注重与生态建设、美丽乡村建设、农业生产布局相结合。支持返乡农民工创办特色规模种养业，产地初加工业，休闲农业，农村生活性、生产性服务业和农村民族民俗传统工艺产业，着力培育一批产业特色突出、品牌优势明显的专业乡（村），增加农民收入。大力培育新型农业经营主体，支持对农民就业增收带动力强的龙头企业、与农民利益联结紧密的农民专业合作社。鼓励和支持承包土地向专业大户、家庭农场、农民合作社流转，开展农村土地股份合作，加快发展多种形式的适度规模经营，发展壮大集体经济。

（三）推进农村基础设施建设与构建长效机制的结合

加强组织领导，着力构建"政府主导、农民主体、社会帮扶、市场运作"的美丽乡村建设工作格局。强化各级政府的主体责任，着力发挥统筹谋划、整合资源、政策支持、督促考核的作用。尊重农民的主体地位，把群众认同、群众参与、群众满意作为基本要求，充分调动农民的积极性、主动性和创造性，引导农民用自己的力量和智慧建设美好家园。搭建市场化运作的平台，推广政府和社会资本合作模式，积极为工商企业、民间资本参与美丽村庄建设提供便捷渠道和有利条件。扩大农村公共服务运行维护机制试点，鼓励县级将村级保洁员工资纳入财政保障范围，通过购买服务、多元化筹资等方式建立政府支持与市场运营相结合的农村环境管护长效机制。

（四）防控农业面源污染，改善农村生态环境

积极探索农牧结合、粮经结合、农渔结合、农机农艺结合等新型高效生态农作模式，大力推广应用节能减排降耗和循环利用资源的农业技术及生产方式。推进农村垃圾、污水、粪便的资源化利用，治理农村的脏乱差；大力推进农村沼气建设，因地制宜地发展户用沼气和大中型沼气工程，增加农村清洁能源供应，解决畜禽养殖污染问题，提升农民生活质量；加大农作物秸秆综合利用，建立和完善秸秆收储运体系，推进秸秆的饲料化、肥料化、能源化、基料化利用，防止秸秆露天焚烧造成环境污染；大力推广农业清洁生产技术，加快开展畜禽养殖污染治理，积极防治农业面源污染；开展农产品产地环境污染监测与治理，加大农产品产地环境监管力度，从源头防治农产品污染；开展农村改水改厕、农房整修、沟渠清淤、绿化亮化，推进村庄绿化美化；构建农村环境卫生服务体系，改善农村人居环境。

（五）加强规划引领，保护农业传统文化与文明

把规划摆在更加突出的位置，高站位、高起点地进行科学设计，为将来的发展留出空间。提高村庄规划水平，从各地实际出发制定村庄建设和人居环境治理相统一的村级总体规划，重点加强对宅基地和农村集体建设用地的规划及管理，节约村庄建设用地；加强公共基础设施的配套和完善，做到布局合理、功能齐全；加强交通组织和建筑布局，做到村容村貌整洁有序、住宅美观舒适、交通出行便利快捷。制定专门规划，启动专项工程，加大对有历史文化价值和民族、地域元素的传统村落及民居的保护力度。保持传统乡村风貌，传承农耕文化，加强对重要农业文化遗产的发掘和保护，扶持建设一批具有历史、地域、民族特点的特色景观旅游村镇。推进农村重点文化惠民工程，建立农村文化投入保障机制，加强生态文明知识普及教育，提高农民群众的生态文明素养，形成农村生态文明新风尚。

（六）加强部门联合和资源整合，共同推动美丽乡村建设

党中央、国务院提出美丽乡村建设之后，各部门都积极响应，但通过调查发现，围

绕着美丽乡村建设，不同部门都在推行本部门的行动计划，造成了美丽乡村建设过程中的名称混乱，如政府部门的"文明村"、环保部门的"生态村"、宣传部门的"生态文明村"、建设部门的"美丽村庄"、林业部门的"美丽林场"等。而且，这些部门都在建设自己的示范村，有的与美丽乡村示范村一致，有的则不一致。当然，这些部门推行的行动计划是美丽乡村建设的重要组成部分，或者与美丽乡村是相通的。鉴于此，应统一管理机构，规范名称。围绕美丽乡村建设，自上而下统一管理机构，便于开展工作，各部门推行的项目都应围绕美丽乡村建设，不要再设立一些其他名称。此外，各部门之间应建立协调机制，共同推动美丽乡村建设。

第三章 美丽乡村建设评价（考核）指标体系

依据2016年中央一号文件《中共中央国务院关于落实发展新理念加快农业现代化 实现全面小康目标的若干意见》，2013年中央一号文件提出的"推进农村生态文明建设，努力建设美丽乡村"，国务院办公厅发布的《国务院办公厅关于加快转变农业发展方式的意见》，中共中央、国务院发布的《中共中央国务院关于加快推进生态文明建设的意见》，环保部（现名称为生态环境部）发布的《国家生态文明建设示范县、市指标（试行）》，农业部（现名称为农业农村部）《关于开展"美丽乡村"创建活动的意见》和《农业部"美丽乡村"创建目标体系（试行）》等文件精神，本研究尝试构建了美丽乡村建设评价（考核）指标体系。

根据农业部提出的总体目标和"产业发展、生活舒适、民主和谐、文化传承、支撑保障"分类目标要求，遵循指标选取的客观性、系统性、可行性、导向性和可比性原则，参考国内外通用的指标体系研究方法和框架，结合美丽乡村建设实践，通过如下步骤构建美丽乡村建设评价（考核）指标体系。

一、确定美丽乡村发展目标

在农业部提出的美丽乡村建设总体目标和"产业发展、生活舒适、民主和谐、文化传承、支撑保障"5个分类目标要求的基础上，进行细划和完善，提出符合实际的美丽乡村发展目标。

二、确定指标分类框架

结合美丽乡村发展目标，参考国内外成熟的指标体系分类框架技术方法，借鉴我国新农村和生态乡村建设的指标体系划分方法，确定分类框架及评价内容。

三、初步确立指标名称

根据美丽乡村指标分类框架，结合实际调研情况，确定指标名称，并对指标的代表性、系统性、科学性等性能进行评估。

四、确立指标值

在初步确立指标名称的基础上，通过查阅和分析已有资料，初步确立指标值。

五、修改、完善指标

通过专家咨询、实际调研、问卷调查等方法,对初步构建的指标名称、指标值进行反复斟酌、修改,确定最终的评价指标体系。

充分考虑农业生态文明的特征,以及国家和地方农村建设指标体系的构建思路与相关要求,结合乡村的地方实际和发展潜力,尝试构建美丽乡村评价指标体系。指标体系包括农业生产产业体系、农村生态环境体系、农民生活宜居体系、生态文化体系、支撑保障体系5个方面,同时考虑到基础数据的可得性和可操作性,结合相关环境保护标准和农村生态建设体系,遴选了33个指标作为反映美丽乡村的评价指标,美丽乡村建设评价体系突出产业发展、生活宜居、环境友好、文化传承、支撑保障5个方面的乡村发展目标,强调了美丽乡村的本质是实现人与社会、自然的和谐相处并提出了相关的评价标准(具体指标见专题一)。

第四章　种植业发展方式转变与美丽乡村建设研究

一、总体思路

贯穿"五大"发展理念，转变种植业发展方式，在稳步提升粮食综合生产能力的前提下，以提高农产品质量安全、效益为突破口，以资源节约、环境友好为基本要求，以促进农业增效、农民增收为根本任务，面向国内外市场，依靠科技进步和机制创新，实施"藏粮于地、藏粮于技"战略，确保"谷物基本自给、口粮绝对安全"，推进种植业供给侧结构性改革，实现区域化布局、专业化生产，促进粮经饲统筹、农林牧渔结合、种养加一体、一二三产业深度融合发展，按照"一控、两减、三基本"的要求，加强农业生态环境保护与治理，推进清洁种植、绿色种植、循环种植，适度调整种植制度，提升种植效益、农产品质量和市场竞争力，促进种植业持续稳定发展。

二、基本原则

（一）坚持自主战略，确保粮食安全

种植业发展方式转变要立足我国国情和粮情，集中力量把最基本、最重要的保住，守住"谷物基本自给、口粮绝对安全"的战略底线。加强粮食主产区建设，建立粮食生产功能区和重要农产品生产保护区，巩固提升粮食产能。

（二）坚持市场导向，推进产业融合

发挥市场配置资源的决定性作用，引导农民安排好生产和种植结构。以关联产业升级转型为契机，推进农牧结合，发展农产品加工业，扩展农业功能，实现一二三产业融合发展。

（三）坚持突出重点，做到有保有压

根据资源禀赋及区域差异，做到保压有序、取舍有度。优化品种结构，重点是保口粮、保谷物，兼顾棉花、油料、糖料、蔬菜等生产，发展适销对路的优质品种。优化区域布局，发挥比较优势，巩固提升优势区，适当调减非优势区。优化作物结构，建立粮经饲三元结构，推进种养结合。

（四）坚持创新驱动，注重提质增效

推进科技创新，强化农业科技基础条件和装备保障能力建设，提升种植业结构调整的科技水平。推进机制创新，培育新型农业经营主体和新型农业服务主体，发展适度规模经营，提升集约化水平和组织化程度。

（五）坚持生态保护，促进持续发展

树立尊重自然、顺应自然、保护自然的理念，节约和高效利用农业资源，推进化肥、农药减量增效，秸秆综合利用，建立耕地轮作制度，实现用地养地结合，促进资源永续利用、生产生态协调发展。

三、战 略 重 点

（一）推进供给侧结构性改革，提高种植业发展质量

一是推进粮经饲协调发展。适应农业发展的新趋势，建立粮食作物、经济作物、饲草作物三元结构。加强粮食主产区建设，建设一批高产稳产的粮食生产功能区，强化基础设施建设，提升科技和物质装备水平，不断夯实粮食综合生产能力；稳定棉花、油料、糖料作物种植面积，建设一批稳定的商品生产基地；稳定蔬菜面积，发展设施生产，实现蔬菜均衡供应；按照以养带种、以种促养的原则，积极发展优质饲草作物。

二是推进构建适应现实需求的品种结构。由于消费结构升级，农业需要提供数量充足、品质优良的产品。发展优质农产品，应优先发展优质稻米、强筋弱筋小麦、"双低"油菜、高蛋白大豆、高油花生、高产高糖甘蔗等优质农产品。发展专用农产品，应积极发展甜糯玉米、加工型早籼稻、高赖氨酸玉米、高油玉米、高淀粉马铃薯等加工型专用品种，发展生物产量高、蛋白质含量高、粗纤维含量低的苜蓿和青贮玉米。发展特色农产品，应因地制宜地发展传承农耕文明、保护特色种质资源的水稻，有区域特色的杂粮杂豆，风味独特的小宗油料，有地理标识的农产品。培育知名品牌，扩大市场影响，为消费者提供营养健康、质量安全的放心农产品。

三是推进构建生产生态协调的区域结构。综合考虑资源承载能力、环境容量、生态类型和发展基础等因素，确定不同区域的发展方向和重点，分类施策、梯次推进，构建科学合理、专业化的生产格局。发展主产区，重点是发展东北平原、黄淮海地区、长江中下游平原等粮油优势产区，新疆棉区，桂滇粤甘蔗优势区，发展南菜北运基地和北方设施蔬菜，加强基础设施建设，稳步提升产能。建立功能区，优先将水土资源匹配较好、相对集中连片的小麦、水稻田划定为粮食生产功能区，特别是将非主产区的杭嘉湖平原、关中平原、河西走廊、河套灌区、西南多熟区等区域划定为粮食生产功能区。建立保护区，加快将资源优势突出、区域特色明显的重要农产品优先列入保护区，重点是发展东

北大豆、长江流域"双低"油菜、新疆棉花、广西"双高"甘蔗等重要产品保护区。

四是推进构建用地养地的耕作制度。根据不同区域的资源条件和生态特点，建立耕地轮作制度，促进可持续发展。东北冷凉区实行玉米大豆轮作、玉米苜蓿轮作、小麦大豆轮作等生态友好型耕作制度，发挥生物固氮和养地肥田作用；北方农牧交错区重点发展节水、耐旱、抗逆性强等的作物和牧草，防止水土流失，实现生态恢复与生产发展共赢；西北风沙干旱区依据降水和灌溉条件，以水定种，改种耗水少的杂粮杂豆和耐旱牧草，提高水资源利用率；南方多熟地区发展禾本科与豆科、高秆与矮秆、水田与旱田等多种形式的间作、套种模式，有效利用光温资源，实现永续发展。此外，以保障国家粮食安全和农民种植收入基本稳定为前提，在地下水漏斗区、重金属污染区、生态严重退化地区开展休耕试点。禁止弃耕、严禁废耕，鼓励农民对休耕地采取保护措施。

（二）强化科技创新，促进种植业生产方式转变

一是加快推进种业科技创新。配合种子管理部门，加快推进种业领域科研成果权益分配改革，积极探索科研成果权益分享、转移转化和科研人员分类管理机制，激发种业创新活力。组织科研单位和种子企业开展联合育种攻关，加快培育一批高产稳产、附加值高、适宜机械作业及肥水高效利用的新品种。围绕粮改饲、粮豆轮作等，加快选育专用青贮玉米、高蛋白大豆、高产优质高抗苜蓿等品种。主动沟通协调，积极推进西北、西南、海南等优势种子繁育基地的建设。

二是集成推广绿色高产高效技术模式。推进机制创新，高起点谋划、高标准创建、高质量推进，扎实开展绿色高产高效技术模式的创建，打造绿色增产模式攻关的升级版，引领农业生产方式的转变。以绿色生态环保、资源高效利用、提高生产效率为目标，开展跨学科、跨区域、跨行业协作攻关，集中力量攻克影响单产提高、品质提升、效益增加和环境改善的技术瓶颈，集成区域性、标准化、可持续高产高效技术模式。

三是推进种植业信息化水平提高。推进"互联网+"现代种植业，应用物联网、大数据、移动互联等现代信息技术，推进种植业全产业链改善升级。加快现代信息技术在病虫统防统治、肥料统配统施等服务中的运用，催生跨区域、线上线下等多种服务，在时间和空间上创新服务形式、拓展服务内容。以大数据为基础，利用相关数据分析工具，将生产管理、科技创新、农资监管、技术推广服务等环节有效衔接起来，形成指挥调度、生产管理、科技推广、监管服务一体化综合服务平台，提升种植业综合管理和服务能力。

四是推进化肥农药减量技术的推广运用。创新技术模式，改进施肥方式，推广新肥料、新技术，加快高效缓释肥、水溶性肥料、生物肥料、土壤调理剂等新型肥料的应用，集成推广种肥同播、机械深施、水肥一体化等科学施肥技术，实施有机肥替代，推进秸秆养分还田，因地制宜地种植绿肥，鼓励引导农民增施有机肥，提高有机肥资源利用水平。推进病虫统防统治减量，重点在小麦、水稻、玉米等粮食主产区和病虫害重发区，扶持一批装备精良、服务高效的病虫防治专业化服务组织，扩大统防统治覆盖范围，提高防治效果。推进病虫绿色防控，建立一批农作物病虫专业化统防统治与绿色防控融合推进和蜜蜂授粉与病虫绿色防控技术集成的示范基地，集成推广一批绿色防控技术模

式，培养一批技术骨干，加快应用物理防治、生物防治等绿色防控替代化学防治，减少化学农药用量。推进精准施药减量，以新型农业经营主体、病虫防治专业化服务组织为重点，推广应用高效低风险农药和高效大中型施药机械，提高农药利用率。

（三）推进产业融合，促进种植业产业体系转变

一是推进产业纵向延伸，完善产业链条。按照现代化大生产的要求，在纵向上推行产加销一体化，将农业生产资料供应，农产品生产、加工、储运、销售等环节连接成一个有机整体，实现"小农户"和"大市场"、城市和乡村、现代工业和农业的有效连接，打造现代农业产业体系。重点推动农产品加工业转型升级，促进主产区农产品加工业加快发展；支持农业龙头企业建设稳定的原料生产基地，支持合作社发展加工流通和直供直销；完善跨区域农产品冷链物流体系，降低农产品物流成本；促进农村电子商务加快发展，加强农产品品牌建设。通过一系列积极行动，健全完善农业的产业链、就业链、价值链，提高农业产业的综合竞争力和效益。

二是推进横向拓展，挖掘农业价值创造潜力。种植业除了具有提供食物等基本功能外，还具有生态涵养、观光休闲和文化传承等多种功能。因此需要对种植业的非传统功能进行挖掘，最大限度地提升农业的价值创造能力。采取以奖代补等多种方式扶持休闲农业与乡村旅游业发展，扶持农民发展休闲旅游业合作社，支持有条件的地方通过盘活农村资源资产发展休闲农业和乡村旅游。通过支持和引导，培育发展一批繁荣农村、富裕农民的新业态、新产业，农村的绿水青山将会变成农民的"金山银山"。

三是推进深度融合，提升农业产业整体发展水平。高度重视并促进农业产业深度融合，将农业作为一个整体来谋划，提高产业发展的统一性、协调性。深入推进农业结构调整，推动粮经饲统筹、农林牧渔结合、种养加一体化；着眼于农业的可持续发展，统筹考虑产业布局与环境保护，将产业与生态有机结合起来；创新体制机制，采取政策扶持、PPP（公共部门—私人企业—合作）等多种方式，充分调动各方主体投入农业、加强合作的积极性；促进产业集群集聚发展，提高产业融合的规模效应；利用互联网平台，促进产业之间的线上融合，提高经济效率。通过不同方面、不同层次的共同努力，为农村一二三产业融合发展注入强大动力，让农业焕发勃勃生机，成为发展前景广阔的朝阳产业。

四是推进制度创新，让农民成为共享利益的主体。完善农业产业链与农民的利益联结机制，让农民共享产业融合发展的增值收益。按照2016年中央一号文件的要求，支持供销社创办领办合作社，引导农民参与产业融合发展；创新发展订单农业，密切企业与农民的利益关系；积极发展股份合作，建立农民入股参与农业经营、合理分享收益的长效机制；探索有效办法，实现财政支农资金帮助农民稳定分享产业链利益。把实现好、发展好、维护好农民利益作为推进产业融合的出发点和立足点，充分体现农民的主体地位，赢得农民的真心支持和广泛参与，为产业发展奠定坚实的基础。

（四）构建新型农业经营体系，促进种植业经营方式转变

一是推进多种形式的适度规模经营。立足家庭联产承包责任制，发展农业适度规模

经营,并使之与当地农村劳动力转移程度相协调,与工业化、城镇化发展水平相适应。积极探索农业经营新模式,促进公司化、园区化的农业试验区发展,利用新型农业经营主体的规模优势,降低农业生产成本,提高土地资源利用效率。积极稳妥地推进土地流转制度改革。农业规模化经营是发展新型农业经营方式的前提。应制定合理的土地流转制度,使土地由分散化经营向规模化经营转变,提高组织化程度。应分步稳妥地进行土地承包经营确权、土地流转监督、规模化组织和服务体系建设以及优惠政策实施等,以此实现土地规模经营的适度推进和新型农业经营方式的发展。

二是培育壮大新型农业经营主体。对于现有农业产业化龙头企业,按照扶优、扶大、扶强的原则,加强政策引导,发挥其对相关产业的带动作用;对于发展中的农民合作社,创新政府资金支持形式,加快培育一批管理规范、效益明显的示范社,因地制宜地发展多样化的农民合作社。从建立适当规模的土地合作农场入手,逐步实现由松散的合作农场向专业化的合作社过渡;从维护农户利益出发,尊重农户意愿,逐步实现农户利益的增加和农场整体效益的最大化。与此同时,应加快培育职业农民。加强对现有务农人员的培训,使之尽快实现由传统农民向新型农民的转变。吸引外部人才,在完善"大学生村官""三支一扶"等优惠政策的基础上,加大政策创新力度,吸引高素质人才投身新型农业经营体系建设。

三是完善种植业社会化服务体系。健全生产性服务,以农机服务为抓手,积极探索建立以农机股份合作公司、农机合作社等专业化服务组织为龙头,以农机大户为主体,以农机户为基础,以农机中介组织为纽带的农机中介服务体系,形成以市场为导向,以服务为手段,集示范、推广、服务为一体的新型多元化农机服务机制。完善农业信息服务,加快农村信息网络建设,尽早实现县乡联网,并逐步联网到村;开办专门的农业信息服务网站,提供农产品市场行情、农业科技成果、国家惠农政策、招商引资等方面的信息服务,实现信息资源共享;打造农业信息电子商务平台,通过合作社体验式发展,形成示范推动作用。改善农村商品流通服务,加强农产品批发市场等流通领域的技术设施建设,实现公益性和市场化双重目标;支持流通企业做大做强,推动商品交易市场和商业企业转型升级,大力发展第三方物流,提高流通集约化水平;加快流通网络化、数字化、智能化建设,促进线上线下融合发展,积极发展农村电子商务。加强农业金融保险体系建设,深化农村金融改革,鼓励地方政府和大型企业出资建立担保基金,同时,引导新型农业经营主体积极参与农业保险,提高保费补贴比例,降低农业生产面临的自然环境、市场变动等风险。

四、重点问题的转变路径与案例分析

(一)化学投入品减量增效路径

1. 大田作物精准施肥

精准农业是现代农业的发展方向,精准施肥是精准农业中最成熟、应用最广泛的主要技术。精准施肥是以不同田块的产量数据与土壤情况、病虫草害、气候等多项数据的综合分析为依据,以作物生长规律、作物营养专家系统为支持,以高产、优质、环保为目的的施肥技术。精准施肥提倡根据种植的作物和土壤情况,研发和应用氮、磷、钾和有机肥的合理配方,使得肥料的施用能够适应特定的土壤,从根本上改变了传统农业大面积、大样本平均投入的资源浪费做法,对作物栽培管理实施定位,按需变量投入。试验表明,同等产量条件下,精准施肥可使多种作物平均增产达 8.2%~19.8%,最高可达30%,总成本降低 15%~20%,化肥施用量减少 20%~30%。

2. 设施作物水肥一体化

水肥一体化技术是将施肥与灌溉结合在一起的农业新技术。它是通过压力管道系统与安装在末级管道上的灌水器,将肥料溶液以较小流量均匀、准确地直接输送到作物根部附近的土壤表面或土层中的灌水施肥方法,可以按照作物生长需求,定量、定时地将水和养分直接供给作物,其特点是能够精确地控制灌水量和施肥量,显著提高水肥利用率,且降低了地表水蒸发及肥料消耗,减轻了对环境的污染。其中,膜下滴灌施肥技术(即滴灌方式与地膜覆盖农业相结合的技术)被认为是最适用于设施蔬菜栽培的一项先进的节水施肥技术。地膜覆盖栽培可有效提高地温、保水、保肥,防止土壤表层盐分累积、抑制杂草生长、减少病害发生,所以在农业生产上应用广泛。当前,水肥一体化技术已经由过去的局部试验、示范发展成为现在的大面积推广应用,辐射范围从华北、华东地区扩大到西北旱区、东北寒温带和华南亚热带地区等,覆盖设施栽培、无土栽培、果树栽培,以及蔬菜、花卉、苗木、大田经济作物等多种栽培模式和作物,特别是西北地区的膜下滴灌施肥技术已处于世界领先水平。全国水肥一体化应用面积仅约 5000 万亩。从全国农技中心旱作区水肥一体化技术示范的试验结果可知:蔬菜、果树等经济作物采用水肥一体化技术,可节水 70%以上,节肥 30%以上,提高肥料利用率 50%以上,使蔬菜、果树、棉花、玉米、马铃薯分别增产 15%~28%、10%~15%、10%~20%、25%~35%和 50%以上。

3. 农药统防统治与绿色防控技术融合

为降低农药过度使用对环境造成的危害,实现 2020 年农药零增长目标,转变农业发展方式,农业部深入推进绿色防控与统防统治融合计划。从 2016 年开始在全国创建600 个农作物病虫专业化统防统治与绿色防控融合示范基地,充分发挥新型农业经营主体、病虫防治服务组织和农药生产企业的积极作用,集聚资源,集中力量,集成示范病虫综合治理、农药减量控害技术模式,促进绿色防控技术措施与统防统治组织方式有机融合、集中示范,辐射带动大面积地区推广应用。

统防统治,即"统一防治时间、统一防治农药、统一防治技术"。统防统治是近年来兴起的农作物植保方式,比"代防代治"(农民自己买药,然后花钱雇用机防队员进行防治)、"阶段性防治"(当突发严重的病虫害时,农民请人防治)具有更大的优越性,能切实实现减量控害。绿色防控是指按照"绿色植保"理念,采用农业防治、物理防治、生物防治、生态调控及科学、合理、安全使用农药的技术,达到有效控制农作物病虫害的目的,确保农作物生产安全、农产品质量安全和农业生态环境安全。统防统治是病虫防治组织方式的创新,绿色防控是病虫防治技术体系的创新。二者融合推进就是在统防统治过程中,广泛采用物理防治、生物防治、生态控制等绿色防控措施;在绿色防控过程中,充分发挥统防统治组织和新型农业生产经营主体的作用,统一组织实施,有效提升病虫防控组织化程度和科学化水平,降低化学农药用量,保障农业生产安全、农产品质量安全和生态环境安全,促进农业可持续发展。

2014年,农业部在31个省(自治区、直辖市)组织开展了水稻、小麦、玉米、蔬菜、水果等10种作物病虫统防统治与绿色防控融合推进试点。从各地情况看,试点效果十分明显。一是集成了一批技术模式。各地因地制宜地集成了适宜不同作物、经济实用、简便易行、可操作性强的病虫综合治理模式,为大面积推广应用奠定了基础。二是农药减量控害效果显著。示范区降低化学农药用量20%~30%,农田生态环境得到明显改善,天敌种群数量明显上升。三是节本增效显著。示范区每亩增产8%以上,节本增效150~200元,农产品质量符合食品安全国家标准。四是示范带动效应显著。2014年建立示范区538个,示范面积920万亩,辐射带动7160万亩。

(二)秸秆资源化循环利用路径

秸秆是种植业重要的产出物,是种植业乃至养殖业实现可持续发展的重要物质基础。加快推进秸秆资源循环利用,实现秸秆资源化、商品化,变废为宝,化害为利,对于提高农业综合生产能力、促进农业和农村经济的可持续健康发展、增加农民收入、减少污染、加快建设美丽乡村具有十分重要的意义。

近年来,随着科学技术的不断发展和革新,秸秆循环利用技术日趋完善,秸秆综合利用率不断提高。一大批以秸秆肥料化、饲料化、新型能源化、基料化为目标的实用新技术的推广应用,如秸秆机械还田、快速腐熟还田和秸秆保护性耕作、秸秆青贮和微贮、秸秆压块饲料和膨化饲料加工、秸秆沼气(生物气化)和秸秆热解气化、秸秆固化(炭化)成型、秸秆养殖食用菌等,极大地提高了我国秸秆的资源化利用水平。另外,不少以秸秆为原料替代木材造纸、生产建材和包装材料,以及秸秆发电等企业的兴起,有效地推进了秸秆资源循环利用的产业化进程。根据农业部和国家发展和改革委员会(以下简称国家发展改革委)组织各地开展的秸秆综合利用中期评估结果推算,2013年全国秸秆利用量约6.22亿t,综合利用率达到76%,较2008年增长7.3个百分点。其中,肥料化利用量2.36亿t,约占秸秆可收集利用量的29%;饲料化利用量2.20亿t,约占27%;燃料化利用量1.08亿t,约占13%,且以效率很低的秸秆直接燃用为主;原料化利用量3400万t(其中造纸用秸秆2500万t),约占4%,基料化利用量2400万t,约占3%。但近年秸秆综合利用也存在秸秆收储运体系发展滞后、秸秆还田机械不配套、政府激励和投入不足、农户积极性不高等一系列问题。

(三)海河流域"两年三熟"耕作制度探索

农作物熟制是影响我国秸秆收集利用的重要因素。在多熟制的粮食主产区和经济发达地区,由于茬口过紧,秸秆便捷处理设施不配套,农民收集处理秸秆的难度大,焚烧秸秆现象时有发生,且屡禁不止。实践表明,在适宜的地区通过适当调整农作物熟制,既可解决由于茬口过紧造成的秸秆焚烧问题,又可有效减少耕作对水资源和土壤肥力的消耗，具有良好的生态环境效益。本研究拟以一年两熟制的海河流域为例，从耕作制度改革的角度，探讨在该地区实行两年三熟制对于提高秸秆资源利用率、土地休耕、节水等方面的可行性。

海河流域位于我国北方半干旱、半湿润气候区，海河流域的农作物熟制经过演变，形成了以一年两熟为主体的熟制体系。以河北省为例，其熟制类型自1949年以来经历了由一年一熟向两年三熟、由两年三熟向一年两熟的变化过程。海河流域是我国农业生产中面临各种效益冲突的典型区域，有限的水、肥、耕地资源能否可持续利用直接关系到该区乃至全国农业的可持续发展。从资源合理高效利用和可持续发展角度考虑，尝试在该区域开展两年三熟制改革，探索构建资源节约、高效利用的种植制度。河北、河南、山东是海河流域的粮食主产区，也是水资源最为紧缺的地区，其耕作制度调整对海河流域粮食生产、资源环境的影响至关重要。

现以河北、河南、山东为例测算耕作制度变化对我国粮食安全、水资源利用的影响。该区域小麦、玉米产量占全国的比重分别为9%、15%和12%，小麦灌溉用水量分别为2934m^3/hm^2、3026m^3/hm^2和2319m^3/hm^2，秸秆资源量均在4000万t以上（表4-1）。本研究假设在其他条件不变的情况下，部分推行两年三熟种植制度，探讨在不同情形下推行两年三熟种植制度对粮食安全、资源节约和农民收入的影响（表4-2~表4-5）。

表4-1 海河流域粮食主产区主要粮食生产、资源量及农民收入基本情况

区域	小麦播种面积（10^3hm^2）	单产（kg/hm^2）	玉米播种面积（10^3hm^2）	单产（kg/hm^2）	小麦、玉米产量占全国的比重（%）	小麦灌溉用水量（m^3/hm^2）	小麦秸秆资源量（万t）	玉米秸秆资源量（万t）	农民人均收入（元）
河北	2336.7	6107	3170.9	5269	9	2934	2201	2009	5682
河南	5406.7	6157	3283.9	5274	15	3026	3655	2258	4627
山东	3740.2	6053	3126.5	6360	12	2319	2267	2360	7232

数据来源：农业部

表4-2 情形一状态下粮食产量、资源量及农民收入变化

区域	小麦、玉米产量变化（%）	产量占全国比重变化（%）	节水量（亿t）	秸秆资源量变化（万t）	农民人均收入增加（元）
河北	-5.42	-0.43	8.57	-263	145
河南	-8.01	-1.38	20.45	-443	243
山东	-6.36	-0.35	10.84	-269	221

注：农民收入变化主要包括两方面，一是小麦休耕补贴500元/亩；二是第二年玉米产量提高获得的收入，价格按照1元/斤①计算。因不种小麦而使投入成本减少和外出打工等工资性收入未计算在内。下同

表4-3 情形二状态下粮食产量、资源量及农民收入变化

区域	小麦、玉米产量变化（%）	产量占全国比重变化（%）	节水量（亿t）	秸秆资源量变化（万t）	农民人均收入增加（元）
河北	-10.84	-0.92	17.14	-525	290
河南	-16.02	-2.57	40.89	-886	486
山东	-12.72	-1.14	21.68	-537	443

注：数据测算依据同上

---

① 1斤=500g。

表 4-4 情形三状态下粮食产量、资源量及农民收入变化

区域	小麦、玉米产量变化（%）	产量占全国比重变化（%）	节水量（亿 t）	秸秆资源量变化（万 t）	农民人均收入增加（元）
河北	-5.08	-0.40	8.57	-250	149
河南	-7.80	-1.35	20.45	-429	250
山东	-6.07	-0.32	10.84	-254	228

注：数据测算依据同上

表 4-5 情形四状态下粮食产量、资源量及农民收入变化

区域	小麦、玉米产量变化（%）	产量占全国比重变化（%）	节水量（亿 t）	秸秆资源量变化（万 t）	农民人均收入增加（元）
河北	-10.17	-0.86	17.14	-500	298
河南	-16.59	-2.50	40.89	-857	500
山东	-12.14	-1.07	21.68	-508	457

注：数据测算依据同上

情形一：假设调减 25%的小麦播种面积实行两年三熟种植制度，耕作方式为"冬小麦-夏玉米-春玉米"，同时，调减后春玉米单产提高 5%。该情形下的评估结果如表 4-2 所示：一是该区域小麦、玉米产量变化大约为 5%，产量占全国的比重变化较小，可见该种植制度对粮食安全的影响甚微。二是由于种植小麦需要大量灌溉用水，调减 25%的小麦播种面积后，可以节约水资源，尤其是对河北地下水超采有一定的缓解，河北节水 8.57 亿 t，河南节水 20.45 亿 t，山东节水 10.84 亿 t。三是该情形下，小麦播种面积减少了，使秸秆资源量减少，同时，种植间隔时间拉长，有利于秸秆有效还田，增加了土壤有机质，避免了秸秆焚烧问题。四是该情形下，根据现行政策，休耕补贴为 500 元/亩，对下一季玉米产量提高有帮助，能够适当增加农民收入，同时，调减小麦播种面积减少了投入成本，农民还可以外出打工增加工资性收入等，有利于促进农民增收，根据测算农民人均增收 145~250 元。

情形二：假设调减 50%的小麦播种面积实行两年三熟种植制度，耕作方式为"冬小麦-夏玉米-春玉米"，同时，调减后春玉米单产提高5%。该情形下的评估结果如表4-3所示：一是该区域小麦、玉米产量变化约为 10%~17%，产量占全国的比重变化为 0.92%~2.57%，可见该种植制度对粮食安全的影响不大。二是由于种植小麦需要大量灌溉用水，调减 50%的小麦播种面积后，可以节约水资源，尤其是对河北地下水超采有一定的缓解，河北节水 17.14 亿 t，河南节水 40.89 亿 t，山东节水 21.68 亿 t。三是该情形下，小麦播种面积减少了，使秸秆资源量减少，同时，种植间隔时间拉长，有利于秸秆有效还田，增加了土壤有机质，避免了秸秆焚烧问题。四是该情形下，根据现行政策，休耕补贴为 500 元/亩，对下一季玉米产量提高有帮助，能够适当增加农民收入，同时，调减小麦播种面积减少了投入成本，农民还可以外出打工增加工资性收入等，有利于促进农民增收，根据测算，农民人均增收 290~500 元。

情形三：假设调减 25%的小麦播种面积实行两年三熟种植制度，耕作方式为"冬小麦-夏玉米-春玉米"，同时，调减后春玉米单产提高 10%。该情形下的评估结果如表4-4所示：一是该区域小麦、玉米产量变化大约为 5%，产量占全国的比重变化为 0.32%~

1.35%，可见该种植制度对粮食安全的影响很小。二是由于种植小麦需要大量灌溉用水，调减25%的小麦播种面积后，可以节约水资源，尤其是对河北地下水超采有一定的缓解，河北节水8.57亿t，河南节水20.45亿t，山东节水10.84亿t。三是该情形下，小麦播种面积减少了，使秸秆资源量减少，同时，种植间隔时间拉长，有利于秸秆有效还田，增加了土壤有机质，避免了秸秆焚烧问题。四是该情形下，根据现行政策，休耕补贴为500元/亩，对下一季玉米产量提高有帮助，能够适当增加农民收入，同时，调减小麦播种面积减少了投入成本，农民还可以外出打工增加工资性收入等，有利于促进农民增收，根据测算，农民人均增收149~250元。

情形四：假设调减50%的小麦播种面积实行两年三熟种植制度，耕作方式为"冬小麦-夏玉米-春玉米"，同时，调减后春玉米单产提高10%。该情形下的评估结果如表4-5所示：一是该区域小麦、玉米产量变化约为10%~17%，产量占全国的比重变化为0.86%~2.50%，可见该种植制度对粮食安全的影响不大。二是由于种植小麦需要大量灌溉用水，调减50%的小麦播种面积后，可以节约水资源，尤其是对河北地下水超采有一定的缓解，河北节水17.14亿t，河南节水40.89亿t，山东节水21.68亿t。三是该情形下，小麦播种面积减少了，使秸秆资源量减少，同时，种植间隔时间拉长，有利于秸秆有效还田，增加了土壤有机质，避免了秸秆焚烧问题。四是该情形下，根据现行政策，休耕补贴为500元/亩，对下一季玉米产量提高有帮助，能够适当增加农民收入，同时，调减小麦播种面积减少了投入成本，农民还可以外出打工增加工资性收入等，有利于促进农民增收，根据测算，农民人均增收298~500元。

第五章 畜牧业发展方式转变与美丽乡村建设研究

一、总体思路和基本原则

（一）总体思路

坚持"创新、协调、绿色、开放、共享"的发展理念，按照高产、优质、高效、生态、安全的要求，始终坚持转变畜牧业发展方式"一条主线"，紧紧围绕保供给、保安全、保生态"三大任务"，持续推进畜禽标准化规模养殖、大力推进种养结合生态循环绿色发展、稳步扩大"粮改饲"试点、促进草食畜牧业增收增绿协调发展、加强饲料和畜产品质量安全保障、不断增强畜牧业综合生产能力和可持续发展能力，实现畜牧业现代化发展，创新推动畜牧业一二三产业融合发展，增加农牧民收入，努力实现畜禽养殖业与美丽乡村建设互促互带、和谐发展。

（二）基本原则

坚持宏观布局，微观优化。宏观层面，以市场为导向，大力调整优化畜牧业产业结构和空间布局，突出支持主产区和优势区发展，稳定非主产区生产能力。微观层面，以生态休闲为目标，以美丽乡村建设为统领，统筹布局养殖区和生活居住区，实现增收、添景发展。

坚持转变方式，提质增效。以解决问题为导向，转变养殖观念，创新养殖模式，大力发展适度规模养殖，提高标准化、集约化、机械化、自动化水平，实现数量增长向数量、质量、效益、绿色并重转变，服务于美丽乡村建设。秉持资源节约、优化利用理念，构建粮饲兼顾、农牧结合、循环发展的新型种养结构。充分利用种养业资源和产品可循环利用特点，推行种养结合的产业发展模式，促进种养业副产品的资源化利用，推进多种形式的产业链连接和绿色循环发展，实现畜牧业生产与自然生态和谐发展。

坚持科技支撑，创新驱动。不断深化科技创新转化体制、激活微观创新机制，突破制约畜牧业发展的技术和人才瓶颈，进一步提高良种化水平、饲料资源化利用水平、生产管理技术水平和疫病防控水平，为现代畜牧业发展注入强大动力。

坚持市场主导、政府引导。充分发挥市场在资源配置中的决定性作用，充分发挥市场对生产服务体系的选择和激励作用，通过价格体系实现畜产品优质优价经营目标。充分发挥政府统筹布局、多规合一功能，引导激励畜牧业生产布局和美丽乡村建设和谐共进，加大良种繁育体系建设、适度规模标准化养殖、基础母畜扩群、农牧结合模式创新等关键环节的政策扶持力度，优化公平竞争环境，加强质量安全监管，更好地发挥政府的引导作用。

坚持重点突破、示范推广。落实农业"供给侧"改革，在畜禽养殖结构、种养结合、农牧和林牧结合、草食畜牧、循环绿色养殖、粮改饲等重点领域因地制宜地创建示范工程，创新突破畜牧养殖和美丽乡村建设互融发展的体制机制障碍，重点创建一批畜牧养殖和美丽乡村建设互融发展的示范村，以点带面，引导发挥示范辐射带动作用。

二、战略构想与目标

（一）创新培养新型生产经营主体

支持专业大户、家庭牧场等建立农牧结合的养殖模式，合理确定养殖规模和数量，提高养殖水平和效益，促进农牧循环发展。鼓励养殖户成立专业合作组织，采取多种形式入股，形成利益共同体，提高组织化程度和市场议价能力。推动农牧业一二三产业深度融合发展。引导产业化龙头企业发展，整合优势资源，创新发展模式，发挥带动作用，推进精深加工，提高产品附加值。完善企业与农户的利益联结机制，通过订单生产、合同养殖、品牌运营、统一销售等方式延伸产业链条，实现生产与市场的有效对接，推进全产业链发展。鼓励电商等新型业态与草食畜产品实体流通相结合，构建新型经营体系。

（二）加快发展循环绿色畜牧业

按照减量化优先、资源化利用原则，推动规模化养殖业循环发展。推进土地、水资源集约高效利用，构建畜牧业循环经济产业链。推进种养结合、农牧结合、养殖场建设与农田建设有机结合，按照生态承载容量，合理布局畜禽养殖场（小区），推广农牧结合型生态养殖模式；培育构建"种植业—秸秆—畜禽养殖—粪便—沼肥还田、养殖业—畜禽粪便—沼渣/沼液—种植业"等循环利用模式。支持集成养殖深加工模式，发展饲料生产、畜禽水产养殖、畜禽和水产品加工及精深加工一体化复合型产业链，推进畜禽粪便资源化利用。切实加强饲料管理，支持规模化养殖场、养殖小区建设粪便收集、贮运、处理、利用设施；积极探索建立分散养殖粪便储存、回收和利用体系，在有条件的地区，鼓励分散储存、统一运输、集中处理；利用畜禽粪便因地制宜地发展集中供气沼气工程，鼓励利用畜禽粪便、秸秆等多种原料发展规模化大型沼气。加快推动农副资源饲料化利用，组织开展重要农副饲料资源调查，完善饲料原料目录。组织实施农业综合开发农副资源饲料化利用项目，推动农副资源产业化开发、农牧循环利用。

（三）推进建设饲料和畜产品质量安全保证体系

充分发挥市场对畜牧业的决定作用，顺应消费结构升级趋势，满足多元化消费需求，完善价格形成机制，实现优质优价。加强生鲜乳收购站和运输车辆的许可管理，推动生鲜乳收购站的标准化建设。大力实施饲料和生鲜乳质量安全监测计划，扩大监测范围，提高监测频次，对重点环节和主要违禁物质开展全覆盖监测。加快制定和实施畜牧、饲料质量安全标准；加强检验检测、安全评价和监督执法体系建设，强化监管能力，提高执法效能；全面实施畜禽标识制度和牲畜信息档案制度，完善畜产品质量安全监管和追溯机制。

到 2020 年，畜牧业生产方式转变有较大成效，综合生产能力显著增强，规模化、标准化、产业化程度进一步增强，种养结合循环绿色养殖模式基本成型，实现畜产品优质优价的价格体系基本形成，质量安全保障体制基本建成，饲料产业增效明显，草牧业发展取得一定进展，草原生态逐步转好。建设和推广一批具有示范引领作用的循环绿色养殖示范企业和先进适用技术、组织实施一批畜牧养殖业和美丽乡村建设融合发展的示范工程，总结凝练一批可借鉴、可复制、可推广、具有自我持续发展的现代畜牧养殖模式，推动畜牧业稳定、协调、绿色、高效发展。

三、战 略 选 择

（一）绿色养殖，科技引领

实践证明，发展绿色养殖成为破解目前制约我国养殖业可持续发展的食品安全和环境污染等问题的主要路径，也是增强我国畜牧业内在竞争力的最终选择。以农业部饲料工业中心丰宁动物实验基地（中国农业大学丰宁实验站）为例，在全面建成小康社会的决胜阶段，在京津冀协同发展的大背景下，作为建设美丽乡村的重要组成部分和京津冀协同发展的一个缩影，丰宁动物实验基地遵照"十三五"规划中的"绿色发展"理念，转变畜牧业发展方式，充分利用中国农业大学农业部饲料工业中心的技术与人才优势，借助河北省承德市区位优势与土地资源，在理论与实践结合的过程中，逐步形成了养猪业绿色发展技术示范模式。饲料安全就是食品安全，饲料成本占养猪成本的 70%以上。我国猪饲料常用的原料玉米、豆粕和麸皮消化能的变异都在 1MJ/kg 以上，一些非常规饲料原料的变异更大。利用饲料工业中心研究的实时配料技术，与现有数据库相比，饲料配方中有 30%的饲料原料的消化能提高 0.5MJ/kg，则每吨全价饲料可以节约 30kg 玉米，一个年生产 100 万 t 的猪饲料企业可以节约 1 万 t 玉米，按目前玉米历史较低价 2000 元/t 计算，相当于节约成本 2000 万元，不仅节约了大量的饲料资源，降低了养猪成本，提高了市场竞争力，而且有效减少了环境中粪便排放总量和粪尿氮、磷及重金属的排放。

丰宁动物实验基地在养殖生产过程中，注重学科间交叉，尊重自然规律与畜牧业发展特点，以"人、动物与环境协调"为最终目标，学习国际先进理念，研究探讨适合我国北方地域气候特点与场址条件的规划、设计与生产工艺技术，并通过不断改进工艺技术设计、借助先进设备改善管理、使用清洁的能源和环保消毒药等，减少和避免生产过程中污染物和温室气体的产生，减轻对人类和环境的危害，以实现绿色生产，生产绿色放心产品，赢得消费者信心。

（二）粮改饲，统筹种养

为深入推进农业结构调整，2015 年中央一号文件要求，加快发展草牧业，支持青贮玉米和苜蓿等饲草料种植，开展粮改饲和种养结合模式试点，促进粮食、经济作物、饲草料三元种植结构协调发展。农业部下发了《关于扎实做好 2015 年农业农村经济工作的意见》，要求推动农业结构调整，加快发展草食畜牧业，探索"粮改饲"种植结构调整和种养结合的农牧业发展新途径。为此，农业部选择华北、东北和西北等 10 个省的 30 个县区开展"粮改饲"试点。大力推进粮改饲，以玉米种植结构调整为重点，推进粮食作物种植向饲草料作物种植方向转变，实行草畜配套。

大力推进粮改饲，一是实现"改土增粮"。引饲草饲料入田，可以改良中低产田，使土壤有机质含量提高 20% 左右，粮食产量提高 10%~18%；二是可以实现"节粮增效"。草食性家畜肉类比重每提高 5 个百分点，可节约粮食 1400 万 t 左右，大约是 0.44 亿亩耕地的粮食产量；三是可以实现"增草增畜"。发展粮改饲等同于发展营养体农业，同样的水土资源，如果生产牧草（饲用作物），生物产量可增加 30% 以上，可收获能量比谷物多 3~5 倍，蛋白质比谷物多 4~8 倍。因此，发展粮改饲，将种植和养殖、草和畜、产品安全和环境安全紧密结合起来，符合生态、经济和社会效益相统一的原则，对我国国民经济的发展具有重要意义。

在"粮改饲"的推进过程中，各地区应结合本地的区位优势、市场条件、资源禀赋、生态环境等因素，统筹玉米与其他作物生产、种植业与畜牧业结合、生产与生态并进，开辟农业结构优化的新途径。目前，粮改饲只是在部分地区试点，将来应该会在全国推广应用。"粮草兼顾、农牧结合、循环发展"应该是未来种养结合道路上需要遵循的原则，各省应因地制宜，积极探索"以农载牧、以牧富民"，促进种养结构调整，提升养殖效益和农民效益，做到经济、社会和生态效益的统一。

四、重点问题的转变路径——大中型养殖场粪污处理与资源化利用

（一）种养结合

种养结合作为我国大中型养殖场畜禽粪尿污水处理的主要方式，是指养殖场固体粪便通过自然堆放或堆肥处理后进行就近或异地农田利用，污水与部分固体粪便进行厌氧发酵或者经过氧化塘处理后，就近应用于蔬菜、果树、茶园、林木、大田农作物等。湖北省安陆市安源生态农业开发有限公司生态农业园、江西绿丰生态农业园有限公司猪场和甘肃华瑞农业股份有限公司奶牛场等一大批农牧企业，通过自有或流转土地的方式，采用种养结合模式，将粪污还田利用，发展生态农业、变"废"为"宝"，不仅提高了畜禽粪污综合利用率，而且改善了土壤结构，降低了种养成本，实现了种养生态平衡，为破解养殖业环保之困找到了一种可行的模式。种养结合模式适用于远离城市、周围农田集中连片、区域环境承载能力较大的大中型养殖场，然而，为了避免粪污肥效低和难利用、使用过量、养分变异大，以及氨气排放和重金属累积等风险，全国各地宜借鉴美国"畜禽粪便综合养分管理计划"和丹麦"粪肥管理制度"等成功经验，因地制宜，从粪尿污水收集、贮存、输送、无害化处理、安全利用技术与设备各环节科学统筹，转变畜牧业发展方式，以种定养，制定高效、安全使用养殖废弃物的配套政策，推动种植业

和养殖业的无缝衔接。

（二）清洁回用

清洁回用包括回用和清洁两个方面，是目前国内部分大中型养殖场采用的另一种粪尿污水处理利用模式。2012年7月1日起正式实施的《中华人民共和国清洁生产促进法》为我国养殖业清洁生产提供了依据。养殖业清洁生产是指采用先进的养殖生产工艺、养殖技术与设备，提高饲料利用效率，减少浪费，从源头消减畜禽粪尿总量与氮、磷、重金属等排放量；控制生产用水，通过雨污分离和固液分离，在生产过程中降低污水总量及污染负荷，实现过程减排。回用包括中水回用与粪便回用，养殖污水经处理达到回用中水标准，再经消毒后，用于冲洗养殖场粪沟与圈栏等；以牛粪和奶牛沙床为代表的养殖固体废弃物通过堆肥发酵、晾干或经清洗再晾晒干后，作为牛床垫料回用。其他包括用畜禽粪便生产蘑菇、养殖蚯蚓和蝇蛆等也属于清洁回用模式。清洁回用模式适用于环境敏感区、水源地外围或水资源短缺的养殖场，但因污水最后必须经过深度处理或膜生物反应器处理后才能达到回用中水标准，同时养殖场用水还需要满足生物安全要求，处理设施设备投入和运行成本较高。

（三）集中处理

集中处理是指依托大中型养殖场或专门的粪污处理中心，对周边养殖密集区内养殖小区和养殖大户的粪便或污水进行收集、输送并集中处理利用。福建、湖北等地都有成功的案例。集中处理技术的关键在于组织形式，各地实践探索的主要形式是公私合营模式（PPP模式），该模式最早由英国政府于1982年提出，是指政府与私营商签订长期协议，授权私营商代替政府建设、运营或管理公共基础设施并向公众提供公共服务。PPP模式将部分政府责任以特许经营权方式转移给社会主体（企业），政府与社会主体建立起"利益共享、风险共担、全程合作"的共同体关系，使政府的财政负担减轻，社会主体的投资风险减小。PPP模式比较适用于公益性较强的项目包括废弃物处理或其中的某一环节，如养殖废弃物收集、运输与处理等环节。集中处理PPP模式主要有以下几种：①政府建设、目标考核、市场动作、专业管理；②政府建设、公司托管、免费处理、政策扶持；③政府补贴、承包经营、有偿服务、自负盈亏；④企业建设、政策扶持、科技支撑、资金补助。集中处理后的利用方式包括还田（有机肥和沼液）和产生沼气、电能和热能等。

（四）达标排放

达标排放主要是指采用工业化污水处理模式，将养殖污水通过厌氧、缺氧—好氧或厌氧—好氧等工艺，以及物化、氧化塘和人工湿地等深度处理，使出水水质达到国家排放标准和总量控制的要求。达标排放主要适用于地处城市近郊、经济发达、土地资源局限、土壤营养过剩、沼液难被消纳地区的大型养殖场。达标排放具有占地面积较小，处理效果较稳定的优点。这一末端治理方式是控制污染的最重要手段，对保护环境起到重要的作用，但这一污染控制模式的弊端明显，如处理设施投资较大、运行费用高、管理复杂，且往往不能从根本上消除污染，还可能造成潜在的二次污染和资源浪费，是一种被动的模式。

（五）绿色经济

一直以来，畜禽养殖这一低效益行业对于废弃物的处理利用望而生畏，在"创新、协调、绿色、开放、共享"发展理念的指引下，如何做到改善养殖生态环境、节约资源、增加农牧业综合效益，并杜绝农畜产品质量污染，确保食品安全与民生健康，农业部饲料工业中心丰宁动物实验基地（中国农业大学丰宁实验站）在科研与生产实践的结合中找到了新答案。在处理利用养殖粪尿污水与病死畜方面，丰宁动物实验基地摒弃废弃物的观念，以低投入、低成本的资源化高效利用为目标，采用系统集成创新技术，研究示范在我国特别是在北方地区养殖场可借鉴、可推广、可复制的"厌氧发酵+微生物处理+综合利用"绿色经济处废模式。

厌氧发酵：采用大型贮气一体化HDPE黑膜沼气池，发酵猪粪尿污水，生产沼气清洁能源，去除80%~90%有机物。此种工艺处理量大，低温发酵（18℃），停留时间较长（62天），减少臭气扩散，建设投资少，保温性能好，且易管理。在冬季，沼气优先供应沼气热水器用于给沼气池供暖，解决冬季沼气池正常运行困难的问题。

微生物处理：遵循食物链理论，在厌氧发酵能源化的基础上，借鉴活性污泥法的原理，以复合微生物制剂为核心，通过集成创新形成三级净化槽法，解决了活性污泥法等无法直接处理高浓度污水的缺点，利用特定复合生物制剂氧化分解沼液，循环处理，进一步去除化学需氧量（COD_5）、生化需氧量（BOD）和重金属等，生成可与水分离的微生物细胞质和无机物沉淀，水质达V类水以上标准，进而代替传统高浓度污水的深度化学处理模式。该复合微生物循环处理系统建设投入少，处理成本低，时间较短、效率高，处理效果较好，且抑制病菌、不产生臭气等从而不会造成二次污染。

综合利用：发酵产生的沼渣与预处理病死猪一起配料，接种微生物后，在单向阀门呼吸膜的厌氧袋中发酵生产高效有机肥，用于种植各类绿色蔬菜和玉米饲料作物等。小部分沼液经过滤处理稀释后，泵入滴灌系统作为液态肥在周边农田施用；沼液经微生物分解处理至少达到V类水标准，消毒后灌溉周边农田、菜地、树林，以及作为场区景观用水、冲洗猪舍粪沟或养鱼。发酵生产的沼气净化后作为燃料，用于沼气发电机组发电，电能用于供应部分生产用电、供暖、炊事，其中发电机组余热被收集用于沼气池的升温。

第六章　适应村镇美化建设的乡村土地规划研究

一、总　体　思　路

以提升村镇美化建设为首要任务，以乡村土地规划为切入点，以提高土地利用效率和完善基础设施建设为重要内容，以资源节约、生态文明为基本要求，以提高农民收入、改善农民生活为根本任务，找准战略定位、坚持规划引领，整合各方资源、建立长效机制，坚持政府主导、倡导公众参与，创新乡村规划编制体系、深化农村土地制度改革、健全基础设施建设机制。借助规划手段，优化土地利用结构，进行人地协调土地综合整治和环境治理，加快完善农村基础设施建设，助力美丽乡村建设。

二、战　略　构　想

（一）构筑村镇建设新格局，打造"四位一体"国土新空间

新型城镇化背景下，急需在理论与战略上重新定位村镇建设格局。村镇建设格局指乡村地区县城、重点镇、中心镇、中心村的空间布局、等级关系及其治理体系。村镇建设格局包括村镇人居空间、产业空间、生态空间和文化空间，立足村镇地域空间，以促进产业培育、生态保育、服务均等、文化传承作为村镇建设的核心目标。塑造村镇发展新主体、新动力、新制度，推进形成中国特色的城市、村镇、农业、生态"四位一体"国土空间新格局。

构筑村镇建设新格局，是夯实农村发展基础，搭建统筹城乡发展新平台的需要；是集聚乡村人口产业，促进城乡要素平等交换的需要；是优化乡村空间重构，推进城乡公共资源均衡配置的需要；是优化城乡地域系统，实现"城市病""乡村病"两病同治的需要。加快构筑村镇建设新格局，是构建城乡发展一体化新格局的根本要求，亦是打破城乡二元结构、破解"三农"问题的现实途径。好的村镇建设格局最能凸显绿水青山之美、安居乐业之福，是产城融合、城乡协调发展和美丽乡村建设不可或缺的空间载体。

（二）深化耕地保护综合研究，创新耕地保护制度改革

第一，确立耕地全要素保护机制。保证耕地数量和质量，实现耕地产能稳定提升；优化空间格局，实现耕地资源空间的最优配置；统筹安排利用时序，实现耕地资源的优化利用，形成耕地保护用途管制、整治提质、产能提升、空间规划、流转增值、权益保障的多元融合机制。

第二，完善耕地占补平衡制度。建立补充耕地质量建设与后续管理机制、耕地占补

平衡与生态协调发展机制、耕地经济补偿机制，增强地方政府和农民对占补平衡补充耕地的责任心。

第三，创新耕地保护价值补偿制度。充分考虑耕地保护主体的多元性，健全建设过程中尽量避开耕地、提高集约用地水平的奖惩制度，建立有利于增加耕地、改善耕地质量、提升耕地产能的经济激励与投入长效机制。

第四，创新区域耕地保护补偿模式。国家应加大对重要粮食主产区和商品粮基地的耕地保护补偿力度。同时粮食调入省份或地区应对粮食调出区域进行价值补偿。建立占用地区对补充耕地地区的利益补偿机制。

（三）完善土地流转保障体系，促进土地流转模式创新

第一，加强农村土地流转法制建设。一是完善土地管理的相关规定。二是增订农村土地征用和征收的专门法律法规。运用法律的公正性与权威性，有效地界定与规范不同行为主体的决策与选择行为，保障不同产权主体特别是土地经营主体的正当权益。

第二，完善农村土地产权管理制度。保障农民土地流转的经济收益，创造条件让农民拥有更多的财产性收入；赋予农民享有农村土地的经济所有权，如占有支配权、经营使用权、自主决策权、收益占有权、合理处分权、产权继承权等。

第三，推动农村土地流转的机制创新。引导农村土地进入市场，依法、自愿、有偿地流转，在市场机制和政府宏观调控的共同作用下，实现农地资源合理配置。在保证农村土地承包经营权和收益权的前提下，因地制宜，允许农民采取多种方式进行农村土地流转。建立健全农村土地交易所的监管制度。

第四，健全农村土地流转的服务体系。加强农村土地流转的登记制度建设，建立农村土地承包和流转的仲裁机构，配合司法部门协调处理和仲裁农村土地流转过程中出现的各种矛盾和纠纷。

（四）构建乡村绿色基础设施循环网络及生态化建设体系

第一，建立完整的乡村绿色基础设施规划生命支撑网络。构建乡村绿色基础设施的循环网络，重点突出生态环境的背景依托、生产活动的自然属性、生活场所的乡村风貌，保证人类生存的大环境以及人地关系的可持续。

第二，从生活、生产、生态方面提出乡村规划新视角。以乡村绿色基础设施作为主线，深度挖掘乡村生活、生产、生态的三元共生关系，从建立乡村生命系统支撑网络的角度对乡村人居、农业生产、生态保护等方面提出乡村规划的新视角。

第三，加大资金、科技和人才投入保障生态化建设。乡村绿色基础设施及生态化建设是一项复杂、系统、难度较大的工程，需要专业人才、科技工程研发等的支撑，国家应加大资金投入力度来保障乡村绿色基础设施建设的推进。

（五）统筹布局基础设施建设，健全长效投入保障机制

第一，新建基础设施必须在既有的基础设施廊道内进行布局，避免对土地完整性的

进一步破坏,以保证村镇组团的整合性发展。基本型基础设施在各村镇均衡布局,保证各地居民能就近平等完善地享受各类设施;享受型基础设施在镇域内经论证后根据有关条件布局,在镇域内集中设置,采取有力措施,避免重复建设。

第二,进一步加大公共财政对农村基础设施建设的投入力度,建立现代农村金融体系,积极引导社会资本参与农村公益性基础设施建设、管护和运营。放宽农村金融准入政策,加大对农村金融发展的政策支持力度,拓展农业发展银行支农领域,扩大邮政储蓄银行涉农业务范围,推动村镇银行的发展;拓宽融资渠道,引导更多信贷资金和社会资金投向农村基础设施建设。

三、农村基础设施建设和村庄整治路径

(一)统筹规划基础设施建设时序,综合考虑远期发展

在规划和建设方案中,应当具有分阶段、分步骤的目标体系和建设要求,使得乡村基础设施规划与乡村近远期发展相适应。面向远期进行统筹规划和布局,避免反复规划和建设带来的浪费,从规划层面做好统筹安排和时序区分,体现基础设施规划的动态性与弹性。同时,制定合理的规划建设时序,指导实际操作的资金分配方案,保障资金划拨和使用实现经济高效。

(二)引入有限干预理念,倡导"统建"与"自建"相结合

乡村基础设施的建设不仅应当在规划层面予以合理安排、科学布局,更应当在具体的建设层面进行新的实施方式设计。一方面,乡村基础设施由政府统筹规划、统筹建设,便于管理,推动迅速,整体实施效果好;另一方面,为了解决缺乏公众参与、忽视村民感受、政府资金压力巨大、后期资金投入无法保障、缺乏长远管理意识等问题,乡村基础设施建设应当引入新的"有限干预"建设理念和方式。政府主导规划方案的编制,同时村民充分表达各自的意见,提出对于规划方案的相应修正建议,在此之后,政府进行投资建设时应当适当引导农民参与,以"出钱出力"的形式共同参与建设,甚至由村集体统一安排村民进行建设,既分担了政府的投资压力,又增强了村民的主体性和责任感,更符合村民的实际需求,做到一举多得的"统建"与"自建"相结合。

(三)加大政策扶持,扩宽融资渠道,保障资金投入

第一,各级财政要加大扶持力度,增加村镇资金投入,整合相关资源,推进基础设施建设,采用先进设备技术,推动城乡基础设施一体化建设,逐步缩小城乡差距,将村镇建设向更深入、更具体、更完善的方向推进。第二,加强对基础设施的管理,把对基础设施的管护放在与建设同等重要的位置,切实解决农村基础设施长期存在的"有人建、有人用、无人管"的问题,充分发挥基础设施的使用效益。

（四）倡导公众参与，尊重村民意愿，体现村民利益诉求

实现规划中参与主体、参与方式和参与深度向以农民为主体的乡村规划建设体系转变，每个过程都加强公众参与的力度和深度，使公众利益得到最大体现。一方面，要丰富公众参与的主体与形式。建立代表不同社会阶层、多视角的村镇规划公众参与机构，加强交流，并综合运用多种媒介，拓宽村镇居民参与村镇建设管理的渠道，使村镇民众能够真正地参与到村镇建设管理中来。另一方面，规划各个环节都应当有公众的参与。在前期调研阶段，可以通过调查问卷、座谈会等方式收集公众意见，确定规划的原则和目标；在方案修改过程中要注意根据民意调查公众的满意度，适时修改方案；在修改方案的公示阶段，通过路演、展览等活动向公众告知并征集意见；在规划实施前、中、后期，要强化农民自治监督意识和规划实施管理主管部门信息的公开和透明化，通过农民监督来制衡规划的各环节中各利益主体的博弈，确保自身利益不受侵害。

（五）发掘地域传统智慧，进行绿色基础设施引导

对于乡村这种独特的地理聚落而言，它的发展经历了漫长的岁月，村民世代沿袭的传统与技艺不仅是历史积淀下来的宝贵文化遗产，同时，稍加改良和转化就能够成为为现代生活服务的生态技艺。对于乡村中存在的传统技艺和生态设施，应当结合地区实际和村民的生活习惯，合理进行保留和改造，探索地区范围内可以推广和具有地域适应性的传统生态技艺。

四、适应村庄建设的乡村土地规划

（一）借助"多规合一"优化调整土地结构

"多规合一"的重心在于土地规划，核心是解决建设用地的供给来源与农村同步发展和农民顺利进城就业的矛盾。通过"多规合一"的规划方法，使村镇文化、经济、建筑、景观特色得到科学规划，统筹协调村镇在各系统、各层面、各类型之间的关系。借助"多规合一"，统一规划区范围和用地规模与标准，调整优化土地利用结构。例如，各类村镇发展规划所涉及的范围一致，村镇规划、土地利用规划等应当与禁建、限建、适建范围一致；建设用地应当在符合土地利用总体规划总量目标和保护耕地需求的前提下，根据国民经济和社会发展规划提出的城镇化发展和产业发展的要求，同时要满足村镇发展和建设的需要，统一确定建设用地标准。

（二）深入开展乡级土地利用规划编制

根据上级土地利用总的编制要求，结合各乡镇自然条件和社会条件，对辖区内的土地利用进行合理的安排，对用地矛盾进行协调，确定各类用地的规模。重点安排好耕地、环境保护用地及生态建设用地，对于其他工业用地及基础设施建设，要在保证总耕地面

积的情况下，合理规划。要确定好乡镇建设用地和土地整理、复垦和开发的范围，加强对用地结构和布局的引导。

（三）加强乡村人地协调的土地综合整治

土地整治的重点是对农村的山、水、林、田、路、村及工业建设用地进行综合整治，土地综合整治的根本目的是通过提高土地承载能力，为生态建设提供更多空间，实现资源与人类的永续发展。

进行人地协调的土地综合整治需从以下几方面入手：一要坚持科学发展观，确保土地综合整治的可持续发展。土地综合整治必须立足生态，确保土地资源的永续利用，生态与经济的协调发展，树立保护生态环境的观念。二要构建生态环境安全格局，实施差别化土地综合整治。针对不同区域社会经济发展和土地利用总体战略，围绕构建生态环境安全格局，实施差别化土地综合整治。

（四）因地制宜地促进土地流转模式创新

目前我国农村比较典型的土地流转模式有土地互换、土地出租、土地股份合作、土地入股、土地转包、宅基地换住房、承包地换社保等模式。各地也积极探索新的模式，如重庆地票交易流转模式、成都确权流转模式、浙江土地股份合作社流转模式及天津宅基地换房模式最为典型。土地流转是未来土地制度改革的重要方向，土地流转模式的创新显得尤为重要，需要根据各地区的实际情况，选择适合自身的土地流转模式。各地区应该借鉴以上创新模式的成功经验，根据地方实际，创造出有地方特色、高效率的土地流转模式。

（五）加强相关监督管理和保障制度设计

加强土地利用占补平衡、增减挂钩、确权相关监督管理和保障制度的制定。第一，有关部门要对增减挂钩组织开展专项检查，加强对农村土地整治和增减挂钩的监管，充分利用农村土地整治监测监管系统，加快实现对增减挂钩试点情况的网上监管。第二，完善现有的挂钩周转指标的考核、激励机制，尤其是对于耕地复垦整理做法、耕地保护机制，急需进一步建立和健全。第三，完善农村土地确权工作相关政策法规。第四，鼓励和扶持新型农业规模经营主体开发利用荒废土地，实现荒废土地的集约化利用。第五，注重土地确权中新技术、新方法的运用，在地籍调查、核实、审核的过程中，应注重新技术、新方法的运用，如"3S"技术（遥感技术、地理信息系统和全球定位系统）。第六，严格执行土地权证的登记发放程序。调整土地权证登记发放机构，成立专门的农村土地确权协调小组；明确土地确权国土、财政、农业及乡镇工作人员的岗位职责，严格规范其行为准则；土地确权工作必须严格按照申请、调查、审核、公告、审批下达等步骤进行。

第七章 重大科技工程措施

一、高标准农田建设工程

以高标准农田建设为平台，整合新增建设用地土地有偿使用费、农业综合开发资金、现代农业生产发展资金、农田水利设施建设补助资金、测土配方施肥资金、大型灌区续建配套与节水改造投资、新增千亿斤粮食生产能力规划投资等，统筹使用资金，集中力量开展土地平整、农田水利、土壤改良、机耕道路、配套电网林网等建设，统一上图入库，到 2020 年建成 8 亿亩高标准农田。加快实施《全国高标准农田建设总体规划》《全国新增千亿斤粮食生产能力规划》，实施"藏粮于地"战略，开展粮食生产功能区划定，优先将水土资源匹配较好、相对集中连片的小麦、水稻田划定为粮食生产功能区。探索建立棉油糖、果菜茶等重要农产品生产保护区，支持粮食主产区建设核心区，优先在粮食主产区建设高标准口粮田。抓好东北黑土地退化区、南方土壤酸化区、北方土壤盐渍化区综合治理，保护和提升耕地质量。有计划地分片推进中低产田改造，改善农业生产条件，增强抵御自然灾害的能力。探索建立有效机制，鼓励金融机构支持高标准农田建设和中低产田改造，引导各类新型农业经营主体积极参与。按照"谁受益、谁管护"的原则，明确责任主体，建立奖惩机制，落实管护措施。

二、精准施肥推进工程

以减少农业面源污染、农业提质增效、农民增收为落脚点，以配方肥推广和施肥方式转变为重点，因地制宜地统筹安排取土化验、田间试验示范等基础工作，立足粮棉油等主要作物，扩大经济园艺作物测土配方施肥实施范围，开展多种形式的测土配方施肥信息指导服务和新型经营主体精准施肥示范，加强宣传培训，结合新型职业农民培训，加强新型经营主体的培训力度，全面增强农民精准施肥意识。加强院校合作等形式，强化技术支撑，把各项关键技术落实到位，着力提升精准施肥技术水平。坚持政府引导、农民主体、企业主推、社会参与，创新实施方式，充分调动推广人员、科研人员、教学人员、企业和农民等各方的积极性，构建合力推进的长效机制。加强数据库的建设和分析，注重资料的收集整理，总结归纳成功经验，强化成果运用。

三、高效节水灌溉工程

全面贯彻《国家农业节水纲要（2012—2020 年）》要求，落实各级政府的责任，把发展节水灌溉上升为国家战略，列入各级政府的重要工作内容，把灌溉水有效利用系数作为考核指标纳入政府考核体系。加强各级水利、发改、财政、国土、农业等部门合作，整合部门力量和资金渠道，形成共同促进节水灌溉发展的工作格局。加强农业节水法规制度建设，尽快制定《农田水利条例》，建立和完善水权制度，全面实行用水总量控制和定额管理制度，为持续健康发展节水灌溉提供法律保障。积极落实民办公助、以奖代补等政策，加强技术服务，调动农民节水的积极性，引导农民和各类社会主体参与节水灌溉工程建设。

因地制宜，分区施策，加大规模化推进力度，打好区域节水灌溉战役。充分考虑区域水土资源状况、农业发展布局和主体功能区划，进一步完善、细化各类节水灌溉规划，合理确定发展目标和工程布局。抓好东北四省（区）节水增粮行动，扎实推进西北节水增效、华北节水压采、南方节水减排等前期工作，加大实施力度。西南五省（区）要结合"五小水利"工程建设，大力推进集雨节灌工程建设。水稻主产区在大力推广"浅、薄、湿、晒"控制灌溉技术的同时，因地制宜地积极推广管道输水灌溉。

按照建管并重原则，明确管理体制和运行机制，明晰工程产权归属，落实管护主体、责任、制度和经费，促进节水灌溉工程长效运行。积极探索社会化和专业化相结合的管理模式，特别是要大力扶持农民用水合作组织、抗旱服务队、灌溉公司等专业化管理和服务组织，提高其服务能力和水平，切实发挥其在工程建设、运行维护、水费计收等方面的作用。

完善节水灌溉机械设备购置补贴政策，进一步扩大节水、抗旱设备补贴范围。制定相关办法，进一步明确节水灌溉工程运行管理费用财政补贴政策。制定高效节水灌溉产品减免增值税和降低进出口关税等优惠政策，加大对高效节水灌溉生产企业高新技术改造投入，鼓励企业进行技术改造。加大财政贴息力度和贷款支持力度，鼓励农业企业、种植大户、农业合作组织积极利用贷款，发展高效节水灌溉。完善以奖代补、先干后补等政策，充分调动受益群众的积极性，引导农民群众自愿投工投劳参与节水灌溉工程建设。

四、农业废弃物综合利用示范工程

（一）秸秆综合利用

围绕秸秆肥料化、饲料化、基料化、原料化和燃料化等领域，实施秸秆综合利用试点示范，大力推广用量大、技术含量和附加值高的秸秆综合利用技术，实施秸秆机械还田、青（黄）贮饲料化利用，实施秸秆气化集中供气、供电和秸秆固化成型燃料供热，材料化致密成型等项目，通过推动产业化发展拓宽秸秆利用渠道，推行秸秆机械化还田作业和留茬高度等标准，促进秸秆就地还田或应收尽收。探索建立有效的秸秆田间处理、收集、储存及运输系统模式。加快建立以市场需求为引导，以企业为龙头，以专业合作经济组织为骨干，农户参与，政府推动，市场化运作，多种模式互为补充的秸秆收集、储运管理体系。积极扶持秸秆收储运服务组织发展，建立规范的秸秆储存场所，促进秸秆后续利用；支持秸秆代木、纤维原料、清洁制浆、生物质能、商品有机肥等的产业化发展，完善配套产业及下游产品开发，延伸秸秆综合利用产业链。

（二）残膜和农药包装回收利用

开展区域性残膜回收与综合利用，扶持建设一批废旧农膜回收加工网点，鼓励企业回收废旧农膜。在农膜覆盖量大、残膜问题突出的地区,加快可降解农膜的研发和应用,集成示范推广农田残膜捡拾、回收相关技术,建设废旧地膜回收网点和再利用加工厂,建设一批农田残膜回收与再利用示范县。在农药使用量大的农产品优势区,设立回收网点,制定回收管理办法,有条件的地方,依托农药经销商设立农药包装废弃物回收站,统一有偿回收使用过的农药包装废弃物,加快建立农药包装废弃物无害化处理网络和管理平台。

(三)畜禽粪污综合利用

在污染严重的规模化生猪、奶牛、肉牛养殖场和养殖密集区,按照干湿分离、雨污分流、种养结合的思路,建设一批畜禽粪污原地收集、储存、转运,固体粪便集中堆肥或能源化利用,污水高效生物处理等设施和有机肥加工厂。在畜禽养殖优势省(区),以县为单位建设一批规模化畜禽养殖场废弃物处理与资源化利用示范点、养殖密集区畜禽粪污处理和有机肥生产设施。

针对规模化养殖场特别是养猪场,开展有机废弃物种养结合处理及利用关键接口技术和工程处理技术研究,包括养殖场废弃物排放口固液分离技术、不同规模养殖场固体废弃物快速堆肥技术及装置研究、厌氧干发酵及多原料共发酵技术、沼液膜处理及养分浓缩技术、沼液灌溉配套技术等。在畜禽养殖优势区域因地制宜地开展畜禽粪便大中型沼气工程和沼液农田利用工程建设,依托大型养殖场,发展以畜禽粪便为原料的大型沼气工程,用于沼气发电、固体粪便生产有机肥、沼液还田,实施热-电-肥联产,所产沼气用于发电、养殖场自用或并入电网;在全国生猪、奶牛、肉牛等养殖优势区域内,针对规模化养殖场或散养密集区畜禽粪便集中、量大、种养分离等问题,在一定区域内建设畜禽粪便收集无害化处理站,收集、贮存和堆肥处理 10km 范围内中小规模养殖场或散养密集区内的畜禽粪便,堆肥后就地还田利用或转运至集中处理中心进行有机肥加工,实现畜禽粪便高效处理利用;在猪、牛、羊养殖和粮食产量大县,开展生猪、奶牛等规模化养殖废物处理示范场建设,配置养殖场粪便高温堆肥无害化处理生产有机肥设施设备、养殖废水经氧化塘等处理为肥水浇灌农田等设施设备,如固体粪便强制通风好氧堆肥系统;污水防渗、防漏氧化塘等净化贮存一体化设施;肥水输送设备;肥水田间贮存池、管网等农田利用配套设施。推广种养结合新型农牧经营模式,鼓励规模养殖场配套一定规模的种植用地,用于就近消化畜禽粪污。

五、农牧结合与畜牧业清洁生产示范工程

将污染预防战略应用于养殖生产全过程,在全国各地布置畜禽养殖清洁生产示范工程项目。一是系统深入地评价饲料原料生物效价与安全,创建我国自主的饲料原料大数据库平台并用于生产实践,实现精准供给与科学饲养,提高畜禽生产水平,改善饲料转化效率,从而减少饲料粮的浪费。从源头减轻畜牧业环境污染,通过粪污"减量化"的有效技术途径,加大非常规饲料资源的开发。二是研究探讨适合我国不同地域气候特点与场址条件的牧场多样性规划、畜禽舍设计与生产工艺技术,加速国际先进装备技术的

国产化，用于改善并提升中国畜牧养殖业机械自动化水平，实现在畜牧生产全过程有效控制污染源。鼓励发展种养结合循环农业，实施"农业生态循环工程"。谋划实施互联网+畜牧业工程，创新畜产品生产、加工、销售与流通方式。

六、乡村整治与土地利用规划编制示范工程

加强"3S"技术在乡级土地利用规划编制中的使用。全球定位系统（GPS）的使用可以很精确地将土地使用的位置进行定位；遥感技术（RS）可以实现全天候、实时性的远程监控，对乡级土地的变更情况进行精确监测；地理信息系统（GIS）能非常方便地对数据进行采集、存储、更新、分析及输出等操作，通过人机交互及可视化模式进行数据和属性信息操作。"3S"技术在乡村土地利用规划编制中的使用，可以对乡镇土地的变更进行实时的跟踪监测，使乡镇土地管制制度得到有效实施。

围绕低效、退化及未利用土地综合整治，探索土地资源可持续利用与土地工程化实践的工程技术创新方案，协调处理社会经济发展对土地资源开发、利用与管理在多用途、地域空间、权益保障、流转增值、产能提升、整治提质等多方面的目标，实现土地资源理论、工程与管理的系统化、集约化、工程化、信息化，促进土地资源结构优化、质量提升、利用增效。土地资源研究与土地整治工程重在探讨工程技术的优化组合方案，服务于土地资源的合理开发、利用与管理，具体涉及土地资源的勘探、调查、规划、设计、开发、建设、保护、评估与管理等相关工程技术措施。

七、农村基础设施推进与示范引导工程

规划先行，统筹发展，对农村的水、电、路、气及村庄公用设施等基础设施统一规划。加强农村基础设施建设，实现硬化道路到户、上下水分流和"废弃物"三化，推进农村垃圾、污水处理、裸房旧房、村庄绿化和土壤环境等集中连片综合治理。创建一批宜居环境示范县（市、区）。实施新一轮的美丽乡村建设工程。完善农村沼气建管机制。继续实施农村电网改造升级和宽带入乡进村工程。创新农村住宅用地新模式，将其与农村产业创新、农村环境治理有机地结合起来。在农村基础设施的研发上，要注重低投入和适应性，保证村民能够用得起，并且好操作、易实施。

八、新型职业农民培训工程

大力培育新型职业农民，解决农村劳动力"乏力"的问题，加快建立教育培训、规范管理和政策扶持"三位一体"的新型职业农民培育体系。建立公益性农民培养培训制度，深入实施新型职业农民培育工程，推进农民继续教育工程。加强农民教育培训体系条件能力建设，深化产教融合、校企合作和集团化办学，促进学历、技能和创业培养相互衔接。鼓励进城农民工和职业院校毕业生等人员返乡创业，实施现代青年农场主计划和农村实用人才培养计划。

第八章　重大政策建议

一、科学规划布局，因地制宜地开展乡村基础设施建设

建立行之有效、完善的从宏观到微观的村庄规划编制体系，把规划摆在更加突出的位置，高站位、高起点地进行科学设计，为将来的发展留出空间。对村庄分类分级，因地制宜，分类指导，分级控制，形成村庄建设指南。提高村庄规划水平，从各地实际出发制定村庄建设和人居环境治理相统一的村级总体规划，重点加强对宅基地和农村集体建设用地的规划及管理，节约村庄建设用地；加强公共基础设施的配套和完善，做到布局合理、功能齐全；加强交通组织和建筑布局，做到村容村貌整洁有序、住宅美观舒适、交通出行便利快捷。村庄规划尊重村民意愿，因地制宜，突出地域特色风貌；村庄建设注重优化生态环境，改善人居生活，繁荣传统文化。优化村庄空间布局，按照功能定位和满足群众生活需求，适度开展基础设施和公共服务设施建设。

二、推进美丽乡村建设与建立新型产业相结合

统筹顶端设计，强化特色创意，打造一批功能多元、环境优美、景色迷人的美丽田园，推动农牧结合，促进一二三产业深度融合，创建一批主导产业突出、环境友好、文化浓郁的休闲农业优势产业带和产业群。以促进农业生产发展、人居环境改善、文明新风培育为目标，发展农业生产和农村新兴产业，改善农村人居环境，传承生态文化，培育文明新风，建立与资源、环境保护相协调的生产、生活方式，全面推进现代农业发展、生态文明建设和农村社会管理，建设"生态宜居、生产高效、生活美好、人文和谐"的美丽乡村。

三、优化农业功能分区，尽快制定绿色种养业结合发展规划

加快落实主体功能区规划，健全我国农业空间规划体系，划定生活、生产、生态空间开发管制界限，落实用途管制，形成合理的农林牧用地结构。重点在农业资源的节约与高效利用、农业废弃物的资源化利用、农业产业链延伸过程中的清洁生产等方面，提出"十三五"期间，种养业绿色发展的思路、途径、目标和模式，以及相关的工程措施、重点支持领域与保障体系。编制节水、节地、节肥、节劳、节本与农业资源综合利用、典型地区农业种植制度调整等专项规划，提出发展目标、重点和政策措施，并纳入长期农业发展规划。推进生态循环种养和废弃物综合利用，重点支持农牧业一体化发展的配套基础设施建设。

四、构建农村基础设施建设的长效机制

加强组织领导,着力构建"政府主导、农民主体、社会帮扶、市场运作"的美丽乡村建设工作格局。强化各级政府的主体责任,着力发挥统筹谋划、整合资源、政策支持、督促考核的作用。尊重农民的主体地位,把群众认同、群众参与、群众满意作为基本要求,充分调动农民的积极性、主动性和创造性,引导农民用自己的力量和智慧建设美好家园。搭建市场化运作的平台,推广政府和社会资本合作模式,积极为工商企业、民间资本参与美丽乡村建设提供便捷渠道和有利条件。扩大农村公共服务运行维护机制试点,鼓励县级将村级保洁员工资纳入财政保障范围,通过购买服务、多元化筹资等方式建立政府支持与市场运营相结合的农村环境管护长效机制。建立完善鼓励生产和使用节约农业资源和环保型产品的财政税收政策,扶持绿色产业和农业资源节约型、环境友好型企业发展。

五、加大绿色农业与农村发展技术的集成与示范

在农业产业链整合、农业清洁化生产技术链接、绿色生产技术和农业资源多级转化、资源节约高效利用与废弃物的资源化技术、循环农业技术标准规范、农村生态小城镇建设技术、农村生活消费绿色技术等层面加大力度,开展整合与集成研究,建立和完善推动农业发展的技术创新体系与技术示范推广体系,因地制宜地建设一批农村一二三产业融合、生态循环农业、绿色乡村示范区。

专题研究

专题一

农业发展方式转变下的美丽乡村建设要求、挑战与推进策略

一、背景与意义

党的十八大确定了生态文明建设的战略任务，确定"五位一体"的战略发展格局，提出了建设美丽中国。2015年，在中共中央国务院发布的《中共中央国务院关于加快推进生态文明建设的意见》中更加明确地指出要"加快美丽乡村建设"。建设美丽中国的重点和难点在农村，美丽乡村的建设情况直接影响和制约着美丽中国的建设进程。从美丽乡村的内涵和实质看，建设美丽乡村是建设美丽中国的重要内容，是推进农业经济发展方式转变、一二三产业融合的必由之路，是推进农村生态文明建设的重要抓手，是统筹城乡发展、推进城乡一体化的有效途径，是加快新型城镇化进程的重要手段。

（一）建设美丽乡村是建设美丽中国的重要内容

党的十八大要求把生态文明建设放在突出位置，努力建设美丽中国。中国幅员辽阔，人口众多，大部分国土属于农村地区，65%人口的家在农村，近半数人口还常住在农村，森林、草原、河流、湿地等生态屏障绝大部分在农村，建设美丽中国，首先要建设美丽乡村。习近平总书记早在2003年就指出"既要金山银山，又要绿水青山"；汪洋副总理指出："美丽乡村不仅要有青山绿水、鸟语花香、林茂粮丰的自然景观，还要有路畅灯明、水清塘净、村容整洁的宜居环境，这才能构成和谐宜人的田园风光。推进美丽乡村建设，最起码的就是要做到改变农村许多地方污水乱排、垃圾乱扔、秸秆乱堆的脏乱差状况，为农民群众建设一个干净、卫生的生活家园"。从各地的实践看，一方面，农村基础设施日趋完善，农村环境整治力度加大，脏乱差得到一定治理，农村经济快速发展，农民收入水平稳步提高；另一方面，随着农民增收和城乡融合发展加速，农民群众对生活质量和人居环境提出了更高的要求。相对城市建设的日新月异，农村的发展依然滞后。建设美丽乡村，就是要按照"规划科学布局美、村容整洁环境美、创业增收生活美、乡风文明身心美"的要求，进一步丰富拓展其内涵和领域，全面提升农村生产、生活条件，努力打造农村宜居、宜业、宜游的良好发展环境。

（二）建设美丽乡村是推进农业经济发展方式转变的必由之路

2016年中央一号文件指出"加快转变农业发展方式，保持农业稳定发展和农民持续

专题一执笔人：尹昌斌　杨瑞珍　赵俊伟　黄显雷。

增收，走产出高效、产品安全、资源节约、环境友好的农业现代化道路"。美丽乡村建设作为农村生态文明建设的重要载体，其实质是在农村建设资源节约型和环境友好型社会，促进节约能源资源和保护生态环境的发展方式在农村的确立。只有加快建设美丽乡村，把生态文明建设同新农村建设有机结合起来，才能把生态文明的发展理念、产业导向、生活方式、消费方式等融入农业发展、农民增收和农村社会进步等各方面，才能把农村生态文明的建设落到实处，进而在更高层次上全面实现小康社会的发展目标。当前，随着"工业化、城市化、信息化、绿色化"的加快推进，农业现代化明显滞后于其他"四化"，加上农业发展方式相对粗放，我国农村资源过度利用和环境恶化问题较为突显，农村经济社会可持续发展的压力不断加大。加快美丽乡村建设，有利于推动农村经济结构的调整，加快农村经济转型升级；有利于促进人们转变生产方式和消费方式，着力提升农村人居环境和农民生活质量；有利于节约集约利用各类资源要素，从根本上促进人口与资源环境的承载能力相协调，推动经济社会的可持续发展；有利于实现农民群众经济发展权和生态保护权益的有机统一。因此，我们必须把加快建设美丽乡村作为农村转变经济发展方式的重要举措切实抓紧抓好。

（三）建设美丽乡村是推进农村生态文明建设的重要抓手

2015年，中共中央国务院发布了《中共中央国务院关于加快推进生态文明建设的意见》，这是我国生态文明建设的纲领性文件。农村生态文明建设是生态文明建设的重要内容，关系到我国整个生态文明建设的进展成效。没有农村的生态文明，就没有全国的生态文明。然而多年来，在生态文明建设方面，许多地方程度不同地存着重城市、轻农村的做法。片面或错误地认为，农村生态资源丰富、生态污染承载空间大，甚至把农村视为城市污染转移的"接收站"和"天然垃圾场"，"污染下乡"还没有彻底遏制，农村"大树进城""生态搬家"的现象时有发生，给农村留下了很多"生态创伤"，无疑影响了建设全国生态文明的进程。因此，开展美丽乡村建设有利于促进农村生产、生活方式的转变，强化农村经济，提升农村人居环境和生活质量，提高农村生态文明程度。农业部"美丽乡村"创建活动要求重点推进生态农业建设、推广节能减排技术、节约和保护农业资源、改善农村人居环境，促进产业融合，将生态文明的理念内涵全面融入农村经济社会发展全局，在推进农村经济和社会事业发展的同时，更加注重农村环境保护和生态建设。

（四）建设美丽乡村是统筹城乡发展推进城乡一体化的有效途径

2016年中央一号文件指出"推动城乡协调发展，提高新农村建设水平"。统筹城乡发展，推进城乡一体化，是科学发展的应有之义，也是加快建设美丽乡村的重要目标。离开了统筹城乡发展，就不可能建成美丽乡村。加快建设美丽乡村，就是要努力形成以工促农、以城带乡的长效机制，加快缩小城乡差别，促使农民群众全面奔小康。它要求我们必须树立统筹城乡发展理念，坚持走新型城市化道路，把城镇与乡村作为一个整体来科学布局，加快形成以县域中心城市为龙头和以中心镇、中心村为纽带的城乡规划建设体系；要求必须加大城乡综合配套改革的力度，加快建立工业带动农业、城市带动农村的体制机制，促进城乡资源要素的合理流动；要求我们着力形成政府公共资源城乡共享机制，为城市基础设施、公共服务和现代文明向农村延伸与辐射提供有效通道，从而促进农村人口集聚和产业集约，进一步提高农业生产率和农民生活质量水平，让城乡群众共享改革发展成果。总之，美丽乡村建设的过程，就是统筹城乡规划和制定完善县域镇村体系规划、村庄规划、传统村落保护规划的过程，也是统筹城乡基础设施、改善农村水电路气房的过程。通过建设，可以统筹多方面涉农项目和资金，集中力量办大事；通过建设，可以带动农村基层组织建设和农民精神面貌变化。

（五）建设美丽乡村是加快新型城镇化进程的重要突破口

新型城镇化建设是党的十八大做出的重要战略部署，也是加快建设美丽乡村的客观要求和重要手段。实施城镇化与美丽乡村同步发展的驱动战略，美丽乡村必须是城镇化带动下的美丽乡村，城镇化必然是美丽乡村基础上的城镇化。美丽乡村建设是实现城镇化的现实基础，城镇化过程中的粮食、土地、人力资本和内生经济增长等问题的解决必须依靠美丽乡村的稳步建设和提升；城镇化是美丽乡村建设的动力来源，美丽乡村建设中，投入、户籍、公共服务和社会保障等问题的解决必须依靠城镇化的适度推进和延伸。从根本上讲，现代化的过程就是城市与乡村的经济、文化、人口、生态等要素充分对话、流动与融合的过程，也就是城镇化与美丽乡村互相包容、协同发展的过程。随着工业化、城镇化、信息化、农业现代化进程的加快，推进美丽乡村建设是解决新型城镇化面临的新情况、新问题、新挑战的有效手段。

以统筹城乡一体化发展为方略，以促进农业产业发展、农民增收致富、人居环境改善为目标，以农村环境综合整治为突破口，拓展和提升新农村建设内涵，发展农业生产和农村新兴产业，改善农村人居环境，传承生态文化，培育文明新风，建立与资源环境保护相协调的生产、生活方式，全面推进现代农业发展、生态文明建设、农村社会管理和绿色化发展，建设"生产高效、生活美好、生态宜居、人文和谐"的美丽乡村。

二、问题与挑战

我国是一个农业大国，农业关乎国家粮食安全、资源安全和生态安全。近年来，我国农业发展取得巨大成就，粮食生产实现历史性的"十二连增"，农民增收实现"十二连快"。然而，长期粗放式经营积累的深层次矛盾逐步显现，农业持续稳定发展面临的挑战前所未有，水土资源约束日益趋紧，农业面源污染加重，农业生态系统退化明显，农村的"脏乱差"问题没有得到根本改观，传统的农业发展方式已难以为继。

（一）农业发展方式转变受资源环境"硬约束"状况加剧

资源环境是农业生产的基础。立足当前，着眼长远，维持我国农业发展、保障粮食安全的资源环境压力越来越大。当前我国农业发展面临着资源环境总量不足、分布不均、质量下降和污染加剧问题。

1. 农业资源总量不足

我国人均耕地面积仅为世界平均水平的38%，农业人口密度为5.5人/hm^2，而世界平均农业人口密度为1.7人/hm^2；水资源总量仅占世界的6%，人均仅有世界平均水平的1/4，是世界上13个贫水国家之一。21世纪以来我国年净增人口700多万，每年增加粮食需求近60亿斤；城镇人口平均每年增加2000万人以上，随着膳食结构升级，间接消费的粮食也在增多，据测算，仅由于膳食结构中肉蛋奶增加一项，每转移一个农村人口，每年就增加饲料用粮75kg。粮食刚性需求增加，需要更多的耕地、水等农业资源作支撑，突出的工农、城乡争地争水矛盾更加剧了资源短缺状况。守住18亿亩耕地红线的压力越来越大，耕地占多补少、占优补劣问题突出，工业化、城镇化大量占用耕地，1996~2011年底，耕地面积净减少1.25亿亩；建设占用的耕地大多是城镇周围和交通沿线的良田沃土，被占用耕地的土壤耕作层资源浪费严重，补充耕地与被占耕地质量一般相差2~3个等级。有专家估算，近10年全国因占优补劣耕地导致粮食生产能力至少下降120亿kg。

2. 农业资源时空分布不平衡

从区域分布看，以大兴安岭—长城—兰州—青藏高原东南边缘为界，东部气候湿润、水源充足、地势平坦、开发条件优越，土地面积只占全国的47.6%，却拥有全国90%的耕地；西部干旱、半干旱或高寒区土地面积占全国的52.4%，但耕地只占全国的10%。从水土资源匹配情况看，以秦岭—淮河—昆仑山—祁连山为界，南方水资源占全国总量的4/5，但耕地不到全国的2/5；北方水资源占全国总量的1/5，但耕地资源占全国的3/5。近几年我国粮食增产，北方占了大头，粮食生产重心逐步从丰水的南方转移到缺水的北方，传统的"南粮北运"变为了"北粮南运"，相当于每年由北方向南方输送水资源300亿m^3，加剧了北方的水资源短缺状况。

3. 农业资源质量下降明显

我国耕地不仅数量少，而且质量不高，旱地比重约占全国耕地面积的60%，缓坡、陡坡耕地约占全国耕地面积的40%，土壤普遍缺养分，1/3的耕地缺有机质，70%以上的耕地缺磷，20%左右的耕地缺钾。同时，由于负载逐年加大，耕地退化问题越来越严重。东北黑土区有机质含量大幅下降，黑土层已由开垦初期的80~100cm下降到20~30cm；华北耕层变浅趋势明显，小麦-玉米轮作区耕层平均厚度比30年前浅了5cm；西北盐渍化问题依然突出，耕地盐渍化面积3亿亩；南方土壤酸化加剧，严重影响作物生长。据统计，目前因水土流失、贫瘠化、次生盐渍化、酸化导致耕地退化面积已占总面积的40%以上。耕地质量下降、黑土层变薄、土壤酸化、耕作层变浅等问题凸显。全国受污染耕地超过1.5亿亩，因污水灌溉污染的耕地有3250万亩。农产品产地土壤重金属污染形势严峻，因农产品重金属超标引起的镉大米问题受到全社会的关注和重视。

地下水是供水保证程度高、调蓄能力强的农用水资源，我国北方地区，农业用水中地下水平均占38%左右，但超采严重，很多省份对其开发利用的难度越来越大。农田灌溉水有效利用系数比发达国家平均水平低0.2，华北地下水超采严重。农业用水有效利用率只有50%左右，大水漫灌、超量灌溉等现象比较普遍，我国每立方米灌溉水能生产1kg粮食，每亩每毫米降水能确保生产0.5kg粮食，都只有发达国家的一半。

4. 农业农村生态环境污染加剧

一是城市与工矿"三废"污染加速向农业农村扩散。根据环保部数据，全国受污染耕地超过1.5亿亩，因污水灌溉而污染的耕地有3250万亩，因固体废弃物堆存而占地和毁田的约有200万亩，合计受污染面源占耕地面积的1/10。农产品产地重金属污染情况尤为突出，由此造成的农产品重金属超标事件时有发生。二是农业内源性污染严重。我国耕地"重用轻养"现象普遍，大部分农户只用不养，不再施用有机肥，也不种绿肥，采取掠夺性经营方式。1978年全国化肥施用量大约为800万t，现在化肥施用量达到5900万t，是1978年的7.4倍。我国每公顷土地施用的化肥量是世界平均水平的4倍以上。化肥真正能够用于作物生长的比重不到30%，有70%的化肥都留在了地上或者挥发到了空中。我国每年使用的农药约为180万t，每年使用的农膜为240多万吨，能够回收的不到140万t，每年遗留在土地里的农膜有100万t以上。化肥、农药利用率不足1/3，农膜回收率不足2/3，畜禽粪污有效处理率不足50%，秸秆焚烧现象严重。海洋富营养化问题突出，赤潮、绿潮时有发生，渔业水域生态恶化。三是一些具有重要遗传价值的野生植物资源遭到严重破坏甚至消失，外来物种入侵时常发生，严重影响了我国的农业生产、生物多样性保护和生态安全。四是农村环保设施建设相对滞后，大部分尚未建立完善的生活污水、垃圾收集处理设施，未经处理的生活垃圾随意丢弃、生活污水直接排放，农村生态环境污染问题突出。

（二）农村"三化"问题严峻，农村发展缺乏内生动力

随着工业化、城镇化进程的不断加快，农村优质生产要素大量流向城市，农村产业盲目实现跨越式发展，农村正面临着传统农业逐渐衰弱、农村逐渐边缘化和空心化、真正从事农业生产的农民数量逐渐减少、农村逐渐没落等问题。主要表现为村庄"空心化"、农业产业"空洞化"和农村劳动力"老龄化"等"三化"问题。这不仅制约着美丽乡村建设的进程和发展方向，而且影响着新型城镇化的质量与效果。

1. 农村村庄"空心化"现象日趋严重

近10多年来，伴随着城镇化进程、城乡关系的巨大变化，农村常住人口逐渐减少，造成了农村人走屋空的现象，产生大量"空心村"。据统计，目前我国大约有2.3亿农民工。按中国农村高峰人口8.6亿人（1995年），到2020年按城镇化率60%计算，届时农村人口将累计减少2.8亿~3亿人。我国农村空心化正处于快速上升发展期，外扩内空、人走屋空有加速趋势，还出现了一户多宅、建新不拆旧、新房无人住的现象。

2. 农村产业"空洞化"问题突出

农村产业"空洞化"源于城乡差异和农业比较收益低下，大量农村劳动力向城镇、

非农产业转移，农村青壮年劳动力大量流失，留守劳动力呈散沙状的分布格局，农业生产缺乏吸引力，农村生活缺乏活力，村庄格局缺乏协调性，乡土文化缺乏延续性，伴随着农村大量劳动力的流失，农村资金也出现了大量外流，由此导致的农村劳动力非农化、资金非农化和土地非农化，劳动力和资本的流失，再加上农业资源的浪费，造成农村经济发展非常缓慢甚至停滞不前，没有经济增长点，村民收入低且来源单一，农村产业"空洞化"问题越发突出。

3. 农村劳动力"老龄化"程度越来越高

2010年我国人口普查统计数据显示，我国农村外出务工人员约为2.3亿人，其中离开本县6个月以上的超过1.45亿人，2014年达到2.7亿人，部分地区呈现"种田没壮劳力、抗灾缺人手、农业副业化"的态势，并且目前2亿多农村外出务工人员中将来很大一部分还会回到农村，也将进一步加剧农村"老龄化"。目前，农村60岁以上老年人已经超过1亿，农村80岁以上高龄老人增加到了1100万，各类失能半失能老人有1800多万，此外，农村空巢家庭数量在迅速上升。农村高龄老人、失能老人、残疾老人、空巢老人及独居老人数量巨大，农村劳动力老龄化问题越来越突出，农村劳动力"老龄化"使农村整体发展活力严重不足。

（三）农业增效、农民增收难度加大，农业供给侧改革面临的压力巨大

1. 农业生产成本上升的挑战

农业生产成本"地板"抬升，农产品价格"天花板"封顶。近年来，我国农业生产成本快速上升，特别是生产性服务费用支出，年均增幅达到8%~9%，农业生产成本"地板"在往上抬升。据国家发展改革委对水稻、小麦、玉米和大豆四大粮食品种的收益成本情况的调查分析结果：2013年四大粮食品种，亩均产值是1039元，没有扣除成本，和前年相比增长了0.2%，基本持平。但是亩均费用去年是357元，和前年相比增长了4%，费用增长了4%，产值增长了0.2%，所以亩均收益是682元，这个收益包括农户本人的人工成本和利润，和前年同比下降2.4%，每亩纯收益下降。

2. 面临着国际国内农产品价格倒挂的压力

我国农业发展一方面面临着成本上升的压力，另一方面又面临着国际国内农产品价格倒挂的压力，即农产品价格"天花板"封顶的压力。例如，谷物的价格如果按批发价来计算，国内外的价格每吨要差400~800元，即国内的谷物价格每吨要比国际市场价格贵400~800元。

农业生产成本"地板"抬升和农产品价格"天花板"封顶的两重压力，相当于天花板在往下压，地板在往上升，于是中间的空间就越来越小，直接导致农业增效、农民持续增收难度加大。这是我国加快农业转变方式、创建美丽乡村所要面对的现实问题和挑战。

（四）农村一二三产业连接不够紧密，农村基础设施薄弱

1. 农村产业链条短，产业融合有待加强

目前，我国农村一二三产业连接不够紧密，农业产业整体发展水平不高。例如，农业产加销仍未形成高效完整的产业链条；农产品加工业起步晚、基础差、技术装备落后、加工转化率低；农产品流通方式落后，运输流通成本高、损失大；农业生产规模小，组织化程度低等，农业多功能性远未发挥。鉴于此，2016年中央一号文件明确提出，"推进农村产业融合，促进农民收入持续较快增长。"促进农村一二三产业融合发展，激发产业链、价值链的分解、重构和功能升级，形成新业态、新组织方式、新商业模式和新经营机制等，带动资源、要素、技术、市场需求的整合集成和优化配置，这是加快转变农业发展方式、提升农业发展的质量效益和竞争力、促进农民收入不断增长的有效途径，也是美丽乡村建设的重要内容。

2. 我国农村建设基础设施薄弱

基础设施和公共服务设施严重欠缺，现有文化设施利用率低下，土地资源浪费严重。特别是村级规划缺乏，导致建房选址随意性大，普遍存在占用耕地建房、沿路建房、建新不拆旧等突出问题，有新房无新村，有新村无新貌。从规划编制来看，没有把城镇建设规划和乡村建设规划、建设规划和产业规划很好地进行衔接，农村自然风貌缺乏，农村特色不明显，过分强调整齐划一，忽略了自然条件和家庭经济实力差异。从规划实施来看，主要以政府推动为主，农民对土地收益、未来产业发展预期的参与程度低，积极性不高。

（五）体制机制尚不健全，创建美丽乡村建设的制度体系任务艰巨

1. 水土等资源资产管理体制机制尚未建立

具体表现为：农业资源市场化配置机制尚未建立，特别是反映水资源稀缺程度的价格机制没有形成；生态循环农业发展激励机制不完善，种养业发展不协调，农业废弃物资源化利用率较低；农业生态补偿机制尚不健全，农业污染责任主体不明确，监管机制缺失，污染成本过低；全面反映经济社会价值的农业资源定价机制、利益补偿机制和奖惩机制的缺失和不健全等，这些因素制约着农业资源合理利用和生态环境保护。

2. 城乡要素平等交换、有效配置机制尚待完善

城乡要素交换不平等，农村资源过多流向城市，如城市对农民的征地补偿标准大大低于土地市场价格。通过金融机构存贷差，农民和农业积累的有限资金大量流入城市和工业项目。这是当前我国城乡二元结构最突出的问题之一。因此，迫切需要充分发挥政府调控和引导作用，加快建立城乡要素平等交换和合理补偿机制，当前重点要建立农村集体建设用地增值收益分配机制，完善粮食主产区利益补偿机制、城乡基本公共服务均等化投入机制等。

3. 美丽乡村建设的动力机制尚未完全构建

现阶段，美丽乡村建设主要表现为以中央政府意愿为主导的政府投资行为，地方政府、村级经济组织及农民、社会投资主体的参与欲望并没有得到全面、充分的调动。美丽乡村建设的内生动力机制（村民组织及村民内部投资机制和利益保障机制）和外生动力机制（社会主体参与机制）尚未完全构建。社会多元化投资主体参与美丽乡村建设的路径尚未开拓。这一切都说明必须加强美丽乡村建设中的动力机制的创立和完善，只有这样才能全面推进农业发展方式转变与美丽乡村建设进程。

三、转变农业发展方式，建设美丽乡村的路径选择

在当前经济进入新常态背景下，"三农"工作步入新阶段，农业农村环境条件和自身发展正在发生重大变化。农业生产成本提高，农业增效、农民持续增收难度加大；农业资源短缺，生态环境约束趋紧，保障农产品有效供给和质量安全压力增大；城乡要素平等交换、有效配置机制尚待完善，彻底遏制农村空心化、产业空洞化、农民老龄化问题，推进美丽乡村建设任务艰巨。面对前所未有的挑战，必须加快转变农业发展方式，走现代农业发展道路，实现"乡村产业优、机制活、百姓富、生态美"。

（一）发展思路

党的十八大将生态文明建设纳入"五位一体"的总体布局，为农业可持续发展指明了方向。全社会对资源安全、生态安全和农产品质量安全高度关注，绿色发展、循环发展、低碳发展理念深入人心，为农业可持续发展凝聚了社会共识，同时我国综合国力和财政实力不断增强，强农惠农富农政策力度持续加大，为美丽乡村建设奠定了坚实的基础。

1. 转变发展理念，实现乡村宜业、宜居、宜游

按照"创新、协调、绿色、开放、共享"的发展理念，转变农业发展方式，发展标准高、融合深、链条长、质量好、方式新的精致农业，走资源节约型、环境友好型农业发展之路，深入开展农村环境综合整治，推进农村垃圾、污水处理和土壤修复，解决农村生态环境污染问题，教育和引导农民养成健康、低碳、环保的现代生产和生活方式，让乡村"天蓝、地净、水清、山绿"，让乡村宜业、宜居、宜游。

2. 转变农业产业发展思路，推进产业融合

城乡统筹下的美丽乡村建设，必须实现基础设施建设和产业发展相结合，以产业为支撑、以农民增收为保障。既需要工业与城市的反哺，更需要催生农村新兴产业，以顺应人口和资金向农村回流，发展红利、改革红利、叠加利好，农村加工业和休闲农业与美丽乡村建设高度契合的态势，真正建立起农村经济发展的内生良性机制，培养农村自身发展的能力。要坚持从本地实际出发，宜工则工、宜农则农、宜牧则牧、宜渔则渔、宜商则商、宜游则游，千方百计地选好特色产业，发展新型集体经济，力

争使农村产业发展成为美丽乡村建设的突出主线、有力支撑点和重要依托，夯实美丽乡村建设的物质基础。

3. 转变美丽乡村创建形态，形成内生式发展模式

伴随工业化、城镇化的深入推进，我国农业农村发展正在进入新的阶段，保障国家粮食安全和重要农产品有效供给任务艰巨，农业资源环境约束趋紧，建立城乡要素平等交换机制的要求更为迫切，农村劳动力大量流动，农户兼业化、村庄空心化、人口老龄化趋势明显，农民利益诉求多元化，必须要强化农业、惠及农村、富裕农民。美丽乡村是新农村的升级版，是促进农民就业渠道和农民收入增加、现代农业发展和农村产业升级、农村基础设施建设和农村景观升级、培育新兴经营主体和农民素质提高的有效途径，既秉承和发展了新农村建设的宗旨思路，延续和完善了相关的方针政策，又丰富和充实了其内涵实质，集中体现在尊重和把握其内在发展规律，更加关注生态环境资源的有效利用，更加关注人与自然和谐相处，更加关注农业发展方式转变，更加关注农业功能多样性发展，更加关注农村可持续发展，更加关注保护和传承农业文明，真正把建设美丽乡村作为提升农业产业、缩小城乡差距、推进城乡一体化的重要载体和抓手，形成"内生式"发展路径。

（二）重点任务

1. 加强农村综合规划与治理

按照习近平总书记提出的"绿水青山就是金山银山"的科学论断，美丽乡村建设首先要加强农村山水林田路等综合规划与治理。

（1）农村生活污水和垃圾处理

加强城乡生活污染治理设施统筹规划与建设，编制村镇环保基础设施建设规划或方案，综合处理农村生活污水，开展农村生活垃圾分类、收集和处理，建立农村生活污染治理设施长效运行机制。

（2）农村饮用水水源地保护

加快农村饮用水水源保护区或保护范围划定工作，加大农村饮用水水源地环境监管力度，搞好农村饮用水水源地周边环境整治。

重点开展水源规范化建设，加强水源周边生活污水、垃圾及畜禽养殖废弃物的处理处置，综合防治农药、化肥等面源污染。提升水质监测及检测能力，提高防范水源环境风险能力，健全农村饮水工程及水源保护长效机制。

（3）畜禽养殖污染防治

开展规模化畜禽养殖场（小区）、散养密集区的污染治理，划定畜禽养殖禁养区，严格畜禽养殖业环境监管，强化畜禽养殖污染物减排，鼓励养殖小区、养殖专业户和散养户适度集中，对养殖废弃物统一收集和处理。

（4）农业面源污染防治

加强农业面源污染的防治监管和评估，重点研究制定化肥、农药等农用化学品使用的环境安全标准；加强粮食主产区和国家水污染防治重点流域、区域的农业面源污染监

测与评估,开展农业面源污染防治监管试点;大力发展绿色农业、低碳农业和循环农业,推广秸秆综合利用技术和测土配方施肥技术,引导和鼓励农民使用生物农药和高效、低毒、低残留农药,开展病虫草害综合防治。

(5) 农村地区工矿污染治理

开展农村地区历史遗留工矿的污染排查和整治,重点做好农村地区化工、电镀等企业搬迁和关停之后遗留污染问题的调查、评估和治理,加强农村地区工矿业环境监管、农村地区工矿废弃物收集和处置。

2. 口粮生产紧抓不放

按照国家粮食安全战略的总体要求:一是做到"谷物基本自给",保持谷物自给率在95%以上;二是做到"口粮绝对安全",稻谷、小麦的自给率达到98%。为此,要深化农村改革,转变口粮生产方式,努力推进绿色、低碳、清洁的生产方式。

(1) 强化粮食安全意识和责任

各地区、各有关部门要充分认识确保粮食安全,特别是口粮安全的极端重要性和复杂性,进一步增强大局意识、责任意识,把保障粮食安全放在经济社会发展的突出位置,作为保障民生工作的基本任务,常抓不懈,毫不动摇。按照2015年国务院发布的《国务院关于建立健全粮食安全省长责任制的若干意见》精神,强化省级人民政府的粮食安全责任意识。

(2) 坚决守住耕地红线

加强耕地保护,既要坚守耕地数量红线,又要提升耕地质量,实现"藏粮于地"。要划定永久基本农田,控制占用耕地。规范耕地占补平衡,严格实行耕地"占一补一""先补后占"和"占优补优"政策。加强耕地质量建设,采取综合措施提高耕地基础地力,提升产出能力。大力开展旱涝保收高标准农田建设,加强农田水利建设,实施农业节水重大工程,不断提高农业综合生产能力。

(3) 加快农业科技创新

要抓好新品种、新技术、新机具的推广应用,加快筛选应用一批适宜本地特点、高产优质、抗逆性强的新品种。继续大规模开展粮食高产创建,抓好整乡整县整建制推进,集成推广先进实用技术,扎实开展粮食增产模式攻关,促进大面积均衡增产。发展节水农业、旱作农业和循环农业,推广节能技术和测土配方施肥。加快粮食生产全程机械化进程,大力推广机械化深松整地、保护性耕作技术。

(4) 强化完善惠农政策

继续落实好农业"四补贴"(种粮直接补贴、农资综合补贴、农作物良种补贴、农机具购置补贴)政策,新增农业补贴重点向种粮大户、家庭农场、农民合作社等新型经营主体倾斜,让多生产粮食者多得补贴。加快完善主产区利益补偿机制,继续加大对产粮大县的奖励力度,调动主产区生产积极性,促进农民种粮和增收。

(5) 加快培育新型农业经营主体

发展适度规模经营,扶持发展种粮大户、家庭农场、农民合作社、农业产业化龙头企业和社会化服务组织,积极培育新型农业经营主体。多渠道开展农民职业培训,加快培育一大批新型职业农民,完善农业支持政策,吸引一部分青壮年留在农村从事农业。

加快构建以农户家庭经营为基础、以合作与联合为纽带、以社会化服务为支撑的立体式复合型现代农业经营体系。

(6) 强化重农抓粮的工作机制

整合各方面力量和资源，形成部门联动、上下配合、合力推进粮食生产的工作格局。强化监督检查，把粮食生产纳入绩效考核体系，在耕地保护、政策落实、技术推广等方面列出硬指标，推动粮食生产各项政策措施落到实处。

3. 大力发展农牧结合

优化调整种养业结构，大力推广农牧结合、种养结合的生态循环技术和生产模式，促进农业的可持续发展。

(1) 构建农牧结合的耕作制度

根据不同区域的资源条件和生态特点，建立农牧结合的耕地轮作制度。东北冷凉区实行玉米大豆轮作、玉米苜蓿轮作、小麦大豆轮作等生态友好型耕作制度；北方农牧交错区重点发展节水、耐旱、抗逆性强等的作物和牧草；西北风沙干旱区依据降水和灌溉条件，以水定种，改种耗水少的杂粮杂豆和耐旱牧草；南方多熟地区发展禾本科与豆科、高秆与矮秆、水田与旱田等多种形式的间作、套种模式。

(2) 加强示范推进

结合高效生态农业示范园区建设、沃土工程、测土配方、畜禽养殖场排泄物治理和农村能源建设工程等项目，扩大农牧结合、生态畜牧业发展的试点范围，采取"政府引导、项目带动、企业为主、市场运作"的方式加快试点和实践。重点支持粮食主产区发展畜牧业，推进"过腹还田"，积极发展草牧业，支持苜蓿和青贮玉米等饲草料种植，开展粮改饲和种养结合型循环农业试点。

(3) 优化政策导向

凡国家和省级投入资金扶持发展的低耗、清洁、绿色的生态农业，建设生态规模养殖场（小区）、实施低产田改造和沃土工程项目、测土配方施肥项目和各类无公害基地（产品）认定等环节，都要把农牧结合、发展循环农业作为重要内容，充分发挥好政策的引导作用，促进各类项目综合效益的提升。

(4) 加大培训和扶持力度

加强对农民有关农牧结合、循环农业等知识的培训力度，提高农民的科技素质。同时，加大对专业技术人才到农村的扶持力度，鼓励专业人才更好地服务于农业和农民，积极推广和应用种养结合、循环农业技术。

(5) 强化协作保障

推进农牧结合、发展循环农业的牵头单位由农业、畜牧兽医，农作、经作、土肥、能源等行业管理部门共同参与，紧密配合，齐抓共管，合力推进。

4. 积极推进农村一二三产业融合发展

按照习近平总书记指出的"要加快建立现代农业产业体系，延伸农业产业链、价值链，促进一二三产业交叉融合"的精神，积极有序地推进农村一二三产业融合发展。这是加快转变农业发展方式、提升农业发展的质量效益和竞争力、促进农民收入不断增长的有效途径,也是美丽乡村建设的重要内容。其主要任务如下。

(1) 培育多元化产业融合主体

加快培育新型农业经营组织,鼓励和支持家庭农场、龙头企业、专业合作社、协会、农业社会化服务组织及工商企业开展多种形式的农村一二三产业融合发展。鼓励新型经营主体探索融合模式,创新商业模式,培育知名品牌。在工商登记、土地利用、品牌认证、融资租赁、税费政策等方面给予优惠待遇。

(2) 建立农村一二三产业融合发展的利益协调机制

农村一二三产业融合要与提高农业效益、增加农民收入相结合,建立互惠共赢、风险共担的紧密型利益联结机制,这是保障农民增收致富的关键所在。完善订单农业,进一步规范合同内容,严格合同管理,鼓励支持新型经营主体与普通农民签订保护价合同,并按收购量进行利润返还或二次结算。积极推广股份制和股份合作制,鼓励有条件的地区开展土地和集体资产股份制改革,将农村集体建设用地、承包地和集体资产确权分股到户,支持农户与新型经营主体开展股份制或股份合作制。另外,鼓励产业链各环节连接的模式创新,推进官产学研多元化利益机制,打造农业产业技术创新和增值提升战略联盟;鼓励农商双向合作,强化"农超对接"。

(3) 大力发展农业新兴业态

探索互联网+现代农业的业态形式,扎实推进信息进村入户和现代农业大数据工程建设,大力发展农村电子商务,推广线上营销和线下体验一体化经营模式,促进电商与经营主体的有效结合,实施"快递下乡"工程,完善配送及综合服务网络。推进现代信息技术在农业生产、经营、管理和服务中的应用,鼓励对大田种植、畜禽养殖、渔业生产等进行物联网改造。采用大数据、云计算等技术,改进监测统计、分析预警、信息发布等手段,健全农业信息监测预警体系。推动科技、人文等元素融入农业,对传统农业种植方式、养殖方式、村庄生活设施面貌等进行特色化的改造,鼓励发展多种形式的创意农业、景观农业、休闲农业、农业文化主体公园、农家乐、特色旅游村镇;利用生物技术、农业设施装备技术与信息技术相融合的特点,发展现代生物农业、设施农业、工厂化农业。

(4) 强化人才培养和制度创新

强化人才和科技支撑,让先进技术成为一二三产业融合的"催化剂"。加快发展农村职业教育,以专业大户、家庭农场和家庭林场主、农民合作社骨干等为重点,实施新型职业农民培育工程,建立新型职业农民培育体系。鼓励各类科技人员、大中专毕业生到农村创业。落实国家农民工等人员返乡创业行动计划和现代青年农场主计划,为农民工回乡创业提供指导和帮助。探索农业科研成果权益分配激励机制,完善校、院、企等涉农科技人才流动和兼职制度。深入推进科技进村入户工程,扎实开展科技特派员农村科技创业行动、农技人员包村联户服务和农业科技进万家活动。

(5) 加强组织领导和协作

要切实加强组织领导,把推进农村产业融合发展摆上重要议事日程,纳入各级政府经济社会发展总体规划和年度计划。相关政府要强化主体责任,制定具体实施方案,引导资金、技术、人才等要素向农村产业融合集聚。同时,要强化部门协作。有关部门要紧密配合,按照各自职责分工,合力推进农村产业融合发展。

（三）路径选择

1. 推动农村一二三产业融合，建立新型农业产业体系

转变农业发展方式，提高农业供给体系质量和效率，真正形成结构合理、保障有力的农产品有效供给，降低生产成本，提高农业效益和竞争力，树立"大农业、大食物观念"，以产业链思维横向或者纵向整合，促进农村一二三产业融合，提升整体效率。加强农业基础设施建设，发展现代农业园区，建设高标准农田，集中推广区域性、标准化高产高效模式，着力提高农业综合生产能力，保障粮食安全和重要农产品有效供给。大力发展生态农业、循环农业、有机农业，扩大"三品一标"的生产规模和范围，提升农产品质量安全水平。深入推进"一村一品""一乡一业"，加快发展农产品储藏、运输、保鲜、包装、加工业，推进农产品加工业由规模、数量扩张向质量提升和结构优化方向转变，由资源简单消耗向技术升级和品牌竞争方向转变，由分散无序发展向产业化和集聚区方向转变。

2. 注重美丽乡村建设与建立新型产业发展相结合

围绕农业生产过程、农民劳动生活和农村风情风貌，统筹顶端设计，强化特色创意，打造一批功能多元、环境优美、景色迷人的美丽田园，创建一批主导产业突出、环境友好、文化浓郁的休闲农业优势产业带和产业群。坚持以农业为基础、以农民为主体、以农村为场所兴办休闲农业，注重与生态建设、美丽乡村建设、农业生产布局相结合。支持返乡农民工创办特色规模化种养业，产地初加工业，休闲农业，农村生活性、生产性服务业和农村民族民俗传统工艺产业，着力培育一批产业特色突出、品牌优势明显的专业乡（村），增加农民收入。大力培育新型农业经营主体，支持对农民就业增收带动力强的龙头企业、与农民利益联结紧密的农民专业合作社的发展。鼓励和支持承包土地向专业大户、家庭农场、农民合作社流转，开展农村土地股份合作，加快发展多种形式的适度规模经营，发展壮大集体经济。

3. 推进农村基础设施建设与构建长效机制的结合

加强组织领导，着力构建"政府主导、农民主体、社会帮扶、市场运作"的美丽乡村建设工作格局。强化各级政府的主体责任，着力发挥统筹谋划、整合资源、政策支持、督促考核的作用。尊重农民的主体地位，把群众认同、群众参与、群众满意作为基本要求，充分调动农民的积极性、主动性和创造性，引导农民用自己的力量和智慧建设美好家园。搭建市场化运作的平台，推广政府和社会资本合作模式，积极为工商企业、民间资本参与美丽村庄建设提供便捷渠道和有利条件。扩大农村公共服务运行维护机制试点，鼓励县级将村级保洁员工资纳入财政保障范围，通过购买服务、多元化筹资等方式建立政府支持与市场运营相结合的农村环境管护长效机制。

4. 防控农业面源污染，改善农村生态环境

积极探索农牧结合、粮经结合、农渔结合、农机农艺结合等新型高效生态农作模式，大力推广应用节能减排降耗和循环利用资源的农业技术及生产方式。推进农村垃圾、污水、粪便的资源化利用，治理农村的脏乱差；大力推进农村沼气建设，因地制宜地发展户用沼气和大中型沼气工程，增加农村清洁能源供应，解决畜禽养殖污染问题，提升农民生活质量；加大农作物秸秆综合利用，建立和完善秸秆收储运体系，推进秸秆的饲料化、肥料化、能源化、基料化利用，防止秸秆露天焚烧造成环境污染；大力推广农业清洁生产技术，加快开展畜禽养殖污染治理，积极防治农业面源污染；开展农产品产地环境污染监测与治理，加大农产品产地环境监管力度，从源头防治农产品污染；开展农村改水改厕、农房整修、沟渠清淤、绿化亮化，推进村庄绿化美化；构建农村环境卫生服务体系，改善农村人居环境。

5. 加强规划引领，保护农业传统文化与文明

把规划摆在更加突出的位置，高站位、高起点地进行科学设计，为将来发展留出空间。提高村庄规划水平，从各地实际出发制定村庄建设和人居环境治理相统一的村级总体规划，重点加强对宅基地和农村集体建设用地的规划及管理，节约村庄建设用地；加强公共基础设施的配套和完善，做到布局合理、功能齐全；加强交通组织和建筑布局，做到村容村貌整洁有序、住宅美观舒适、交通出行便利快捷。制定专门规划，启动专项工程，加大对有历史文化价值和民族、地域元素的传统村落和民居的保护力度。保持传统乡村风貌，传承农耕文化，加强对重要农业文化遗产的发掘和保护，扶持建设一批具有历史、地域、民族特点的特色景观旅游村镇。推进农村重点文化惠民工作，建立农村文化投入保障机制，加强生态文明知识普及教育，经常性开展文化体育活动，提高农民群众的生态文明素养，形成农村生态文明新风尚，积极引导村民追求科学、健康、文明的生产、生活和行为方式，营造家庭和美、邻里和谐的文明乡风。

6. 加强部门联合和资源整合，共同推动美丽乡村建设

党中央、国务院提出美丽乡村建设之后，各部门都积极响应，但调查发现，围绕着美丽乡村建设，不同部门都在推行本部门的行动计划，造成美丽乡村建设过程中的名称混乱，如政府部门的"文明村"、环保部门的"生态村"、宣传部门的"生态文明村"、建设部门的"美丽村庄"、林业部门的"美丽林场"等。而且，这些部门都在建设自己的示范村，有的与美丽乡村示范村一致，有的则不一致。当然，这些部门推行的行动计划是美丽乡村建设的重要组成部分，或者与美丽乡村是相通的。鉴于此，应统一管理机构，规范名称。围绕美丽乡村建设，自上而下地统一管理机构，便于推动开展工作，各部门推行的项目都围绕美丽乡村建设，不要再设立一些其他名称。此外，各部门之间应建立协调机制，共同推动美丽乡村建设。

以促进农业产业发展、农民增收致富、人居环境改善为目标，以农村环境综合整治为突破口，拓展和提升新农村建设内涵，发展农业生产和农村新兴产业，改善农村人居环境，传承生态文化，培育文明新风，建立与资源环境保护相协调的生产、生活方式，全面推进现代农业发展、生态文明建设、农村社会管理和绿色化发展，建设"生产高效、生活美好、生态宜居、人文和谐"的美丽乡村。

四、我国农业生态文明发展评价研究

农业是与自然环境关系最紧密、受环境条件影响最直接的产业,这也造成了农业在不同地理区域特征迥异的空间格局和发展模式。对我国农业空间格局实施基于生态文明视角的评价,对于了解我国农业发展情况,特别是我国农业空间格局与生态文明要求的匹配程度,从而提出优化农业空间格局、转变农业发展方式的对策和建议,有着重要的指导意义。

(一)评价思路与方法

农业生态文明指数的评价,目的是了解各农业生态文明建设的总体情况及区域之间的差异,是对发展状态和过程的一种评价。充分考虑生态文明视角下农业空间格局的影响因素,既相对全面地反映各个不同区域农业生态文明建设的状况与水平,又考虑实际操作的便利性和指标数据的可获取性,为下一步提出农业空间格局优化与转变农业发展方式的对策提供依据。

综合考虑在生态文明背景下影响农业现代化发展的各种因素,应用层次分析法(analytic hierarchy process,AHP)构建评价指标体系。层次分析法是美国运筹学家 T. L. Saaty 于 20 世纪 70 年代中期提出的一种将定性分析与定量分析相结合的系统分析方法,该方法通过把复杂的系统分解为目标、准则、方案等层次,实现对复杂对象的决策思维过程条理化。在层次化、模型化和数量化决策思维过程的基础上,通过数学手段,对定性和定量事件进行定量分析。

评价的总体思路包括以下几个步骤:①根据我国生态文明建设背景下农业现代化的内涵、影响农业空间格局的因素,以及多层次综合评价指标体系的构建方法,建立农业生态文明指数评价指标体系;②运用合适的指标权重确定方法,确定每个指标对于农业生态文明建设的相对重要性,赋予每个层次、每个指标一定的权重;③收集整理各指标数据,根据评价目的,运用合适的方法对数据进行标准化处理,为指标综合计算奠定基础(将部分负向指标转化为正向指标);④建立农业生态文明指数综合评估模型,将相关数据代入模型计算出结果;对评价结果进行分析。

(二)农业生态文明发展评价指标体系

1. 评价基本要素与内涵

农业是自然再生产和经济再生产的复合体,这就决定了农业空间格局的形成是一个区域性特征明显的渐进过程,同时受到自然条件和经济条件等多方面因素的影响。按照生态文明建设背景下农业现代化的"六化"新内涵,以及"产业发展、环境友好、农业增收和生活富裕"的美丽乡村建设要求,农业生态文明发展评价的影响因素主要体现在以下几个方面。

（1）产业发展

农业产出高效化是生态文明建设背景下农业现代化的首要内涵，没有产出的高效化，其他方面的内涵就没有实质意义。农业是第一产业，也是国家战略性产业，农业的基本任务是保障国家粮食和重要农产品有效供给，同时也为农业从业人员创造合理的经济收益。因此，农业产业发展一方面体现了农业农村经济整体水平和农业生产整体实力；另一方面也影响了推动农业进一步发展的支持力量。

（2）农业资源利用

农业资源是一个广义的概念，不只局限于维持农业自然再生产所必需的土地、水、肥料、农药、机械等基本生产资料，也包括维持经济再生产所投入的人力、资金等资源。在一定的资源条件下，农业生产的资源利用率越高，意味着在占用和消耗同等人力、土地、水、资本和其他生产要素的情况下，农业的产出率越高，农业经济效益就越高；另外，资源利用率的提高不仅能够减轻人类需求增长对资源造成的压力，而且能为资源的循环利用和生态环境的恢复赢得空间、创造条件。

（3）农村生态环境

农业生产过程基本上都直接在自然环境中，与其他众多生产活动相比，受环境制约最直接，环境的影响最大。农业生产既受到周围生态环境的影响，同时也具有生态保育的功能。一方面，区域所处的生态条件决定了农业生产适宜的空间结构；另一方面，区域生态环境也为农业生产提供了水源涵养、水土保持等保障条件。同时，农业发展也是区域生态环境保育的重要组成部分。例如，水田生态系统是重要的人工湿地，在涵养水源、调节气候、保持生物多样性等方面发挥着重要作用；北方冬小麦的种植能够有效减少冬季耕地水土流失。另外，农业园地、草地、鱼塘等也为稳定生态系统起到了重要作用。此外，生态环境对农业空间格局的影响也反映在农业防御自然灾害上。一般，受灾情况与区域生态环境关系密切，生态条件越好，农业抵御自然灾害的能力就越强，农业受灾程度就越低。

（4）社会发展

社会系统既是农业发展的保障和支持系统，也是生态文明建设的目标系统。农村社会发展稳定、社会保障有力、居民安居乐业是保障和促进农业发展的重要支撑。同时，农业发展也为增加农民收入、促进农村社会稳定提供了物质基础。社会公平是农业空间格局的重要影响因素，如果城乡居民收入差距过大，一方面会影响农业的积累能力，从而影响对农业的投入；另一方面会减弱农业对农民的吸引力，影响农业的可持续发展。另外，社会公共服务如文化、卫生、教育等也是农业生态文明建设的重要影响因素。

2. 评价指标体系的构建

根据指标的要素构成，在综合国内外相关最新研究成果并咨询国内有关研究领域专家的基础上，按照"科学性、全面性、系统性、实用性、开放性"的原则构建了由4个系统层指标、34个变量层指标构成的区域农业生态文明指数评价指标体系（专题表1-1）。

专题表 1-1　农业生态文明指数评价指标体系

目标层	系统层	变量层	计算方法	指标释义
农业生态文明指数 A	产业发展 B_1	劳均农业增加值 C_{11}	第一产业增加值/农林牧渔业从业人员数量	反映单位农业从业人员创造的农业 GDP，是农业发展实力的重要体现
		农业 GDP 平均增速 C_{12}	(报告期第一产业增加值/基期第一产业增加值)$^{\frac{1}{7}}-1$	反映区域农业经济增长速度。报告期为 2014 年，基期考虑 2007 年，即以十七大报告正式提出建设生态文明为起点
		农村居民人均纯收入 C_{13}	现有数据	农民收入虽然不完全来自农业，但随着农民收入水平的提高，除部分用于消费改善生活水平外，也会增加生产投资，改善农业生产条件
		粮食产出优势系数 C_{14}	(区域粮食总产量/常住人口数量)/(全国粮食总产量/全国人口数量)	以区域人均占有量与国家人均占有量的比值反映区域粮食生产的优势水平。为体现不同区域优势农产品生产水平，并在一定程度上反映区域内部的农业产业协调发展，共设置了 7 类主要农产品的产出优势系数
		肉类产出优势系数 C_{15}	(区域肉类总产量/常住人口数量)/(全国肉类总产量/全国人口数量)	反映区域肉类生产的优势水平
		蔬菜产出优势系数 C_{16}	(区域蔬菜总产量/常住人口数量)/(全国蔬菜总产量/全国人口数量)	反映区域蔬菜生产的优势水平
		水果产出优势系数 C_{17}	(区域水果总产量/常住人口数量)/(全国水果总产量/全国人口数量)	反映区域水果生产的优势水平
		禽蛋类产出优势系数 C_{18}	(区域禽蛋类总产量/常住人口数量)/(全国禽蛋类总产量/全国人口数量)	反映区域禽蛋类生产的优势水平
		奶类产出优势系数 C_{19}	(区域奶类总产量/常住人口数量)/(全国奶类总产量/全国人口数量)	反映区域奶类生产的优势水平
		水产品产出优势系数 C_{110}	(区域水产品总产量/常住人口数量)/(全国水产品总产量/全国人口数量)	反映区域水产品生产的优势水平
	资源利用 B_2	人均播种面积 C_{21}	播种面积/常住人口数量	反映区域人口与耕地资源之间的相互关系，在一定程度上反映区域农业资源承载压力
		农业节水系数 C_{22}	播种面积/农业用水总量	反映农业用水使用效率
		农业用水经济效率 C_{23}	第一产业增加值/农业用水总量	反映农业用水经济效率
		耕地有效灌溉率 C_{24}	有效灌溉面积/耕地面积	反映农田水利建设状况，这是水资源状况和水资源利用状况的反映，是农业生产条件的一个重要方面
		农作物耕种收综合机械化水平 C_{25}	机耕面积/(播种面积−机械化免耕播种面积)×0.4+机播面积/播种面积×0.3+机收面积/(播种面积−绝收面积)×0.3	计算方法参照农业部《全国农业机械化管理统计报表制度》，反映区域农业机械化水平
		农机使用经济效率 C_{26}	第一产业增加值/农业机械总动力	以第一产业增加值与农机总动力的比值来表示，反映农业机械使用效益

续表

目标层	系统层	变量层	计算方法	指标释义
农业生态文明指数 A	资源利用 B_2	农村人均用电量 C_{27}	农村用电量/乡村人口数量	农村用电量与农业现代化水平呈正相关，同时也体现农村居民的生活水平
		人均支农资金投入 C_{28}	农林水事务支出/农业户籍人口数量	反映区域财政对农业发展的支出水平，侧面反映区域财政收入和支出的总体情况
	生态环境 B_3	推广测土配方施肥技术面积比重 C_{31}	推广测土配方施肥技术面积/农作物种植面积（含果园、茶园）	反映推广测土配方施肥技术的覆盖程度，体现对土壤环境的重视程度，也在一定程度上体现农业科技支撑水平
		农药负荷系数 C_{32}	播种面积/农药使用量	反映农药使用对环境的影响程度
		农用化肥负荷系数 C_{33}	播种面积/农用化肥施用量	反映农用化肥施用对环境的影响程度
		地膜残留负荷系数 C_{34}	播种面积/地膜使用量	反映地膜使用对环境的影响程度
		畜禽粪便农田负荷系数 C_{35}	耕地面积/（猪年出栏量×3.68×160+牛年末存栏量×68.82×365+羊年末存栏量×4.67×365+家禽年出栏量×0.25×176）	以畜禽粪便猪粪当量与耕地面积的比值反映区域养殖业发展的环境负荷。其中，畜禽粪便排泄量的计算方法参照董晓霞等《北京市畜禽粪便农田负荷量估算及预警分析》研究论文，猪粪当量系数参照林源等《中国畜禽粪便资源结构分布及发展展望》研究论文
		森林覆盖增长率 C_{36}	（评价年森林覆盖率−基期森林覆盖率）/年数	体现区域大生态环境对农业发展的环境容量与自净能力，森林对于保持水土、涵养水源、净化大气质量具有重要意义
		湿地面积增长率 C_{37}	（评价年湿地面积−基期湿地面积）/（国土面积×年数）	反映区域大生态环境对农业发展的环境容量和自净能力。湿地被誉为"地球之肾"，是生物多样性的摇篮，对维持生态平衡具有重要作用
		播种与受灾面积比 C_{38}	播种面积/受灾面积	反映区域整体生态环境的水平，受灾程度与生态环境关系密切
		抗灾率 C_{39}	（受灾面积−成灾面积）/受灾面积	反映抵御灾害的能力，侧面体现区域生态环境及农业基础设施的水平
	社会发展 B_4	农业技术人员保障度 C_{41}	公有经济企事业单位农业技术人员数/农林牧渔业从业人员	反映区域农业科技人员的保障程度
		农村互联网覆盖率 C_{42}	开通互联网宽带业务的行政村比重	反映农村信息化程度
		移动电话普及率 C_{43}	现有数据	反映区域移动电话的普及水平，侧面反映农民接受新信息的能力
		城乡收入差距系数 C_{44}	农村居民人均可支配收入/城镇居民人均可支配收入	城乡收入差距是社会公平的重要体现，也是是否能够吸引劳动者从事农业的重要衡量标准，同时侧面体现城镇化发展水平
		农村人口人均受教育年限 C_{45}	以人数构成比例为权重，不同文化程度的加权平均值，文化程度分小学、初中、高中、大专以上4个等级，所代表的受教育年限分别按6年、9年、12年和15年计算	反映农村劳动力知识文化水平
		农村有线广播电视覆盖率 C_{46}	农村有线广播电视用户数/农村家庭总户数	体现农村文化建设水平
		农村卫生技术人员保障度 C_{47}	每万人拥有农村卫生技术人员数	体现农村卫生事业发展水平

注：为方便计算，已将负向指标转化为正向指标

3. 具体评价指标的解释

评价指标体系分为 3 个层次（目标层、系统层和变量层），每一层次又分别选择反映其主要特征的要素作为评价指标，以避免重要指标的遗漏与重复。第一层为目标层（A），以农业生态文明指数为评价目标，用于反映区域农业生态文明建设的总体水平，这也反映了基于生态文明建设视角的农业空间格局的总体特征。第二层次为基于生态文明视角的农业空间格局 4 个方面影响因素设立的系统层（B），即"产业发展""资源利用""生态环境""社会发展"，分别反映农业农村经济发展水平、农业资源利用效率、生态环境与农业发展的相互影响，以及社会发展与支撑水平。第三层次是对应 4 个方面影响因素的变量层（C），包括 34 个方面的状态表征指标。

（1）产业发展指标（B_1）

"产业发展"系统层主要表征区域农业农村经济发展的整体水平和农业生产能力特别是主要农产品供应能力。在该系统层下，共选择了 10 个变量，其中劳均农业增加值（C_{11}）主要表征区域农林牧渔业从业人员的综合产出水平，是区域农业经济实力的重要标志，在一定程度上也反映了农业的规模经济效益；农业 GDP 平均增速（C_{12}）主要表征农业农村经济的发展速度，以 2007 年党的十七大首次提出建设生态文明作为初始年，以年均农业 GDP 增长率来表示该指标；农村居民人均纯收入（C_{13}）是衡量农民从事各类生产活动最终成果的指标，如果收入偏低、增长缓慢或陷入停滞，就会影响农业生态文明的建设；对于粮食、肉类、蔬菜、水果、禽蛋类、奶类和水产品产出优势系数（C_{14}~C_{110}），之所以选择这些变量，一方面体现区域农业发展对本区域的保障程度和对区外的贡献程度；另一方面也考虑到在生态文明视角下，农业生产在突出区域优势、特色、专业化的同时，还应体现一定程度的均衡性，促进区域循环农业发展。

（2）资源利用指标（B_2）

"资源利用"系统层主要表征区域农业资源投入的利用效率。在该系统层下，共选择了 8 个变量，其中人均播种面积（C_{21}）主要表征区域人口与耕地资源之间的相互关系，反映了区域农业资源的承载压力；农业节水系数（C_{22}）主要表征单位农业用水量所能够保障的播种面积，体现了区域农业用水的使用效率；农业用水经济效率（C_{23}）反映了单位农业用水量所对应的农林牧渔业增加值，体现农业用水的经济效率；耕地有效灌溉率（C_{24}）主要表征农田水利建设状况，也在一定程度上反映了区域水资源状况和水资源利用状况，是农业生产条件的重要体现；农作物耕种收综合机械化水平（C_{25}）主要表征区域农业装备水平，这是农业生产能力的重要体现，本研究对耕种收综合机械化水平的计算参照农业部《全国农业机械化管理统计报表制度》中的计算方法；农机使用经济效率（C_{26}）主要表征区域农业机械总动力所对应的经济效益，在一定程度上反映了区域所配置农业机械的使用效率；农村人均用电量（C_{27}）主要表征农村用电水平，农村用电量与农业现代化水平呈正相关，同时也是农村居民生活水平的重要体现，农民生活水平高，家用电器或其他用电设施就多，用电量也会相应增加；人均支农资金投入（C_{28}）反映了区域财政对农业发展的支持力度，也在一定程度上反映了区域财政收支的总体水平。

(3) 生态环境指标（B_3）

"生态环境"系统层主要表征区域农业生态条件发展及农业对环境造成的影响。为便于与整个指标体系相衔接，本研究对一些负影响指标采取使用量（或排放量）与播种（或耕地）面积之比的倒数作为各指标变量的值，以使相应指标成为正指标。在该系统层下，共选择了 9 个变量，其中，推广测土配方施肥技术面积比重（C_{31}）主要表征区域推广测土配方施肥技术的覆盖程度，反映了区域利用先进农业技术提高资源利用效率的水平；农药负荷系数（C_{32}）主要反映使用农药对环境的影响程度，使用农药是农业防治病虫害的主要措施之一，但随着使用强度和频率的增加，对土壤及农产品质量具有负面影响；农用化肥负荷系数（C_{33}）主要反映农用化肥施用对环境的影响程度，施用化肥是农业增产的重要措施之一，但随着化肥施用量的增加，不仅增产效果出现边际效应，而且会对土壤及地下水资源造成污染；地膜残留负荷系数（C_{34}）主要反映地膜使用造成的残留对环境的影响程度，由于地膜残留量很难获取，而考虑到各区域地膜回收率差距不大，因此以地膜使用量代替残留量作为评价数据；畜禽粪便农田负荷系数（C_{35}）以畜禽粪便的猪粪当量与耕地面积的比值表示，主要反映区域养殖业发展所造成的环境负荷，因为就目前而言，畜禽养殖所产生的粪便绝大部分还是作为肥料还田使用，畜禽粪便排泄量的计算方法参照董晓霞等《北京市畜禽粪便农田负荷量估算及预警分析》研究论文，猪粪当量系数参照林源等《中国畜禽粪便资源结构分布及发展展望》研究论文；森林覆盖增长率（C_{36}）主要表征区域农业发展的环境容量与自净能力，森林覆盖率是评价区域生态系统的重要指标之一，森林对于保持水土、涵养水源、净化大气质量具有重要意义，考虑到不同区域森林覆盖的基础条件不同，因此以森林覆盖的增长率体现区域生态改善情况，同时在一定程度上反映了区域生态建设的投入情况；湿地面积增长率（C_{37}）主要反映区域生态环境自净能力，湿地作为"地球之肾"对于净化和稳定生态环境具有重要作用，是对农业发展的重要生态支持，为避免不同生态区域本身湿地面积的差异，以湿地面积比重的增长率体现生态环境的改善情况；播种与受灾面积比（C_{38}）主要表征区域农业受自然灾害影响的广度，受灾程度与生态环境关系密切，自然灾害频繁、受灾面积大，在一定程度上说明当地生态环境恶化；抗灾率（C_{39}）是指受灾面积中未成灾面积的比重，主要体现农业生产系统对自然灾害的应对与抵抗能力，在一定程度上反映区域生态环境及农业基础设施水平。

(4) 社会发展指标（B_4）

"社会发展"系统层主要表征社会发展与科技教育对区域农业生态文明的影响程度。在该系统层下，共选择了 7 个变量，其中农业技术人员保障度（C_{41}）主要反映区域农业技术人员的科技支持与服务保障程度；农村互联网覆盖率（C_{42}）主要反映区域农村互联网基础设施覆盖水平，在一定程度上体现农村信息化水平；移动电话普及率（C_{43}）主要反映区域使用移动电话人群的比例，随着我国移动通信水平的不断提高和移动互联网的发展成熟，移动电话成为信息化的重要渠道和载体，因此，该变量也体现了不同区域信息化发展水平，需要说明的是，目前还没有农村移动电话普及率的数据，本研究暂以区域整体移动电话普及率代替，主要侧重于反映区域之间的差异；城乡收入差距系数（C_{44}）主要体现农村与城市的协调发展水平，如果城乡收入差距过大，容易引起社会的不稳定，降低从事农业的吸引力，影响农业的可持续发展；农村人口人均受教育年限（C_{45}）主要表征区域农村教育水平，农村人口受教育程度一方面会影响他们对新知识和新技术的接纳，另一方面会影响他们对建设生态文明的理解和认识；农村有线广播电视覆盖率（C_{46}）主要反映农村文化基础设施建设情况，广播电视是农村居民接受外界文化影响的重要渠道，有线广播电视覆盖率越高，农村居民接受外界文化的渠道越广；农村卫生技术人员保障度（C_{47}）主要反映区域农村卫生事业发展水平，医疗卫生条件是农村居民安居乐业的重要保障条件，也是社会公平的重要体现。

（三）指标权重的确定

确定指标权重是多指标综合评价方法十分重要的环节，也是影响评价结果的重要因素。指标权重的确定方法有主观法和客观法两大类。主观法是由评价者按照对各个指标的主观重视程度而赋予权重的一种方法，主要有专家调查法（Delphi 法）、循环评分法、层次分析法（AHP 法）等；客观法是根据指标自身数值来判断其作用和价值以确定权重的方法，主要有熵值法、主成分分析法、因子分析法、聚类分析法等多元分析方法。各种方法均有优点，也有局限性。本研究考虑到农业生态文明的多目标性，以及评价指标体系的通用性和稳定性，既需要强调评价者的主观性，又需要通过群组判断的方式最大限度地克服主观赋权的缺陷，从而确保指标权重的客观性。综合参考国内外有关研究的方法，选择以层次分析法来确定指标权重。

1. 层次分析法的基本步骤

对于多指标的复杂评价与决策问题，人们往往利用数学模型来对实际问题进行抽象和简化。但是，在评价或决策中，人们无法忽视或回避评价者或决策者的选择与判断所起的决定作用，因为其中总有大量的因素无法直接给出定量表示。为了解决这一问题，美国运筹学家 T. L. Saaty 在研究人们的选择、判断与决策的思维规律的基础上，于 20 世纪 70 年代提出了层次分析法。其具体计算步骤如下。

（1）构建评价指标体系的递阶层次结构

即按照评价指标体系的基本关系构建指标的递阶层次。指标体系的每层中各元素支配下一层中的相应元素，从而形成一个总目标层与若干个子准则层组成的递进的金字塔型层次结构（本研究构筑的指标体系结构如上文所示）。

（2）建立两两判断矩阵

在确定的递阶层次结构中，每一个元素和该元素支配的下一层元素构成一个子区域，对于子区域内的各元素，采用专家调查法来构建若干个判断矩阵（即每位专家给出一个判断矩阵）。

设总目标层元素 A 与下层元素 B_1，B_2，$\cdots$，B_n 有联系，则判断矩阵见专题表 1-2。

（3）进行层次因素单排序值的计算

具体步骤如下。

1）计算判断矩阵每一行标度的乘积的 n 次方根 ϖ：

专题表 1-2 判断矩阵

A_k	B_1	B_2	⋯	B_n
B_1	b_{11}	b_{12}	⋯	b_{1n}
B_2	b_{21}	b_{22}	⋯	b_{2n}
⋮	⋮	⋮	⋮	⋮
B_n	b_{n1}	b_{n2}	⋯	b_{nn}

注：b_{ij} 表示对于 A 而言，其下一层元素 B_i 对 B_j 的相对重要性，通常用 1~9 比率标度法（其标度及含义见专题表 1-3）将相对重要性的逻辑判断数量化。判断矩阵的值由专家根据自己的综合判断结果给出

专题表 1-3 比率标度法

标度	含义
1	表示两个因素相比，具有同等重要性
3	表示两个因素相比，一个因素比另一个因素稍微重要
5	表示两个因素相比，一个因素比另一个因素明显重要
7	表示两个因素相比，一个因素比另一个因素强烈重要
9	表示两个因素相比，一个因素比另一个因素极端重要
2、4、6、8	表示两相邻判断的中值
上述数值的倒数	因素 i 与 j 比较得判断 b_{ij}，则因素 j 与 i 比较得判断 $b_{ji}=1/b_{ij}$

$$\varpi_n = \sqrt[n]{\prod_{j=1}^{n} b_{ij}}$$

2）通过归一化处理，得到特征向量（其数值即为权重）：

$$\omega_i = \frac{\varpi_i}{\sum \varpi_i}$$

3）计算判断矩阵的最大特征根 λ_{max}：

$$\lambda_{max} = \sum \frac{(AW)_i}{nW_i}$$

式中，A 为判断矩阵，W 为对应的特征向量。

（4）进行一致性检验

具体步骤如下。

1）计算一致性指标 CI：

$$CI = \frac{\lambda_{max} - n}{n - 1}$$

2）根据判断矩阵的阶数 n，查找相应的平均随机一致性指标 RI。对于 1~10 阶矩阵，RI 如专题表 1-4 所示[①]。

专题表 1-4 平均随机一致性指标

阶数	1	2	3	4	5	6	7	8	9	10
RI	0.00	0.00	0.52	0.89	1.12	1.26	1.36	1.41	1.46	1.49

注：对于 1、2 阶判断矩阵，RI 只是形式上的，因为 1、2 阶判断矩阵总是具有完全的一致性

---

① 平均随机一致性指标是多次（500 次以上）重复进行随机判断矩阵特征值的计算后取算术平均数得到的。本表中的指标为龚木森和许树柏于 1986 年对 1~15 阶重复计算 1000 次得到的平均随机一致性指标。

3）计算一致性比率 CR：

$$CR = \frac{CI}{RI}$$

对于判断矩阵大于 2 阶时，CI 与 RI 的比值称为判断矩阵的一致性比率。当 CR 不满足小于 0.1 时，就需要调整判断矩阵直至具有满意的一致性。

（5）建立 B 层各元素与其下层元素之间的两两判断矩阵

建立 B 层各元素与其下层元素之间的两两判断矩阵并完成 3）、4）步骤的计算（如果 B 层下面的元素 C 还有下层元素，则按照上述方法继续计算）。

（6）层次总排序，计算各层指标的组合权重

计算指标层所有元素对于最高层（总目标）相对重要性的排序权重，即在形成所在子系统的各自相对权重的基础上，将最后一层元素的权重依次乘以上一层受控元素的相对权重，从而形成各元素对于总目标的绝对权重。

（7）层次总排序的一致性检验

即计算 CR：

$$CR = \frac{\sum B_i CI_i}{\sum B_i RI_i}$$

式中，B_i 为各子系统的权重。类似的，当 CR<0.10 时，认为层次总排序具有满意的一致性。否则，需要重新调整判断矩阵的元素取值。

2. 评价指标体系权重的确定

（1）专家调查

根据评价指标体系的层次结构，逐次建立了目标层与系统层、系统层与变量层之间构成的 5 个两两因素的比较判断矩阵。同时，选择了 10 位在生态文明、农业可持续发展、农业区域布局等相关领域有影响力的专家作为调查对象，征询他们对评价指标体系的意见建议，并请各位专家填写调查表（包括运用标度法对 5 个判断矩阵进行打分）。

（2）专家意见综合与权重计算

对 10 位专家的判断矩阵进行一一计算，经检验，10 位专家填写的判断矩阵全部通过了一致性检验。将 10 位专家的判断矩阵的特征向量进行归一化处理，得到各系统层、状态层及各变量权重向量集合。

由于各位专家的专业方向、知识结构、个人偏好等方面存在差异，按各位专家的判断矩阵计算得到的指标体系权重向量也不尽相同。为了获得一个统一而又可靠的权重向量，还需要对各位专家的权重向量进行综合。具体方法如下。

设对某问题有 m 个人参加了判断，对同一个问题 A 有 $A_1, A_2, \cdots, A_m$ 共 m 个判断矩阵通过了一致性检验，在通过检验的矩阵中第 k 个判断矩阵的第一（即最大）特征值为 λ_{1k}，对应的归一化后的特征向量为

$$W_k = (\omega_{1k}, \omega_{2k}, \Lambda, \omega_{nk})^T,$$
$$CI_k = \frac{\lambda_{1k} - n}{n-1}, \ k = 1, 2, \Lambda, m$$

对 m 位专家的可依赖（或重要性）程度也填写判断矩阵 A，设其最大特征值为 λ_1，所对应的特征向量为

$$U = (u_1,\ u_1,\ \Lambda,\ u_m)^T$$

则记

$$\mathrm{CI}^{(0)} = \frac{\lambda_1 - m}{m-1},\quad \mathrm{CR}^{(0)} = \frac{\mathrm{CI}^{(0)}}{\mathrm{RI}^{(0)}},\quad \mathrm{CI} = \sum_{k=1}^{m} u_k \mathrm{CI}_k$$

式中，$\mathrm{RI}^{(0)}$ 是 n 阶判断矩阵的随机一致性指标，再令

$$\mathrm{CR} = \mathrm{CR}^{(0)} + \frac{\mathrm{CI}}{\mathrm{RI}}$$

式中，RI 是 n 阶判断矩阵的随机一致性指标，当 CR<0.1 时，则认为通过了组合一致性检验，并取

$$\omega_i = \sum_{k=1}^{m} u_k \omega_{ik},\quad i=1,\ 2,\ \Lambda,\ n$$

由此得到判断矩阵 A 最终的权重向量

$$W = (\omega_1,\ \omega_1,\ \cdots,\ \omega_n)^T$$

当认为每位专家的判断都同等重要时，则可得

$$u_k = \frac{1}{m}(k=1,2,\cdots,m),$$

从而取

$$\omega_i = \frac{1}{m}\sum_{k=1}^{m}\omega_{ik}$$

式中，$i=1,2,\cdots,n$；W 为 W_k（$k=1,2,\cdots,m$）的简单算术平均值。

研究认为各位专家的意见都同等重要，因此，对计算所得的各位专家的权重向量进行算术平均。专题表 1-5 为经过综合处理的各项指标权重。

专题表 1-5　农业生态文明指数评价指标体系及其权重

目标层	系统层	变量层	计算方法	W 单排序	权重（W 总排序）
农业生态文明指数（A）	产业发展 B_1 0.317 3	劳均农业增加值 C_{11}	第一产业增加值/农林牧渔业从业人员数量	0.213 3	0.067 680 09
		农业 GDP 平均增速 C_{12}	（报告期第一产业增加值/基期第一产业增加值）$^{\frac{1}{7}}-1$	0.125 0	0.039 662 5
		农村居民人均纯收入 C_{13}	现有数据	0.269 8	0.085 607 54
		粮食产出优势系数 C_{14}	（区域粮食总产量/常住人口数量）/（全国粮食总产量/全国人口数量）	0.111 1	0.035 252 03
		肉类产出优势系数 C_{15}	（区域肉类总产量/常住人口数量）/（全国肉类总产量/全国人口数量）	0.084 8	0.026 907 04
		蔬菜产出优势系数 C_{16}	（区域蔬菜总产量/常住人口数量）/（全国蔬菜总产量/全国人口数量）	0.045 7	0.014 500 61
		水果产出优势系数 C_{17}	（区域水果总产量/常住人口数量）/（全国水果总产量/全国人口数量）	0.039 7	0.012 596 81
		禽蛋类产出优势系数 C_{18}	（区域禽蛋类总产量/常住人口数量）/（全国禽蛋类总产量/全国人口数量）	0.042 3	0.013 421 79
		奶类产出优势系数 C_{19}	（区域奶类总产量/常住人口数量）/（全国奶类总产量/全国人口数量）	0.038 1	0.012 089 13

续表

目标层	系统层	变量层	计算方法	W 单排序	权重（W 总排序）
农业生态文明指数（A）	产业发展 B_1 0.317 3	水产品产出优势系数 C_{110}	（区域水产品总产量/常住人口数量）/（全国水产品总产量/全国人口数量）	0.030 3	0.009 614 19
	资源利用 B_2 0.302 1	人均播种面积 C_{21}	播种面积/常住人口数量	0.268 2	0.081 023 22
		农业节水系数 C_{22}	播种面积/农业用水总量	0.268 7	0.081 174 27
		农业用水经济效率 C_{23}	第一产业增加值/农业用水总量	0.104 4	0.031 539 24
		耕地有效灌溉率 C_{24}	有效灌溉面积/耕地面积	0.131 7	0.039 786 57
		农作物耕种收综合机械化水平 C_{25}	机耕面积/（播种面积−机械化免耕播种面积）×0.4+机播面积/播种面积×0.3+机收面积/（播种面积−绝收面积）×0.3	0.062 6	0.018 911 46
		农机使用经济效率 C_{26}	第一产业增加值/农业机械总动力	0.076 7	0.023 171 07
		农村人均用电量 C_{27}	农村用电量/乡村人口数量	0.035 3	0.010 664 13
		人均支农资金投入 C_{28}	农林水事务支出/农业户籍人口数量	0.052 3	0.015 799 83
	生态环境 B_3 0.254	推广测土配方施肥技术面积比重 C_{31}	推广测土配方施肥技术面积/农作物种植面积（含果园、茶园）	0.179 5	0.045 593
		农药负荷系数 C_{32}	播种面积/农药使用量	0.178 2	0.045 262 8
		农用化肥负荷系数 C_{33}	播种面积/农用化肥施用量	0.210 6	0.053 492 4
		地膜残留负荷系数 C_{34}	播种面积/地膜使用量	0.090 0	0.022 86
		畜禽粪便农田负荷系数 C_{35}	耕地面积/（猪年出栏量×3.68×160+牛年末存栏量×68.82×365+羊年末存栏量×4.67×365+家禽年出栏量×0.25×176）	0.094 1	0.023 901 4
		森林覆盖增长率 C_{36}	（评价年森林覆盖率−基期森林覆盖率）/年数	0.086 6	0.021 996 4
		湿地面积增长率 C_{37}	（评价年湿地面积−基期湿地面积）/（国土面积×年数）	0.046 1	0.011 709 4
		播种与受灾面积比 C_{38}	播种面积/受灾面积	0.053 6	0.013 614 4
		抗灾率 C_{39}	（受灾面积−成灾面积）/受灾面积	0.061 2	0.015 544 8
	社会发展 B_4 0.126 6	农业技术人员保障度 C_{41}	公有经济企事业单位农业技术人员数/农林牧渔业从业人员数	0.193 5	0.024 497 1
		农村互联网覆盖率 C_{42}	开通互联网宽带业务的行政村比重	0.108 2	0.013 698 12
		移动电话普及率 C_{43}	现有数据	0.081 1	0.010 267 26
		城乡收入差距系数 C_{44}	农村居民人均可支配收入/城镇居民人均可支配收入	0.257 4	0.032 586 84
		农村人口人均受教育年限 C_{45}	以人数构成比例为权重，不同文化程度的加权平均值，文化程度分小学、初中、高中、大专以上4个等级，所代表的受教育年限分别按6年、9年、12年和15年计算	0.254 9	0.032 270 34
		农村有线广播电视覆盖率 C_{46}	农村有线广播电视用户数/农村家庭总户数	0.044 4	0.005 621 04
		农村卫生技术人员保障度 C_{47}	每万人拥有农村卫生技术人员数	0.060 5	0.007 659 3

（四）指标标准化与评价模型

1. 指标数据标准化

由于各变量指标的含义不同，指标值的计量单位也不相同，为消除量纲不同的影响，需对指标数据进行标准化处理。根据指标数据的属性、指标权重的确定方式,指标数据标准化的方法可分为直线型、折线型和曲线型3种。

(1) 直线型标准化

直线型标准化是将指标实际值转化为不受量纲影响的指标评价值时,假定两者之间呈线性关系,指标实际值的变化引起指标评价值相应比例的变化,这类方法主要有比重法、极值法、Z-score 法等。

(2) 折线型标准化

折线型标准化主要是考虑指标在不同区间内的变化对被评价事物的综合水平的影响不同,对数据进行分段处理,比较常见的方法有阈值法、隶属函数法等。

(3) 曲线型标准化

曲线型标准化主要是考虑指标实际值对评价值的影响不是按一定比例,而是呈曲线关系时,对数据进行标准化的方法,主要的曲线公式有升半Γ型分布、升半正态型分布、升半柯西分布、升半凹(凸)型分布、升半岭分布等。

鉴于农业生态文明建设目前还没有明确的定量评价标准(即指标缺失可参照的阈值或分段标准),本研究采用直线型标准化方法对数据进行处理,其中在不同区域横向评价比较时采用极值法,以避免指标数据差距过大而导致某项指标作用被过度夸大的问题;在同一区域纵向比较时采用比重法,以增强历年农业生态文明指数的可比性和稳定性。

极值法的计算公式为

$$P_i = \frac{c_i - c_{\min}}{c_{\max} - c_{\min}}$$

式中,c_i 为被评价指标的数据值;$c_{\max}$ 为某项评价指标在各评价方案中的最大值;$c_{\min}$ 为某项评价指标在各评价方案中的最小值;P_i 为被评价指标的得分值(即评定系数)。本研究中评价指标均为正作用指标。

比重法的计算公式为

$$P_i = \frac{c_i}{c_0}$$

式中,c_i 为被评价指标的数据值;c_0 为某项评价指标的基准值;P_i 为被评价指标的得分值(即评定系数)。本研究中评价指标均为正作用指标。

2. 农业生态文明指数计算模型

农业生态文明指数评价选择多指标综合评价模型。如果农业生态文明指数用 E 表示,则

$$E = \sum \omega_i E_i$$

式中,ω_i 表示第 i 项指标的权重;E_i 为第 i 项指标的分值。E 值越大,农业生态文明指数就越高,该区域农业生态文明的综合程度就越高。

运用上述公式,可以得到产业发展(B_1)、资源利用(B_2)、生态环境(B_3)、社会发展(B_4)各子系统的综合得分值。

五、农业发展方式转变下美丽乡村建设评价（考核）指标体系

推进美丽中国建设的主战场和难点在乡村。旨在提升农民幸福指数的美丽乡村建设是我国深化新农村建设和加强生态文明建设的重要实践形式。2013年中央一号文件明确提出，推进农村生态文明建设，努力建设美丽乡村。同年7月，财政部采取一事一议奖补方式在全国启动美丽乡村建设试点。同年2月农业部发布了《关于开展"美丽乡村"创建活动的意见》，11月确定了全国1000个"美丽乡村"创建试点。几年来，美丽乡村建设已取得了显著成效，各地区也逐步探索出了符合区域实际的特色美丽乡村建设模式。就整体情况而言，各地开展的美丽乡村建设水平差异明显，实现程度不均衡。因此，为了准确了解和把握全国各地区开展美丽乡村建设的实际情况，有必要构建一套符合具体国情和农情的美丽乡村建设评价（考核）指标体系，以此对我国开展美丽乡村建设的实际情况进行科学合理的评价。

（一）构建美丽乡村建设评价指标体系的意义及依据

1. 构建美丽乡村建设评价指标体系的意义

（1）为各地美丽乡村建设考核和评价实践提供依据及参考

自从2013年中央一号文件提出"推进农村生态文明建设，努力建设美丽乡村"，农业部2013年2月发布的《关于开展"美丽乡村"创建活动的意见》和11月确定了全国1000个"美丽乡村"创建试点以来，各地区美丽乡村建设取得了显著成效。但由于自然、经济等多种因素的影响，美丽乡村建设在各地开展的进度和成效有差别，为了便于考核管理，需要制定一套简便、可行的美丽乡村建设评价（考核）指标体系。

（2）为便于规范管理，加快构建统一的美丽乡村建设指标体系势在必行

美丽乡村建设需要各相关部门相互协调、共同推动。党中央、国务院提出美丽乡村建设之后，各部门都积极响应，但调研发现，围绕着美丽乡村建设，不同部门都在推行本部门的行动计划，造成美丽乡村建设过程中的名称不一致（如环保部门的"生态村"、宣传部门的"生态文明村"、建设部门的"美丽村庄"、林业部门的"美丽林场"等），建设目标、内容和重点不同，考核量化的标准不同。因此，加快美丽乡村建设指标体系制定，为美丽乡村建设建立协调机制、统一有序规范管理、共同推进提供重要依据已势在必行。

（3）有利于加强美丽乡村建设理论研究和实践分析的深度

"美丽乡村"目标及考核体系建设已成为当前美丽乡村建设的重点工作。但相关研究整体上还处于碎片化、零散化的初级阶段。已有的成果中大多为政策宣讲和文件解读，学术性不足，且一般是定性的简要分析。因此，亟待加强美丽乡村建设理论研究和实践分析的深度，尤其特别需要强化对美丽乡村建设的考核评价研究，加强对评价指标体系、

评价内容、评估工具等的理论和经验分析等。

（4）便于更加规范、有效地进一步推进美丽乡村建设

通过构建并运用美丽乡村建设评价（考核）指标体系，可以更好地掌握全国各地美丽乡村建设的进展情况，便于总结经验、发现问题，并提出应对策略，使美丽乡村建设始终能够在规范、有效之中不断推进。

2. 构建美丽乡村建设评价指标体系的依据

1)《中共中央国务院关于落实发展新理念加快农业现代化 实现全面小康目标的若干意见》（中发〔2016〕1号）。

2)《国务院办公厅关于加快转变农业发展方式的意见》（国办发〔2015〕59号）。

3)《中共中央国务院关于加快推进生态文明建设的意见》（2015年4月25日）。

4) 中共中央国务院《生态文明体制改革总体方案》（2015年9月21日）。

5)《国家生态文明建设示范区管理规程（试行）》《国家生态文明建设示范县、市指标（试行）》（环境保护部：环生态〔2016〕4号）。

6) 农业部《关于开展"美丽乡村"创建活动的意见》（农办科〔2013〕10号）。

7)《农业部"美丽乡村"创建目标体系（试行）》（2013年5月15日）。

8)《财政部关于发挥一事一议财政奖补作用推动美丽乡村建设试点的通知》（财农改〔2013〕3号）。

9) 中华人民共和国国家质量监督检验检疫总局、中国国家标准化管理委员会《美丽乡村建设指南》（GB/T 32000—2015）。

10)《国家级生态村创建标准（试行）》（国家环境保护总局2006年12月4日）。

11)《全国环境优美乡镇考核标准（试行）》。

12)《关于积极开发农业多种功能大力促进休闲农业发展的通知》（农业部等多部委2015年9月24日）。

（二）美丽乡村评价指标体系的设计思路

依据2016年中央一号文件《中共中央国务院关于落实发展新理念加快农业现代化 实现全面小康目标的若干意见》，2013年中央一号文件提出的"推进农村生态文明建设，努力建设美丽乡村"、国务院办公厅发布的《国务院办公厅关于加快转变农业发展方式的意见》，中共中央、国务院发布的《中共中央国务院关于加快推进生态文明建设的意见》，环保部《国家生态文明建设示范县、市指标（试行）》，农业部《关于开展"美丽乡村"创建活动的意见》和《农业部"美丽乡村"创建目标体系（试行）》等文件精神，本研究尝试构建了美丽乡村建设评价（考核）指标体系。

1. 原则

我国美丽乡村建设评价指标体系的构建应主要遵循客观性、系统性、可行性、导向性和可比性五大原则。

(1) 客观性原则

用指标体系进行定量评价的核心价值在于客观、真实地反映实物发展的情况和面貌。我国美丽乡村建设评价指标体系的构建，其首要原则便是从我国的基本国情和乡村情况出发使其适合我国整体以及各区域的实际情况，但同时还要充分借鉴和参考其他国家和国际权威组织的相关评价标准。

(2) 系统性原则

美丽乡村建设是一项复杂的系统工程，涉及农村、农业、农民的多个方面。因此，该评价指标体系不可能将乡村发展的所有情况都反映出来，只能选择一些重点领域和环节进行评价。我国美丽乡村建设评价指标体系应突出反映乡村产业发展、农民生活状况、农村生态环境、农村社会发展状况及支撑保障措施等方面的情况。

(3) 可行性原则

指标体系建立的根本目的在于运用其对美丽乡村建设的实际进展做出测度。因此指标的设置一定要具有可操作性和可行性。首先指标的设置应尽量简练、直观，避免细节过多而难以把握美丽乡村建设的本质进而影响评价的准确性。其次数据的获得应比较方便，应主要选取国家或地方统计资料中的数据。

(4) 导向性原则

生态文明、可持续发展是美丽乡村建设的理论基础，指标体系设计要以此为导向，充分考虑生态文明和可持续发展理念。因此，评价指标的设置不仅要对过去几年来美丽乡村建设的实现情况做出评估，同时对未来有重要影响或者当前存在的突出问题，如农业生态环境的污染问题，要重点涉及，便于对美丽乡村建设工作的开展进行引导。

(5) 可比性原则

建设美丽乡村既是国家性的农村发展方向，也是区域性的农村发展方向。因此，大部分评价指标的设置应保证其在不同地区之间具有横向的可比性，一些具有较强地方特色的指标尽量不用或者少用，从而扩大指标体系的适用范围。

2. 方法

美丽乡村是以生态文明和可持续发展理论为支撑，包含经济、社会和自然3个层面的内容。要构建美丽乡村的评价指标体系必须结合经济学、生态学、社会学、系统学等相关理论。根据农业部提出的总体目标和"产业发展、生活舒适、民主和谐、文化传承、支撑保障"分类目标要求，遵循指标选取的客观性、系统性、可行性、导向性和可比性原则，参考国内外通用的指标体系研究方法和框架，结合美丽乡村建设实践，通过如下步骤构建美丽乡村建设评价指标体系（专题图1-1）。

(1) 确定美丽乡村发展目标

在农业部提出的美丽乡村建设总体目标和"产业发展、生活舒适、民主和谐、文化传承、支撑保障"5个分类目标要求的基础上，进行细划和完善，提出符合实际的美丽乡村发展目标。

(2) 确定指标分类框架

结合美丽乡村发展目标，参考国内外成熟的指标体系分类框架技术方法，借鉴我国新农村和生态乡村建设的指标体系划分方法，确定分类框架及评价内容。

（3）初步确立指标名称

根据美丽乡村指标分类框架，结合实际调研情况，确定指标名称，并对指标的代表性、系统性、科学性等性能进行评估。

（4）确立指标值

在初步确立指标名称的基础上，通过对已有资料查阅和分析，初步确立指标值。

（5）修改、完善指标

通过专家咨询、实际调研、问卷调查等方法，对初步构建的指标名称、指标值进行反复斟酌、修改，确定最终的评价指标体系。

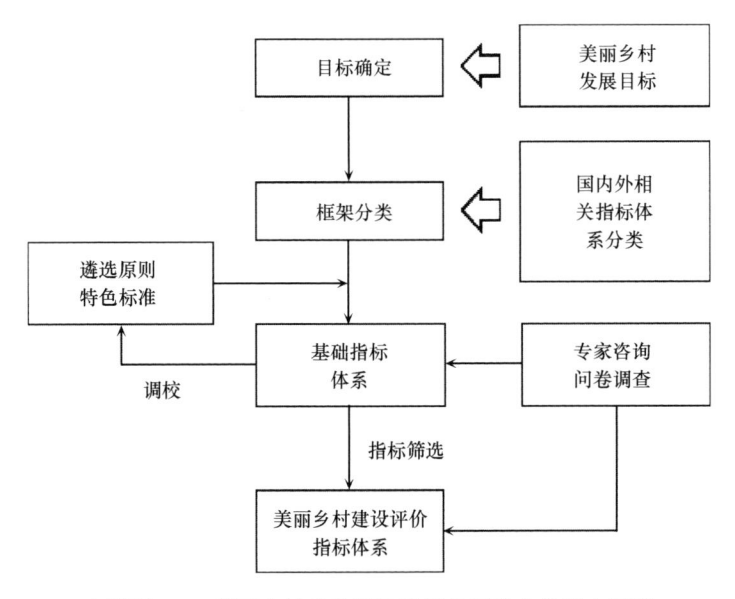

专题图 1-1 美丽乡村建设评价指标体系建立的基本框架

（三）美丽乡村建设评价指标体系的构建

充分考虑生态文明的特征，以及国家和地方农村建设指标体系的构建思路，结合乡村的地方实际和发展潜力，尝试构建美丽乡村建设评价指标体系。指标体系包括农业生产产业体系、农村生态环境体系、农民生活宜居体系、生态文化体系、支撑保障体系 5 个方面，同时考虑到基础数据的可得性和可操作性，结合相关环境保护标准和农村生态建设体系，遴选了 33 个指标作为反映美丽乡村的评价指标（专题图 1-2，专题表 1-6），美丽乡村建设评价指标体系突出产业发展、生活宜居、环境友好、文化传承、支撑保障 5 个方面的乡村发展目标，强调了美丽乡村的本质是实现人与社会、自然的和谐相处。

评定结果：33 个指标中，优秀率大于 80%的，可评为优秀乡村；优秀和合格大于 80%的，可评为合格乡村，小于 80%的可评为待改进乡村。

```
目标层              准则层              指标层
  ↓                  ↓                  ↓
                                    ┌ 主导产业占总收入比重
                                    │ 农民收入年均增长率
                                    │ 农业机械化作业率
                                    │ 农业水资源利用率
                                    │ 化肥利用率
                     农业生产产业体系 ┤ 主要农产品农药残留合格率
                                    │ 农膜回收率
                                    │ 规模化畜禽养殖废弃物综合利用率
                                    │ 秸秆综合利用率
                                    └ 病死畜禽无害化处理率

                                    ┌ 主要道路绿化普及率
                                    │ 农田林网化率
                     农村生态环境体系 ┤ 村庄道路硬化率
                                    │ 生活污水集中处理率
                                    │ 生活垃圾定点存放清运率及无害化处理率
                                    └ 农田和河流污染情况

  美                                 ┌ 危房改造率
  丽                                 │ 清洁能源普及率
  乡                                 │ 生活饮用水卫生合格率
  村                  农民生活宜居体系┤ 农村卫生户厕普及率
  建                                 │ 农民养老保险覆盖率
  设                                 └ 新型农村合作医疗参加率
  评
  价                                 ┌ 学前教育及初升高综合入园和升学率
  指                                 │ 文体娱乐活动场次
  标                   生态文化体系  ┤ 有线电视入户率
  体                                 │ 乡村旅游和休闲娱乐
  系                                 └ 文明村、生态村创建

                                    ┌ 社会风尚和治安状况
                                    │ 标准化生产技术普及率
                     支撑保障体系   ┤ 村庄规划编制及执行率
                                    │ 公共基础设施完善程度
                                    │ 村务公开及民主管理规范化建设
                                    └ 群众对美丽乡村建设的满意率
```

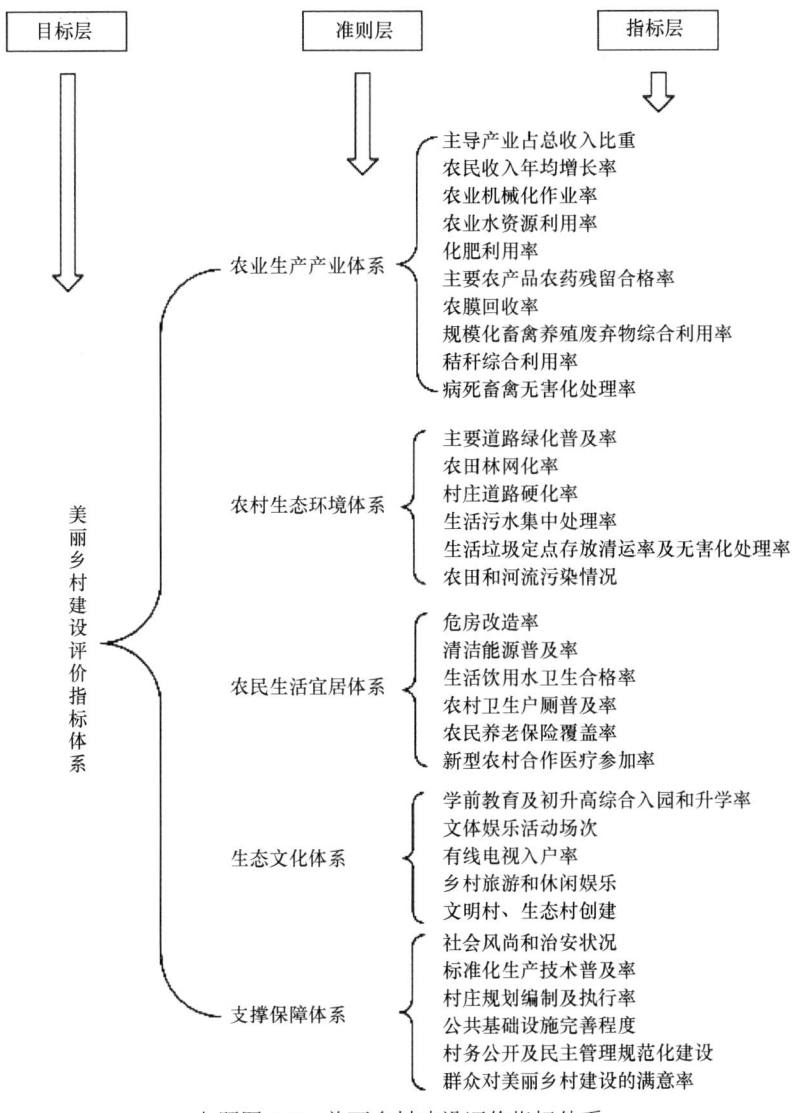

专题图 1-2　美丽乡村建设评价指标体系

专题表 1-6　美丽乡村建设评价指标体系

评价内容 (准则层)	序号	评价指标	目标值	评价指标值	评价等级
(一)农业生产产业体系	1	主导产业占总收入比重(%)	≥80	≥80 ≥60,<80 <60	优秀 合格 待改进
	2	农民收入年均增长率(%)	≥10	≥10 ≥7,<10 <7	优秀 合格 待改进
	3	农业机械化作业率(%)	≥90(适宜机械化操作的地区或产业)	≥90 ≥70,<90 <70	优秀 合格 待改进
	4	农业水资源利用率(%)	高于本县域平均水平	≥10 >平均水平,<10 ≤平均水平	优秀 合格 待改进

续表

评价内容（准则层）	序号	评价指标	目标值	评价指标值	评价等级
（一）农业生产产业体系	5	化肥利用率（%）	高于本县域平均水平	≥10 >平均水平，<10 ≤平均水平	优秀 合格 待改进
	6	主要农产品农药残留合格率（%）	≥95	≥95 ≥70，<95 <70	优秀 合格 待改进
	7	农膜回收率（%）	≥80	≥80 ≥65，<80 <65	优秀 合格 待改进
	8	规模化畜禽养殖废弃物综合利用率（%）	≥90	≥90 ≥70，<90 <70	优秀 合格 待改进
	9	秸秆综合利用率（%）	≥95	≥95 ≥80，<95 <80	优秀 合格 待改进
	10	病死畜禽无害化处理率（%）	100	=100 ≥85，<100 <85	优秀 合格 待改进
（二）农村生态环境体系	11	主要道路绿化普及率（%）	≥95	≥95 ≥70，<95 <70	优秀 合格 待改进
	12	农田林网化率（%）	≥75（南方的平原地区）	≥75 ≥60，<75 <60	优秀 合格 待改进
	13	村庄道路硬化率（%）	100	=100 ≥80，<100 <80	优秀 合格 待改进
	14	生活污水集中处理率（%）	≥70	≥70 ≥60，<70 <60	优秀 合格 待改进
	15	生活垃圾定点存放清运率及无害化处理率（%）	≥95	≥95 ≥75，<95 <75	优秀 合格 待改进
	16	农田和河流污染情况	无污染	几乎无污染 有污染但不严重 污染情况较严重	优秀 合格 待改进
（三）农民生活宜居体系	17	危房改造率（%）	≥95	≥95 ≥80，<95 <80	优秀 合格 待改进
	18	清洁能源普及率（%）	≥70	≥70 ≥50，<70 <50	优秀 合格 待改进
	19	生活饮用水卫生合格率（%）	≥90	≥90 ≥75，<90 <75	优秀 合格 待改进
	20	农村卫生户厕普及率（%）	≥80	≥80 ≥65，<80 <65	优秀 合格 待改进

续表

评价内容（准则层）	序号	评价指标	目标值	评价指标值	评价等级
（三）农民生活宜居体系	21	农民养老保险覆盖率（%）	≥95	≥95 ≥80，<95 <80	优秀 合格 待改进
	22	新型农村合作医疗参加率（%）	≥95	≥95 ≥80，<95 <80	优秀 合格 待改进
（四）生态文化体系	23	学前教育及初升高综合入园和升学率（%）	≥80	≥80 ≥70，<80 <70	优秀 合格 待改进
	24	文体娱乐活动场次（场次/年）	≥5	≥5 ≥2，<5 <2	优秀 合格 待改进
	25	有线电视入户率（%）	≥95	≥95 ≥70，<95 <70	优秀 合格 待改进
	26	乡村旅游和休闲娱乐	健康发展	健康发展 一般 缓慢	优秀 合格 待改进
	27	文明村、生态村创建	达标	全部达标 个别指标不达标 多个指标不达标	优秀 合格 待改进
（五）支撑保障体系	28	社会风尚和治安状况	达标	全部达标 个别指标不达标 多个指标不达标	优秀 合格 待改进
	29	标准化生产技术普及率（%）	≥70	≥75 ≥60，<75 <60	优秀 合格 待改进
	30	村庄规划编制及执行率（%）	≥80	≥80 ≥65，<80 <65	优秀 合格 待改进
	31	公共基础设施完善程度	完善	完善 比较完善 不完善	优良 合格 待改进
	32	村务公开及民主管理规范化建设	健全	健全 比较健全 不健全	优秀 合格 待改进
	33	群众对美丽乡村建设的满意率（%）	≥80	≥80 ≥65，<80 <65	优秀 合格 待改进

（四）美丽乡村建设评价指标解释

1. 农业生产产业体系

（1）主导产业占总收入比重

每个乡村有1或2个主导产业，农民（不含外出务工人员）能够从主导产业中获得的收入占总收入的80%以上；考虑一二三产业融合情况。

（2）农民收入年均增长率

近3年农民收入年均增长率，以统计部门的统计数据为准。

（3）农业机械化作业率

农业生产中使用机器设备作业的数量占总作业量的百分数，一般按作业项目分别计算。

（4）农业水资源利用率

农业水资源利用率用作物产量与耗水量的比值表示，此比值高于本县域平均水平。

（5）化肥利用率

化肥利用率为近3年氮肥利用率、磷肥利用率和钾肥利用率三者的平均数，与县域平均水平相比较。

（6）主要农产品农药残留合格率

主要农产品农药残留合格率指农产品农药残留合格量占抽检农产品总量的百分比。计算公式：主要农产品农药残留合格率=农产品农药残留合格量/抽检农产品总量×100%。

（7）农膜回收率

农膜回收率指回收薄膜量占使用薄膜量的百分比。计算公式：农膜回收率=回收薄膜量/使用薄膜量×100%。

（8）规模化畜禽养殖废弃物综合利用率

规模化畜禽养殖废弃物综合利用率指通过沼气、堆肥等方式利用的畜禽粪便的量占畜禽粪便产生量的百分比。草原牧区等非集中养殖区土地系统承载力如果适应，还田方式亦算综合利用，但污染物影响他人生产、生活的还田方式则不算在内。畜禽养殖废弃物综合利用率=综合利用量/产生总量×100%。

（9）秸秆综合利用率

农作物秸秆综合利用包括合理还田、作为生物质能源、其他方式的综合利用，但不包括野外（田间）焚烧、废弃等。农作物秸秆综合利用率=农作物秸秆综合利用量/秸秆产生总量×100%。

（10）病死畜禽无害化处理率

村里已建成覆盖饲养、屠宰、经营、运输等各环节的病死畜禽无害化处理体系，病死畜禽无害化处理率达到100%。

2. 农村生态环境体系

（1）主要道路绿化普及率

主要道路绿化普及率指两旁栽有植被的路长占整个主要道路长的比例。以林业主管部门的统计数据为准。

（2）农田林网化率

农田林网化率以林业主管部门的统计数据为准。

（3）村庄道路硬化率

村庄道路硬化率主要是指村主干道实现混凝土硬底化的路长占全长的比例，混凝土厚度不小于15cm。

（4）生活污水集中处理率

生活污水集中处理率=（一级、二级污水处理厂处理量+氧化塘、氧化沟、净化沼气池及土（湿）地处理系统处理量）/村内生活污水排放总量×100%。

（5）生活垃圾定点存放清运率及无害化处理率

生活垃圾定点存放和垃圾无公害处理是指有指定的垃圾收集点或者垃圾桶等；垃圾无公害处理要求对收集的垃圾采用科学、切实可行的方法进行无公害处理。

有固定的收集生活垃圾的垃圾桶（箱、池）；定期清运并送乡镇或区县垃圾处理厂进行无害化处理；有卫生责任制度，有专人负责全村垃圾收集与清运、道路清扫、河道清理等日常保洁工作。

生活垃圾定点存放清运率=生活垃圾定点存放并得到及时清运的户数/全村总户数×100%。

生活垃圾无害化处理率=全村生活垃圾无害化处理量/全村生活垃圾产生总量×100%。

（6）农田和河流污染情况

农田污染情况主要是指农田水土在农业生产过程中受到的污染破坏情况；河流污染情况是指河流在农业或其他产业发展过程中的受破坏程度。

3. 农民生活宜居体系

（1）危房改造率

危房是指依据住房和城乡建设部《农村危险房屋鉴定技术导则（试行）》进行鉴定属于整栋危房（D级）或局部危险（C级）的房屋。危房改造率=已改造的危房数量/全部危房数量×100%。

（2）清洁能源普及率

清洁能源是指消耗后不产生污染物或污染物产生量很少的能源，包括电能、沼气、太阳能、水能、风能、地热能、海洋能、秸秆等可再生能源，以及天然气、清洁油等化石能源。清洁能源普及率是指使用清洁能源的户数占总户数的比例。计算公式：清洁能源普及率=村域内使用清洁能源的户数/全村总户数×100%。

（3）生活饮用水卫生合格率

生活饮用水水质符合国家《农村实施〈生活饮用水卫生标准〉准则》。计算公式：饮用水卫生合格率=村域内符合国家《农村实施〈生活饮用水卫生标准〉准则》的户数/全村总户数×100%；全村总户数包括外来居住或临时居住的户数。

（4）农村卫生户厕普及率

农村卫生户厕普及率是指使用卫生厕所的农户数占农户总户数的比例。计算公式：

户用卫生厕所普及率=使用卫生厕所的农户数/全村总户数×100%。

(5) 农民养老保险覆盖率

农民养老保险覆盖率指参加农民养老保险的人数占全村人口数量的比例。计算公式：农民养老保险覆盖率=参加农民养老保险的人数/全村总人数×100%。

(6) 新型农村合作医疗参加率

新型农村合作医疗参加率指参加新型农村合作医疗保障的人数占全村人口数量的比例。计算公式：新型农村合作医疗参加率=参加新型农村合作医疗保障的人数/全村总人数×100%。

4. 生态文化体系

(1) 学前教育及初升高综合入园和升学率

学前教育及初升高综合入园和升学率指学龄前儿童（3~6岁）入幼儿园人数和初中升入高中人数占全村常住学龄前儿童和初中毕业人数之和的比例。计算公式：学前教育及初升高综合入园和升学率=（入园人数+初升高人数）/（全村常住学龄前儿童+初中毕业人数）×100%。

(2) 文体娱乐活动场次

经常性开展文化体育活动，使乡村农耕文化得到有效的保护和传承。

(3) 有线电视入户率

有线电视入户率指安装了有线电视的户数占全村常住人口户数的比例。

(4) 乡村旅游和休闲娱乐

自然景观和人文景点等旅游资源得到保护性挖掘，民间传统手工艺得到发扬光大，特色饮食得到传承和发展，农家乐等乡村旅游和休闲娱乐得到健康发展。

(5) 文明村、生态村创建

文明村、生态村创建达到省（市、区）级文明村、生态村创建标准。

5. 支撑保障体系

(1) 社会风尚和治安状况

村民在农业生产和生活中的互助情况，遵纪守法情况，社会治安状况，如有无刑事犯罪和群体性事件、有无生产和火灾安全隐患、防灾减灾措施是否到位等。

(2) 标准化生产技术普及率

新型农民培训情况，农民学科技、用科技的积极性如何，公益性农技推广服务是否到位，村里的农民技术员和科技示范户情况，标准化生产技术普及率情况等。

(3) 村庄规划编制及执行率

已根据自身特点和实际需要，编制了详细、明确、可行的美丽乡村建设规划，并且按照规划的目标、内容和措施在产业发展、村庄整治、文化建设等方面得到了很好的落实，规划的执行率高。

(4) 公共基础设施完善程度

农村公共基础设施完善、布局合理、功能配套。公共基础设施主要是指交通设施、供电供水设施、教育设施、医疗设施和文体设施。交通设施包括村道硬化率、村道宽度、村道路灯安装率等；供电设施是指户通电率等；供水设施包括给水管网布局和自来水入户率；教育设施是指符合国家有关规定的每千人拥有幼儿园数、每千人拥有小学数和每千人拥有中学数；医疗设施是指符合国家有关规定的卫生站（室）和每千人拥有病床数；文体设施是指符合国家有关规定的文化室（站）、宣传栏、休闲活动中心和运动场地设施。

（5）村务公开及民主管理规范化建设

村务公开、村级班子民主选举和评议制度是否科学、规范、有效。村务公开是指村务公开内容、村务公开规范性和村务公开监督机制。村务公开的内容主要包括财务公开、计生公开等。村务公开的规范性包括村务公开内容的规范性、真实性、及时性等。同时，村务公开必须有一定的监督机制，接受村民监督。

村级事务民主管理规范化建设是指村委会工作制度的建设、村委会工作制度执行情况和村规民约。村委会工作制度的建设主要是指村委会应根据当地实际情况建立基本的工作制度。村委会工作制度执行情况是指必须保证村委会工作按照工作制度的要求来执行。村规民约主要是按照村民意愿，根据当地风俗习惯等实际情况制定的各种规章制度或协议，主要体现村民自我管理的能力。

（6）群众对美丽乡村建设的满意率

对村民进行抽样问卷调查。随机抽样户数不低于全村居民户数的 1/5。问卷在"满意""不满意"二者之间进行选择。村民对美丽乡村建设的满意率=问卷结果为"满意"的问卷数/问卷发放总数×100%。

（五）小结与讨论

目前有关美丽乡村评价指标体系构建及量化研究还处于初步阶段。本课题组尝试对美丽乡村建设评价指标体系进行研究，初步建立了宏观的评价指标体系，指标的设置力求突出简练、直观，可操作性和可行性强。由于美丽乡村建设的复杂性和多样性，评价体系还存在很多不完善之处，如指标及指标值的确定、评价体系分区分级优化等，这些也是下一步的主要研究方向，通过逐渐完善评价指标体系，指导和促进我国美丽乡村建设。

专题二

种植业发展方式转变与美丽乡村建设研究

党的十八大提出了"五位一体"的总体布局，强调把生态文明建设融入经济、政治、文化、社会建设的各方面和全过程。美丽乡村建设是在生态文明建设全新理念指导下的一次农村综合变革，是顺应社会发展趋势的升级版的新农村建设。十八届五中全会把"绿色发展"作为五大发展理念之一，强调农业生态环境保护与治理，为现代农业发展指明了方向。种植业是农业的重要组成部分，是整个农业和农村经济的基础。改革开放以来，我国种植业发展取得了举世瞩目的成就，数量、品种、质量均发生了翻天覆地的变化，充分满足了居民不断提高的消费需求，有力地推动了畜牧业、农产品加工业的发展，夯实了现代农业发展的根基，为国民经济和社会健康持续发展提供了有力保障。然而，随着我国全面建成小康社会步伐的推进，我国农业生产结构、农产品消费结构发生了重大而深刻的变化，对我国种植业供需结构提出新的要求；我国资源环境、人口压力的不断增大对种植业的区域布局提出新考验；经济全球化、国际农产品的自由贸易对我国种植业的国际竞争力提出新挑战。转变种植业发展方式，调整和优化种植业结构，不仅对种植业本身的快速发展，而且对现代农业甚至国民经济的健康发展，都具有非常重要的意义和作用。

一、当前我国种植业发展的现状与趋势

（一）发展现状

1. 粮食生产实现"十二连增"，站稳新台阶

粮食实现连年增产。2015年全国粮食总产量达到12 429亿斤，比2010年增长了13.6%，年均增长2.3%。其中，稻谷产量为4165亿斤，增长了6.3%，年均增长1.1%；小麦产量为2604亿斤，增长了13.0%，年均增长2.2%；玉米产量为4492亿斤，增长了26.7%，年均增长4.4%（专题图2-1）。

粮食生产水平跃上新台阶。2013年粮食产量历史上首次突破12 000亿斤，2014年和2015年粮食产量屡创新高，分别达到12 141亿斤和12 429亿斤，标志着我国粮食生产水平稳步跨上12 000亿斤新台阶，粮食综合生产能力实现了质的飞跃。

粮食人均占有量提高。2015年人均粮食占有量达到453kg，比世界平均水平高53kg，比2010年提高了44kg。稻谷、小麦、玉米等主要粮食作物的自给率超过了98%，依靠国内生产确保国家粮食安全的能力显著增强。

粮食播种面积和粮食单产持续增加。2015年全国粮食播种面积为 113 340.5×

专题二执笔人：唐华俊　易小燕　尹昌斌　王亚静　袁梦

$10^3 hm^2$，粮食单产达到 365.5kg/亩，比 2010 年分别增长了 3.1%和 10.2%（专题图 2-1，专题图 2-2）。

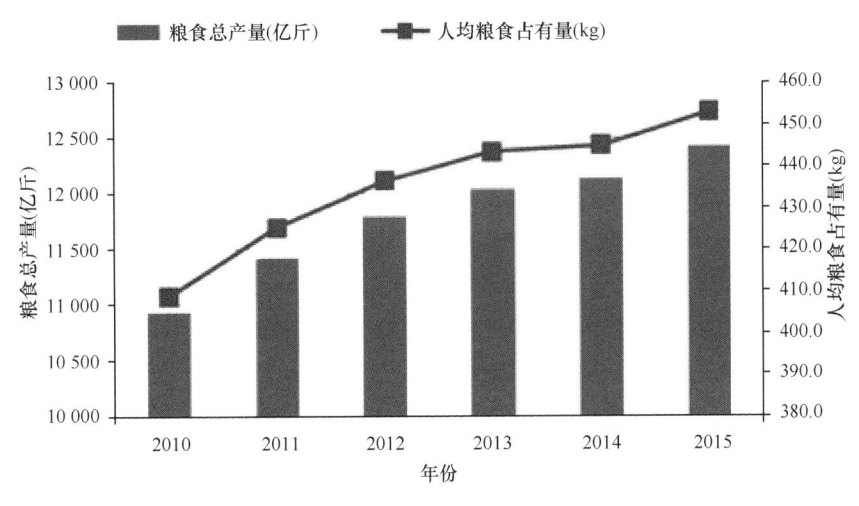

专题图 2-1　2010~2015 年我国粮食总产量与人均占有量变化情况

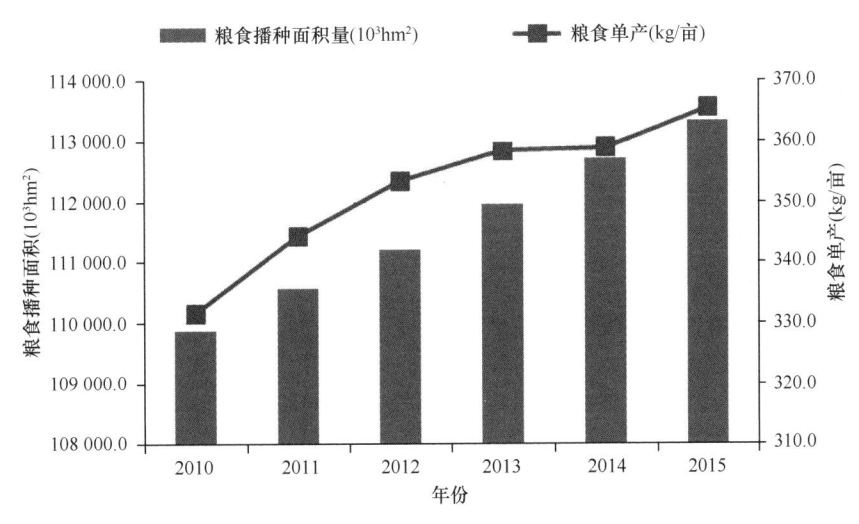

专题图 2-2　2010~2015 年我国粮食播种面积与单产变化情况

数据来源：国家统计局

2. 经济作物产业持续稳定，水果和蔬菜产业发展迅速

近年来，受供求关系变动和结构调整等因素的影响，主要经济作物产量增减不一，但总体仍保持较高产量水平。2015 年，棉花产量为 561 万 t，比 2010 年下降了 5.9%；油料产量达到 3547 万 t，比 2010 年增长了 9.8%；糖料产量为 12 529 万 t，比 2010 年增长了 4.3%；蔬菜、水果产业发展迅速，产量居世界第一，2015 年，蔬菜、水果产量分别达到 78 727 万 t、27 344 万 t，比 2010 年分别增长了 20.9%、27.7%；茶叶产量达到 224 万 t，增长了 51.8%（专题图 2-3）。

我国是世界上最大的蔬菜生产国和消费国，随着种植业结构调整步伐的加快，全国蔬菜生产快速发展。我国蔬菜播种面积约占农作物总播种面积的 1/10，创造产值却占种

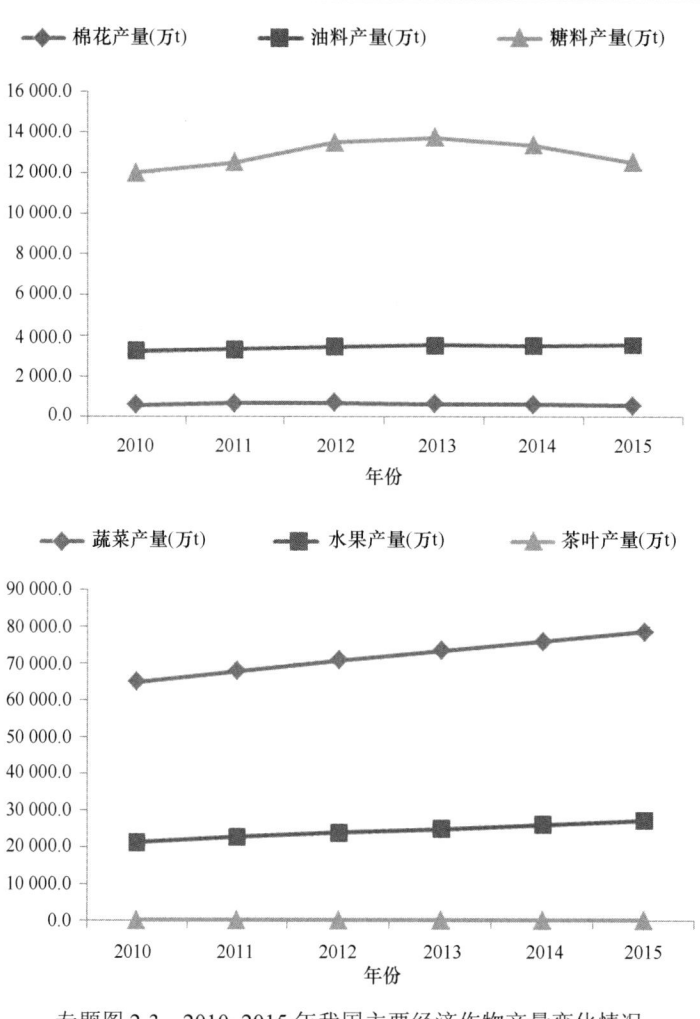

专题图 2-3　2010~2015 年我国主要经济作物产量变化情况

数据来源：国家统计局

植业总产值的 1/3，对农民人均纯收入贡献达到 800 元，成为农民收入的主要来源之一。我国也是水果生产大国，截至 2015 年末，水果（含瓜果）总种植面积为 1536.71 万 hm²，较"十二五"初期增长了 10.3%；产量为 2.74 亿 t，比"十二五"初期增长了 27.9%。"十二五"期间，果品生产价格继续呈上涨趋势，全国水果生产价格总体上涨了 25% 左右，在种植农产品中，水果价格总水平的上涨幅度最高。

全国各类经济林产品产量与产值总体保持增长态势。2014 年，全国经济林种植面积为 3781 万 hm²，经济林总产量为 1.58 亿 t，比 2013 年增长了 6.81%，其中水果产量为 1.35 亿 t，比 2013 年增长了 6.72%；干果产量为 1148 万 t，比 2013 年增长了 5.39%。经济林产品种植产值达到 9888.4 亿元，林下经济产值达到 4223.3 亿元，经济林收入占当地农民人均纯收入的 20% 以上，成为农村特别是山区农民收入的重要来源。

3. 种植结构调整加快，主要产品优势带初步形成

面对新形势，推进农业供给侧结构性改革，加快转变农业发展方式，是当前和

今后一个时期农业农村经济的重要任务。从种植业结构来看，稻谷平衡略余，小麦基本平衡，玉米阶段性供大于求，大豆的供求缺口逐渐扩大。因此，玉米结构调整是种植业结构调整的重点，针对玉米库存多的问题，农业部制定了《农业部关于"镰刀弯"地区玉米结构调整的指导意见》，提出到2020年，"镰刀弯"地区玉米面积调减5000万亩以上，2016年调减1000万亩以上。目前来看，市场信号的引导作用和政策扶持的预期效应已经开始显现，2016年玉米主产省的玉米种植意向呈减少的趋势，是近13年以来玉米种植面积的首次减少。特别是玉米库存压力最大的黑龙江省，今年预计玉米种植面积减少1500万亩左右。针对大豆严重短缺问题，农业部制定了《农业部关于促进大豆生产发展的指导意见》，提出到2020年，力争使大豆面积达到1.4亿亩，亩产达到135kg，食用大豆蛋白质含量提高2个百分点。要求根据不同区域的资源禀赋、耕作方式，优化调整生产布局。调减东北第四、第五积温带玉米面积，扩大大豆种植面积，推行大豆与玉米、马铃薯、小麦等合理轮作。2016年4月，农业部发布了《全国种植业结构调整规划（2016—2020年）》，明确了种植业品种结构和区域布局的调整意见，提出加快构建粮经饲统筹、种养加一体、一二三产业融合的发展格局。

目前，已经形成了小麦以黄淮海为重点，水稻以东北和长江流域为重点，玉米以东北和黄淮海为重点，大豆以东北北部和黄淮海南部为重点，棉花以新疆为重点，油菜以长江流域为重点，糖料以广西、云南为重点的农产品优势产业带。棉花生产向新疆产区聚集。2015年新疆棉花产量为350万t，占全国棉花产量的比重为62.5%，比2011年提高了18.6个百分点。糖料生产向内蒙古、广东、广西、海南和云南等地集中。2015年内蒙古、广东、广西、海南和云南糖料产量合计为11 409万t，占全国糖料产量的比重达到91.1%，比2011年提高了2.4个百分点。

4. 物质装备与技术水平提升，发展方式逐步转变

农田有效灌溉面积增加。国家加大农业基础设施建设投入力度，建成了一批重大水利骨干工程，农田水利设施条件显著改善。2014年底，全国有效灌溉面积达到9.68亿亩，比2010年增加了6287万亩。

农业科技进步加快。国家继续加大农业科技创新力度，完善农业技术推广体系，推动农业科技进步。2014年底，农业科技进步贡献率达到56%，比2010年提高了4.0个百分点。

农业机械化水平提高。国家继续实施农机具购置补贴政策，推动农业机械化发展。2014年全国农业机械总动力达到10.8亿kW，比2010年增长了16.4%；农用大中型拖拉机568万台，比2010年增长了44.8%。2014年农作物耕种收综合机械化水平达到61%，比2010年提高了8.7%。

适度规模化经营稳步发展。农村土地承包制度改革深入推进，土地流转加快。截至2014年底，全国农村承包地流转面积超过了4亿亩，流转面积占比超过30%。土地流转推动了农业规模化经营快速发展。目前，蔬菜、花卉、瓜果种植、畜禽水产养殖和特色种养等产品的生产逐渐向规模化、专业化农户聚集，生产规模化程度提高。

新型农业生产经营主体快速涌现。各种类型的新型农业生产经营主体快速发展，逐

步成为建设现代农业的重要力量。截至 2014 年 6 月，全国家庭农场有 87 万多家，农民专业合作社 140 万家，农业产业化龙头企业 12 万家。

（二）发展趋势

1. 农产品生产将由"需求侧"向"供给侧"转变

我国经济进入新常态，农产品供求关系由偏紧向偏松转变也越来越明显，农产品市场价格结束了以前连续多年明显上涨的阶段。粮食面临产量高、库存高和进口规模大等供给偏多的新难题。受供求关系变化决定性影响，农产品市场价格运行虽然继续波动，但总体上越来越多的农产品市场价格开始下跌。未来相当长时期内我国可能会面临农产品供给充裕与市场价格下行压力。新形势下国家粮食安全战略已经调整为"确保口粮绝对安全和谷物基本自给"，这意味着除稻米、小麦和玉米等少数主粮外，国家不再对国内农产品自给率设限，并且把适度进口作为新形势下国家粮食安全的重要举措之一（李国祥，2015）。过去片面追求数量增长的方式已经不合时宜，农产品供给国内外形势的变化，以及我国居民生活水平提高带来的食物消费结构升级，都要求我国种植业必须加大供给侧结构性改革。

2. 农产品消费需求加速升级，多样化、品牌化更加明显

我国食物消费已经进入结构转型期，在消费上，城乡居民人均肉、蛋、奶、水产品和油脂消费快速增长，替代了部分传统主食及薯类等副食，推动人均口粮和蔬菜消费从峰值回落，全国口粮和蔬菜需求趋于稳定。与此同时，饲料用粮、畜产品和水产品需求等却持续快速增长。未来一段时间，我国食物消费结构发生重大变化，总的趋势是从低层次消费转向高层次消费，人们消费的农产品更加丰富和多样化，对加工食品及其他高价值产品的需求快速增长，消费的附加值增加。早期的农产品消费增长主要侧重于数量，后期的农产品消费增长更加注重质量、花色、品种、品牌，但增长速度会有所放缓。与此同时，农产品生产供给的对象和需求来源也呈现多样化。一个国家的农产品生产既要满足国内市场需求，又要满足国际市场需求。而国内消费的农产品既包括来自国内生产的产品，也包括来自国外生产的产品。

农产品质量安全关乎公民身体健康和生命安全，涉及我国食品和农产品的国际声誉，与产业经济发展及社会安全密切相关，也影响着社会稳定和政府形象。随着我国人民生活水平的不断提高，农产品的质量安全问题越来越受到关注，尤其是蔬菜中农药残留问题已经成为公众关心的焦点，全国每年发生上百起因食用被农药污染的农产品而引起的急性中毒事件，严重影响广大消费者的身体健康。蔬菜中高毒农药残留量超标率占总检出超标率的 83.0%；蔬菜、水果、茶叶中非禁用农药检测出超标的情况近两年来呈现上升趋势。

3. 产业融合的程度越来越深

现代农业产业链条不断延伸，产业附加值不断提升，需要开发农业多种功能和多重价值，推进农牧结合，实现一二三产业融合发展。引导各类农业产业化龙头企业将基地

建设和加工项目向优势区域转移，不仅可以引导种植业的合理布局，也可以解决农民工就业、提高农民收入；另外加工企业延伸至种植环节，可以抵御原材料价格波动风险。农业产业化是解决"三农"问题的一个非常重要的途径，也是未来农业的发展方向。目前在全国范围内初步形成了一批特色鲜明的农产品加工带（区），延伸了种植业产业链条，提高了产业带建设水平和质量。例如，河南、河北的小麦加工，吉林的玉米加工，湖南的水稻加工，在全国均居于领先地位，发挥了重要作用。

同时，随着休闲农业的发展，产业融合不断加深，种植业多功能性不断显现。截至2013年，全国农家乐的数量是150万家，间接带动2900万农民就业。目前共创建了全国休闲农业与乡村旅游示范县149个、示范点386个，推介了140个中国最美休闲乡村、248个中国美丽田园和1万余件创意精品，认定了39个中国重要农业文化遗产，其中全球重要农业文化遗产11个。

4. 国内外市场联动越来越紧

经济全球化和贸易自由化深入发展，国内与国际市场深度融合，资源要素和产品加速流动，国内农产品竞争优势不足，进口压力加大。2013年以来，世界大宗农产品进入增产通道，小麦、玉米、大豆、棉花、食糖等都出现高产量、高库存，农产品供给极其宽裕。而世界经济仍然没有完全走出金融危机的影响，复苏速度缓慢，需求持续低迷。在这种基本面的影响下，世界农产品价格全面走低。而由于国内生产成本的快速上涨及受政策影响，国内外农产品价格倒挂现象进一步明显。2014年，农产品价格倒挂已经从前几年的个别品种和阶段性发展为全面和长期性。不仅棉花、食糖、大豆等产品价格倒挂，大米、小麦、玉米等粮食产品也普遍出现了价格倒挂。由于国内外价差较大，国内进口动力强劲。2014年，我国农产品进出口总额为1945.8亿美元，同比增长4.2%。其中，出口额719.7亿美元，同比增长6.1%；进口额1226.1亿美元，同比增长3.1%；贸易逆差506.4亿美元，同比下降0.8%。谷物净进口5620.0万t，同比增长27.6%。大豆、食糖、植物油、畜产品等进口量仍然保持高位。

未来10年，中国将更加注重统筹利用国内外"两种资源、两个市场"，农产品进出口贸易总体规模将进一步扩大。"十三五"期间，特别是随着中国与东盟、新加坡、新西兰、智利、韩国和澳大利亚等一系列多边双边自贸区及"一带一路"建设的快速推进，油料、水果、肉类、乳制品等资源密集型农产品进口来源国也将从传统的美洲、大洋洲、东南亚国家逐步拓展到中亚、大洋洲和欧洲国家，总体呈现品种、来源"双增"的格局。

5. 耕作制度向资源节约高效利用转变

目前，我国大部分地区粮食生产一年两熟，南方多地一年三熟，土地长期高负荷运转，土壤得不到休养生息，导致农田"越种越薄"，影响了粮食持续稳产高产。科学推进耕地休耕，顺应自然规律，可以实现藏粮于地，也是践行绿色、可持续发展理念的重要举措，对于推进农业结构调整具有重要意义。

《中共中央关于制定国民经济和社会发展第十三个五年规划的建议》中指出，要稳定农村土地承包关系，坚守耕地红线，实施藏粮于地、藏粮于技战略，全面划定永久基本农田，探索实行耕地轮作休耕制度试点。这是一项有利于耕地"休养生息"和农业可持续发展的重要举措，也是统筹国家粮食安全和生态安全的制度安排。在部分地区实施可耕地休耕及轮作制度，既有利于耕地休养生息和农业可持续发展，又有利于平衡粮食供求矛盾、稳定农民收入、减轻财政压力。

试点耕地轮作休耕制度也是为了缓解水源严重透支及土地资源面临的压力。经过多年过度耕作及粮食丰产后，目前中国面临严重的土壤短缺及土壤污染问题。"十三五"规划建议指出，一些地方地下水严重超采、重金属污染加重及水土流失，应当成为试点项目的重点，并重申中国粮食自给自足的政策，尤其是小麦和水稻。我们将提高粮食生产力，确保基本粮食自给自足及主要粮食的绝对安全。

二、种植业发展面临的问题与挑战

尽管我国种植业发展取得了重大成就，但从总体上看，还处于传统种植业向现代种植业转变阶段，存在一些不容忽视的困难和问题。

1. 耕地水资源约束日益趋紧

我国人均耕地仅为 $0.1hm^2$，每年遭受旱灾的面积为 2000 多万公顷。全国新增建设用地占用耕地年均约为 480 万亩，被占用耕地的土壤耕作层资源浪费严重，占补平衡补充耕地质量不高，守住 18 亿亩耕地红线的压力越来越大。我国农业生产一直处于高投入、高产出模式，耕地长期高强度、超负荷利用，耕地质量呈现出"三大"和"三低"态势，其中，"三大"指中低产田比例大、耕地质量退化面积大、污染耕地面积大。据调查，我国现有耕地中，中低产田占耕地总面积的 70%。粗放的耕作方式，特别是化肥过量施用造成耕地质量退化，目前我国耕地退化面积占耕地总面积的 40%以上，南方土壤酸化，华北平原耕层变浅，西北地区耕地盐渍化、沙化问题也很突出；全国耕地土壤点位污染超标率达到 19.4%，南方地表水富营养化和北方地下水硝酸盐污染，西北等地农膜残留较多。"三低"指有机质含量低、补充耕地等级低、基础地力低。在很长一段时间，我国建设用地所谓"占补平衡"指的只是数量的平衡。一般来讲，补充耕地与被占耕地地力也要相差 2~3 个等级，其中 1 个等级就相当于每亩地 100kg 的产能。

我国人均水资源量为 $2200m^2$，是世界平均水平的 1/4。同时，我国水资源地区分布不均，表现为南多北少、东多西少，相差悬殊，长江以南水资源量占全国的 80%。我国农业用水量占总用水量的 65%，其中有 90%的农业用水量是用于农业灌溉。但我国农业用水率很低，水资源浪费严重，农田灌溉水有效利用系数比发达国家平均水平低 0.2。华北地下水超采严重、南方地表水富营养化、淡水资源严重短缺（杨红旗和徐艳华，2010）等问题严重制约着种植业的发展。

2. 化学投入品使用过量且利用率低，造成环境污染

农药、化肥是农业重要的生产资料，为提高农产品产量，化肥、农药的使用量不断增加。2014 年，化肥总施用量为 5995.9 万 t，比 2010 年的 5561.7 万 t 增长了 7.8%；农药使用量为 180.7 万 t，比 2010 年的 175.8 万 t 增长了 2.8%；地膜使用量为 144.1 万 t，比 2010 年增长了 21.7%（专题图 2-4）。根据 2016 年《全国农产品成本收益资料汇编》

数据,经研究测算,目前我国果蔬等经济作物的化肥、农药与农膜的使用量远高于粮食等大田作物。2015 年,全国三种粮食亩均化肥用量为 24.52kg、农膜用量为 0.23kg,而蔬菜亩均化肥、农膜用量分别为 34.52kg 和 11.56kg,分别是粮食的 1.41 倍和 50.26 倍。其他经济作物如棉花、甘蔗、柑橘、苹果的化肥、农膜用量也多于粮食。在农药使用方面,经济作物的农药支出也高于粮食,柑的亩均农药支出最高为 536.15 元左右,是粮食作物的 18 倍[①](专题表 2-1)。

专题图 2-4 近年来我国农业化学投入品使用量情况

专题表 2-1 主要农作物化学投入品情况

农作物	化肥(kg/亩)	农膜(kg/亩)	农药(元/亩)
三种粮食	24.52	0.23	29.15
稻谷	22.21	0.31	51.16
小麦	27.05	—	19.67
玉米	24.30	0.37	16.61
棉花	38.01	2.56	70.82
甘蔗	61.65	0.33	59.40
苹果	64.66	1.74	261.30
柑	67.52	0.07	536.15
蔬菜	34.52	11.56	130.36

资料来源:《全国农产品成本收益资料汇编》(2016 年);—表示无资料

目前我国存在明显的化肥过度施用,农作物亩均化肥用量为 21.9kg,远高于世界平均水平(8kg/亩),是美国的 2.6 倍,欧盟的 2.5 倍;同时,我国化肥农药利用率不到 30%,与发达国家还有很大差距。美国粮食作物氮肥利用率大体在 50%,欧洲主要国家粮食作物氮肥利用率大体在 65%,比我国高 15~30 个百分点。欧美发达国家小麦、玉米等粮食作物的农药利用率为 50%~60%,比我国高 15~25 个百分点。果树、蔬菜的施肥量已超

---

① 由于没有统计数据支撑农药用量,因此用支出金额代替,比较不同作物间的使用量。

出安全水平,据测算,我国9亿亩果树、蔬菜施用的化肥量,比16亿余亩粮食施用的化肥量还要多500万t。

我国农药平均用量为39.75kg/亩,是世界平均水平的2.5倍。根据全国农业技术推广服务中心的监测统计,2010~2014年全国种植业农药使用量平均为31.72万t,其中大田作物用药量为19.81万t,果蔬用药量为9.25万t,其他农作物用药量为2.67万t(专题表2-2)。我国施用的农药中除草剂最多,约占60%,杀虫剂接近30%,杀菌剂约占10%。由于农药的利用率低于30%,因此70%以上的农药散失于环境之中,严重影响农业生态环境。土壤中农药被灌溉水、雨水冲刷到江河湖海中,污染了水源。农药的不合理使用,在一定时间内或多或少都有部分残留在农作物上,导致农产品农药残留量增加,严重影响了人民的身体健康和出口贸易。

专题表2-2 2010~2014年我国种植业农药使用量分类情况　　　　　　　(单位:万t)

年份	总量	大田作物	果蔬作物	其他农作物
2010	31.28	20.13	8.56	2.59
2011	32.26	19.37	10.27	2.62
2012	32.44	20.53	9.18	2.73
2013	31.72	19.82	9.16	2.74
2014	30.92	19.18	9.07	2.67
平均	31.72	19.81	9.25	2.67

数据来源:全国农业技术推广服务中心监测数据,2010~2015年;大田作物包括水稻、小麦、玉米、棉花、油菜、马铃薯和大豆;果蔬作物包括果树和蔬菜

我国农用塑料薄膜产量居世界首位,消费量占世界总量的62%。我国农膜年残留量高达35万t,残膜率达42%,也就是说,有近一半的农膜残留在土壤中。由于农膜老化破碎和回收不够,每年每公顷耕层中农膜残留量高达45kg以上。废弃在农田里的农膜碎片及其他塑料垃圾不但给田间管理带来不便,而且进入土壤后会破坏土壤耕作层结构,导致土壤板结,影响土壤的通透性及水分的上下输导,阻碍植物吸收水分及种子的发芽生长,造成作物根系生长发育不良,导致农作物减产。

3. 作物品种结构不平衡,国际竞争力下降

小麦、稻谷口粮品种供求平衡,玉米出现阶段性供大于求,大豆供求缺口逐年扩大。棉花、油料、糖料等受资源约束和国际市场冲击,进口大幅增加,生产出现下滑。优质饲草短缺,进口逐年增加。

当前我国农业生产成本在快速上升,特别是生产性服务费用支出的年均增幅达8%~9%(陈锡文,2015a),这对农产品成本上涨的推动力很大。近年来,化肥等投入品的价格不断上涨,土地租金、劳动工资的价格不断上涨,农民用于购买各种生产性服务的价格也在不断上涨,农业生产成本的持续上升推动了农产品价格的持续上涨。同时,国内外农产品价格开始出现倒挂现象。2008年,农产品价格倒挂的只有大豆,现在大宗农产品价格已经开始全面高于国际市场的离岸价格(陈锡文,2015b)。有一些农产品,如棉花、糖料,价格已经顶破了"天花板"。不断下压的"天

花板"和持续抬升的"地板",正在压缩我国农业的发展空间,导致我国农产品的国际竞争力下降。

4. 高素质劳动力缺乏,兼业化趋势明显

在发达国家,农村技术推广人员与农村人口比为1:100,而中国为1:1200,平均一万亩耕地不足一名农村技术人员,中国农村劳动力的95%以上仍属于体力型和传统经验型农民。大量的农民没有接受基本的职业技术教育,缺乏科学素质和专业技能,不具备现代化生产对劳动者的初级技术要求。一是从事种植业生产的农民文化程度低。农村劳动力中初中以下文化程度约占90%,接受过系统农业职业技术教育的不足5%。近年来,随着青壮年劳动力大量进城务工,许多文化程度较高的青壮年离开农村,留在农村的大部分是妇女和中老年,从事种植业生产的劳动力素质呈下降趋势,制约了先进技术的推广应用。二是种植业生产的兼业化趋势明显。随着进城务工的农民不断增加,出现了部分务工农民同时兼营农业的现象,由此导致的问题是,这部分农民往往经营比较粗放,土地产出率和劳动生产率都得不到有效提高。

5. 农田水利等基础设施依然薄弱

目前,农业基础设施薄弱的局面没有根本改变,全国中低产田约占2/3,50%的耕地处在水资源紧缺的干旱、半干旱地区,农田有效灌溉面积所占比例只有50%,约1/3的耕地位于易受洪水威胁的地区,田间排灌设施陈旧老化、沟渠道路不配套,抗御自然灾害能力不强,农田水利"最后一公里"问题仍然很突出,不少地方农业靠天吃饭的状况没有根本改变,特别是遇到严重干旱时供水不足,易导致大面积受灾,遇到较强暴雨容易造成农田渍涝。由于农田水利工程具有跨区域的特点,目前村镇一级经济薄弱,资金匮乏,大多数投向大型骨干水利项目,对小型农业水利基础设施建设补助项目少,补助资金少,争取项目比较困难。同时,对地方政府配套资金的严格规定,给政府资金投入增加了巨大的压力。由此造成农田水利基础建设滞后,这是农民群众密切关注的焦点,同时也是基层干部最操心、最难解决的"心病"。

三、种植业发展方式转变战略

(一)总体思路

贯穿"五大"发展理念,转变种植业发展方式,在稳步提升粮食综合生产能力的前提下,以提高农产品质量安全、效益为突破口,以资源节约、环境友好为基本要求,以促进农业增效、农民增收为根本任务,面向国内外市场,依靠科技进步和机制创新,实施"藏粮于地、藏粮于技"战略,确保"谷物基本自给、口粮绝对安全",推进种植业供给侧结构性改革,实现区域化布局、专业化生产,促进粮经饲统筹、农林牧渔结合、种养加一体、一二三产业深度融合发展,按照"一控、两减、三基本"的要求,加强农业生态环境保护与治理,推进清洁种植、绿色种植、循环种植,适度调整种植制度,提升种植效益、农产品质量和市场竞争力,促进种植业持续稳定发展。

（二）基本原则

1. 坚持自主战略，确保粮食安全

种植业发展方式转变要立足我国国情和粮情，集中力量把最基本、最重要的保住，守住"谷物基本自给、口粮绝对安全"的战略底线。加强粮食主产区建设，建立粮食生产功能区和重要农产品生产保护区，巩固提升粮食产能。

2. 坚持市场导向，推进产业融合

发挥市场在资源配置中的决定性作用，引导农民安排好生产和种植结构。以关联产业升级转型为契机，推进农牧结合，发展农产品加工业，扩展农业多功能，实现一二三产业融合发展。

3. 坚持突出重点，做到有保有压

根据资源禀赋及区域差异，做到保压有序、取舍有度。优化品种结构，重点是保口粮、保谷物，兼顾棉花、油料、糖料、蔬菜等的生产，发展适销对路的优质品种。优化区域布局，发挥比较优势，巩固提升优势区，适当调减非优势区。优化作物结构，建立粮经饲三元结构，推进种养结合。

4. 坚持创新驱动，注重提质增效

推进科技创新，强化农业科技基础条件和装备保障能力建设，提升种植业结构调整的科技水平。推进机制创新，培育新型农业经营主体和新型农业服务主体，发展适度规模经营，提升集约化水平和组织化程度。

5. 坚持生态保护，促进持续发展

树立尊重自然、顺应自然、保护自然的理念，节约和高效利用农业资源，推进化肥和农药减量增效，秸秆综合利用，建立耕地轮作制度，实现用地养地结合，促进资源永续利用、生产生态协调发展。

（三）战略重点

1. 推进供给侧结构性改革，提高种植业发展质量

一是推进发展粮经饲协调发展的作物结构。适应农业发展的新趋势，建立粮食作物、经济作物、饲草作物三元结构。加强粮食主产区建设，建设一批高产稳产的粮食生产功能区，强化基础设施建设，提升科技和物质装备水平，不断夯实粮食产能。稳定棉花、油料、糖料作物种植面积，建设一批稳定的商品生产基地。稳定蔬菜面积，发展设施生产，实现均衡供应。按照以养带种、以种促养的原则，积极发展优质饲草作物。

二是推进发展适应现实需求的品种结构。消费结构升级需要农业提供数量充足、品质优良的产品。发展优质农产品，应优先发展优质稻米、强筋弱筋小麦、"双低"油菜、

高蛋白大豆、高油花生、高产高糖甘蔗等优质农产品。发展专用农产品，应积极发展甜糯玉米、加工型早籼稻、高赖氨酸玉米、高油玉米、高淀粉马铃薯等加工型专用品种，发展生物产量高、蛋白质含量高、粗纤维含量低的苜蓿和青贮玉米。发展特色农产品，应因地制宜地发展传承农耕文明、保护特色种质资源的水稻，有区域特色的杂粮杂豆，风味独特的小宗油料，有地理标识的农产品。培育知名品牌，扩大市场影响，为消费者提供营养健康、质量安全的放心农产品。

三是推进发展生产生态协调的区域结构。综合考虑资源承载能力、环境容量、生态类型和发展基础等因素，确定不同区域的发展方向和重点，分类施策、梯次推进，构建科学合理、专业化的生产格局。提升主产区产量，重点是发展东北平原、黄淮海地区、长江中下游平原等粮油优势产区，新疆棉区，桂滇粤甘蔗优势区，发展南菜北运基地和北方设施蔬菜，加强基础设施建设，稳步提升产能。建立功能区，优先将水土资源匹配较好、相对集中连片的小麦、水稻田划定为粮食生产功能区，特别是将非主产区的杭嘉湖平原、关中平原、河西走廊、河套灌区、西南多熟区等区域划定为粮食生产功能区。建立保护区，加快将资源优势突出、区域特色明显的重要农产品优先列入保护区，重点发展东北大豆、长江流域"双低"油菜、新疆棉花、广西"双高"甘蔗等重要产品保护区。

四是推进发展用地养地的耕作制度。根据不同区域的资源条件和生态特点，建立耕地轮作制度，促进可持续发展。东北冷凉区实行玉米大豆轮作、玉米苜蓿轮作、小麦大豆轮作等生态友好型耕作制度，发挥生物固氮和养地肥田作用。北方农牧交错区重点发展节水、耐旱、抗逆性强等的作物和牧草，防止水土流失，实现生态恢复与生产发展共赢。西北风沙干旱区依据降水和灌溉条件，以水定种，改种耗水少的杂粮杂豆和耐旱牧草，提高水资源利用率。南方多熟地区发展禾本科与豆科、高秆与矮秆、水田与旱田等多种形式的间作、套种模式，有效利用光温资源，实现永续发展。此外，以保障国家粮食安全和农民种植收入基本稳定为前提，在地下水漏斗区、重金属污染区、生态严重退化地区开展休耕试点。禁止弃耕、严禁废耕，鼓励农民对休耕地采取保护措施。

2. 强化科技创新，促进种植业生产方式转变

一是加快推进种业科技创新。配合种子管理部门，加快推进种业领域科研成果权益分配改革，积极探索科研成果权益分享、转移转化和科研人员分类管理机制，激发种业创新活力。组织科研单位和种子企业开展联合育种攻关，加快培育一批高产稳产、附加值高、适宜机械作业及肥水高效利用的新品种。围绕粮改饲、粮豆轮作等，加快选育专用青贮玉米、高蛋白大豆、高产优质高抗苜蓿等品种。主动沟通协调，积极推进西北、西南、海南等优势种子繁育基地的建设。

二是集成推广绿色高产高效技术模式。推进机制创新，高起点谋划、高标准创建、高质量推进，扎实开展绿色高产高效技术模式的创建，打造绿色增产模式攻关的升级版，引领农业生产方式的转变。以绿色生态环保、资源高效利用、提高生产效率为目标，开展跨学科、跨区域、跨行业协作攻关，集中力量攻克影响单产提高、品质提升、效益增加和环境改善的技术瓶颈，集成组装区域性、标准化、可持续高产高效技术模式。

三是推进种植业信息化水平的发展。推进"互联网+"现代种植业，应用物联网、

大数据、移动互联等现代信息技术，推进种植业全产业链改善升级。加快现代信息技术在病虫统防统治、肥料统配统施等服务中的运用，催生跨区域、线上线下等多种服务，在时间和空间上创新服务形式、拓展服务内容。以大数据为基础，利用相关数据分析工具，把生产管理、科技创新、农资监管、技术推广服务等环节有效衔接起来，形成指挥调度、生产管理、科技推广、监管服务一体化综合服务平台，提升种植业综合管理和服务能力。

四是推进化肥农药减量技术推广运用。创新技术模式，改进施肥方式，推广新肥料、新技术，加快高效缓释肥、水溶性肥料、生物肥料、土壤调理剂等新型肥料的应用，集成推广种肥同播、机械深施、水肥一体化等科学施肥技术，实施有机肥替代，推进秸秆养分还田，因地制宜地种植绿肥，鼓励引导农民增施有机肥，提高有机肥资源利用水平。推进病虫统防统治减量，重点在小麦、水稻、玉米等粮食主产区和病虫害重发区，扶持一批装备精良、服务高效的病虫防治专业化服务组织，扩大统防统治覆盖范围，提高防治效果。推进病虫绿色防控，建立一批农作物病虫专业化统防统治与绿色防控融合推进和蜜蜂授粉与病虫绿色防控技术集成示范基地，集成推广一批绿色防控技术模式，培养一批技术骨干，加快应用物理防治、生物防治等绿色防控替代化学防治，减少化学农药用量。推进精准施药减量，以新型农业经营主体、病虫防治专业化服务组织为重点，推广应用高效低风险农药和高效大中型施药机械，提高农药利用率。

3. 推进产业融合，促进种植业产业体系转变

一是推进产业纵向延伸，完善产业链条。按照现代化大生产的要求，在纵向上推行产加销一体化，将农业生产资料供应，农产品生产、加工、储运、销售等环节连接成一个有机整体，实现"小农户"和"大市场"、城市和乡村、现代工业和农业的有效连接，打造现代农业产业体系。重点推动农产品加工业转型升级，促进主产区农产品加工业加快发展；支持农业龙头企业建设稳定的原料生产基地，支持合作社发展加工流通和直供直销；完善跨区域农产品冷链物流体系，降低农产品物流成本；促进农村电子商务加快发展，加强农产品品牌建设。通过一系列积极行动，健全完善农业的产业链、就业链、价值链，提高农业产业的综合竞争力和效益。

二是推进横向拓展，挖掘农业价值创造潜力。种植业除了提供食物等基本功能外，还具有生态涵养、观光休闲和文化传承等多种功能。因此需要对种植业的非传统功能进行挖掘，最大限度地提升农业的价值创造能力。采取以奖代补等多种方式扶持休闲农业与乡村旅游业发展，扶持农民发展休闲旅游业合作社，支持有条件的地方通过盘活农村资源资产发展休闲农业和乡村旅游。通过支持和引导，培育发展一批繁荣农村、富裕农民的新业态、新产业，农村的绿水青山将会变成农民的"金山银山"。

三是推进深度融合，提升农业产业整体发展水平。高度重视促进农业产业深度融合，将农业作为一个整体来谋划，提高产业发展的统一性、协调性。深入推进农业结构调整，推动粮经饲统筹、农林牧渔结合、种养加一体化；着眼于农业的可持续发展，统筹考虑产业布局与环境保护，将产业与生态有机结合起来；创新体制机制，采取政策扶持、PPP等多种方式，充分调动各方主体投入农业、加强合作的积极性；促进产业集群集聚发展，提高产业融合的规模效应；利用互联网平台，促进产业之间的线上融合，提高经济效率。

通过不同方面、不同层次的共同努力，为农村一二三产业融合发展注入强大动力，让农业焕发勃勃生机，成为发展前景广阔的朝阳产业。

四是推进制度创新，让农民成为共享利益的主体。完善农业产业链与农民的利益联结机制，让农民共享产业融合发展的增值收益。按照2016年中央一号文件的要求，支持供销社创办领办合作社，引导农民参与产业融合发展；创新发展订单农业，密切企业与农民的利益关系；积极发展股份合作，建立农民入股参与农业经营、合理分享收益的长效机制；探索有效办法，实现财政支农资金帮助农民稳定分享产业链利益。把实现好、发展好、维护好农民利益作为推进产业融合的出发点和立足点，充分体现农民的主体地位，赢得农民的真心支持和广泛参与，为产业发展奠定坚实的基础。

4. 构建新型农业经营体系，促进种植业经营方式转变

一是推进多种形式的适度规模经营。立足家庭联产承包责任制，发展农业适度规模经营，并使之与当地农村劳动力转移程度相协调，与工业化、城镇化发展水平相适应。积极探索农业经营新模式，促进公司化、园区化的农业试验区发展，利用新型农业经营主体的规模优势，降低农业生产成本，提高土地资源利用效率。积极稳妥地推进土地流转制度改革。农业规模化经营是发展新型农业经营方式的前提。应制定合理的土地流转制度，使土地由分散化经营向规模化经营转变，提高组织化程度。应分步稳妥地进行土地承包经营确权、土地流转监督、规模化组织和服务体系建设以及优惠政策实施等，以此实现土地规模经营的适度推进和新型农业经营方式的发展。

二是培育壮大新型农业经营主体。对于现有农业产业化龙头企业，按照扶优、扶大、扶强的原则，加强政策引导，发挥其对相关产业的带动作用；对于发展中的农民合作社，创新政府资金支持形式，加快培育一批管理规范、效益明显的示范社，因地制宜地发展多样化的农民合作社。从建立适当规模的土地合作农场入手，逐步实现由松散的合作农场向专业化的合作社过渡；从维护农户利益出发，尊重农户意愿，逐步实现农户利益的增加和农场整体效益的最大化。与此同时，应加快培育职业农民。加强对现有务农人员的培训，使之尽快实现由传统农民向新型农民的转变。吸引外部人才，在完善"大学生村官""三支一扶"等优惠政策的基础上，加大政策创新力度，吸引高素质人才投身新型农业经营体系建设。

三是完善种植业社会化服务体系。健全生产性服务，以农机服务为抓手，积极探索建立以农机股份合作公司、农机合作社等专业化服务组织为龙头，以农机大户为主体，以农机户为基础，以农机中介组织为纽带的农机中介服务体系，形成以市场为导向，以服务为手段，集示范、推广、服务为一体的新型多元化农机服务机制。完善农业信息服务，加快农村信息网络建设，尽早实现县乡联网，并逐步联网到村；开办专门的农业信息服务网站，提供农产品市场行情、农业科技成果、国家惠农政策、招商引资等方面的信息服务，实现信息资源共享；打造农业信息电子商务平台，通过合作社体验式发展，带动示范推动。改善农村商品流通服务，加强农产品批发市场等流通领域的技术设施建设，实现公益性和市场化双重目标；支持流通企业做大做强，推动商品交易市场和商业企业转型升级，大力发展第三方物流，提高流通集约化水平；加快流通网络化、数字化、智能化建设，促进线上线下融合发展，积极发展农村电子商务。加强农业金融保险体系建设，深化农村金融改革，

鼓励地方政府和大型企业出资建立担保基金，同时，引导新型农业经营主体积极参与农业保险，提高保费补贴比例，降低农业生产面临的自然环境、市场变动等风险。

四、重点问题的转变路径与案例分析

（一）化学投入品减量增效路径

1. 大田作物精准施肥

（1）精准施肥技术

精准农业是现代农业的发展方向，精准施肥是精准农业中最成熟、应用最广泛的主要技术。精准施肥是以不同田块的产量数据与土壤情况、病虫草害、气候等多项数据的综合分析为依据，以作物生长规律、作物营养专家系统为支持，以高产、优质、环保为目的的施肥技术。精准施肥提倡根据种植的作物和土壤情况，进行氮、磷、钾和有机肥的合理配方，使得肥料的施放能够适应特定的土壤，从根本上改变了传统农业大面积、大样本平均投入的资源浪费做法，对作物栽培管理实施定位，按需变量投入。试验表明，同等产量条件下，精准施肥可使多种作物平均增产达 8.2%~19.8%，最高可达 30%，总成本降低 15%~20%，化肥施用量减少 20%~30%。

精准施肥技术的实施体系包括四个方面：一是相关数据的实时采集；二是专家决策分析系统；三是差分全球定位系统；四是控制技术。

1）实时采集的数据包括：①作物营养数据。作物营养数据的采集可通过遥感（RS）技术和地面分析结合获得生长期作物养分丰缺情况。基于光谱探测和遥感理论的作物营养监测技术研究也取得了一定的进展。用植物光谱分析方法诊断植物营养水平具有快速、自动化、非破坏性等优点，但诊断专一性不够，解译精度也有待提高。随着科学技术的进步，影像空间分辨率和光谱分辨率的提高，遥感作业成本的降低，遥感技术将在作物营养监测中起到重要的作用。②土壤养分数据。对于长期相对稳定的土壤变量参数，如土壤质地、地形、地貌、微量元素含量等，可一次分析长期受益或多年后再对这些参数进行抽样复测，可引用以往土壤普查数据作为参考。对于中短期土壤变量参数，如 N、P、K、pH、有机质、微量元素、土壤水分含量等，时空变异性大，应以 GPS 定位进行土壤取样，对取回的土样进行化验分析，输入计算机建立田间土壤养分数据库，并利用田间地理信息 GIS 软件生成土壤养分分层图（如 N 层图、P 层图、K 层图、有机质层图等）。③作物产量数据。土壤养分在线实时检测技术目前还未应用于生产实际，因而采集作物产量数据就成为精确施肥决策分析的主要依据之一。目前有些试验基地引进了 CASE2366 收获机，该收获机由美国 CASE 公司生产，安装有基于 GPS 接收机的产量监视仪，用于作物产量数据的采集。将采集到的作物产量数据存入 PCMCIA 数据卡中，然后将数据卡插入与计算机相连接的读卡器中，将数据卡中的数据传输到计算机内，使用 AFS 软件处理，生成粮食产量分布图、粮食水分分布图、田间海拔分布图，为精确施肥决策分析提供依据。

2）专家决策分析系统。专家决策分析系统包括地理信息系统（GIS）、作物生长模型和土壤养分专家决策分析系统三部分，它是精确施肥的核心。GIS 用于描述农田空间属性的差异性，用于建立土壤数据、自然条件、作物苗情等空间信息数据库和进行空间属性数据的地理统计、处理、分析、图形转换和模型集成等。作物生长模型用于描述作物的生长过程及养分需求，将作物及气象和土壤等环境作为一个整体，应用系统分析的原理和方法，综合农学领域内多个学科的理论和研究成果，对作物的生长发育与土壤环境的关系加以理论概括和数量分析，建立相应的数学模型。土壤养分专家决策分析系统是利用农业专家长期积累的经验和知识，通过计算机专家系统软件，对土壤养分的含量及平衡做出决策，并以土壤养分决策层图（电子施肥地图）的形式，通过读卡器存入FLASH数据卡中。

3）差分全球定位系统。无论是田间实时土样分析，还是精确施肥机的运作，都是以农田空间定位为基础的。全球定位系统（GPS）为精确施肥提供了基本条件。GPS接收机可以在地球表面的任何地方、任何时间、任何气象条件下至少获得4颗以上GPS卫星发出的定位定时信号，而每一颗卫星的轨道信息由地面监测中心监测，GPS接收机根据时间和光速信号通过三角测量法确定自己的位置。但由于卫星信号受电离层和大气层的干扰，会产生定位误差，美国提供的GPS定位误差可达100 m，所以为了满足精确施肥或精确农作的需要，必须给GPS接收机提供差分信号即差分全球定位系统（DGPS）。DGPS除了接收全球定位卫星信号外，还需接收信标台或卫星转发的差分校正信号，这样可使定位精度大大提高。我们在试验中用的美国GARMIN公司的GPS12XL接收机，接收差分输入后可达到1~5的定位精度。现在的民用DGPS已完全能满足精确施肥的需要。现在的研究正向着GPS-GIS-RS一体化，GPS-智能机械一体化方向发展。日本最近的试验利用GPS定位插秧机、GPS定位自动施肥机，误差在10cm以内。

4）控制技术。变量施肥控制技术现在有两种形式：一是实时控制施肥，或根据实时监测的作物光谱信息分析调节施肥量。目前该技术还处于研究阶段，尚未用于生产实践。二是处方信息控制施肥，此技术比较成熟。根据专家决策分析后的电子地图提供的处方施肥信息，对田地中肥料的撒施量进行定位调控。

（2）推广措施

目前我国土地实行联产承包，分散经营，结合各地区地貌类型复杂多样、农田平整水平不高等具体情况，精准施肥技术必须适用于农业小规模分散的生产经营，并能满足当前农村科学技术发展的需要。因此，现阶段推广精准施肥主要有以下措施。

1）推广土壤养分和作物植株速测技术。进行精准施肥的主要依据是土壤农化样品和大田植株分析。在化验室进行检测费用较贵，限制了大田生产的实际应用。如果要在农田中开展大面积的测土施肥，同时监测区域内农作物生长的基本情况和最后的收获产量，没有简便、速测技术，就无法开展大范围精准施肥。因此，土壤养分和植株分析速测技术是推广精准施肥技术的前提条件，必须加快示范与推广。

2）推广特效"散装掺混肥料"（BB肥）。变量施肥随着时空地点的变化而变化，随着农业种植的变化而变化。因此，对广大农民来讲，具体到田块和作物时要很好地掌握变量施肥有一定难度。根据这一情况，目前开发出了精准施肥技术适用新产品——特效BB肥。BB肥是将几种颗粒状肥料由单一肥料或复合肥料按一定比例掺混而成的一种复混肥料。可以根据当地小区域内不同作物的施肥要求，配制成各种特效BB肥加以推广，从而达到精准施肥、节肥增产的目的。

3）利用互联网技术开展市、县、乡三级联网，分区建立土壤养分信息管理系统，宣传精准施肥技术。

与传统施肥方法比较，精准施肥按需施肥，减少过量、盲目的化肥施用，减少过量施用农化产品进入土壤、污染水体的可能性，因而大大减少了化肥污染源、提高了化肥的利用率，起到保护环境与保证农业可持续发展的作用。有学者研究表明，在冬小麦上进行精准施氮后，其产量未见提高，但其变异系数有所降低，同时降低了土壤中硝态氮的残留，生态效益明显（薛绪掌等，2004）。在玉米上进行精准施肥，可以提高玉米的产量，降低地下水污染的可能（张书慧等，2006）。有学者通过3年的连续试验表明，精准施肥提高了冬小麦的产量，并降低了产量的变异系数，精准施肥的经济效益和生态效益明显提高（蒋阿宁等，2014）。

2. 设施作物水肥一体化

水肥一体化技术是将施肥与灌溉结合在一起的农业新技术。它通过压力管道系统与安装在末级管道上的灌水器，将肥料溶液以较小流量均匀、准确地直接输送到作物根部附近的土壤表面或土层中的灌水施肥方法，可以把水和养分按照作物生长需求，定量、定时地直接供给作物。其特点是能够精确地控制灌水量和施肥量，显著提高了水肥利用率，又降低了地表水蒸发及肥料消耗，减轻了对环境的污染。其中，膜下滴灌施肥技术（即滴灌方式与地膜覆盖农业相结合的技术）被认为是最适用于设施蔬菜栽培的一项先进节水施肥技术，地膜覆盖栽培可有效地提高地温、保水、保肥，防止土壤表层盐分累积、抑制杂草生长、减少病害发生，所以在农业生产上应用广泛。

（1）发展与应用现状

1974年，我国从墨西哥引进滴灌设备进行试点，开始滴灌技术的研究工作。1980年，我国自主研制生产了第1代滴灌设备。1981年以后，在引进国外先进生产工艺的基础上，规模化生产在我国逐步形成，在应用上由试验、示范到大面积推广。20世纪90年代中期，我国开始大量开展技术培训和研讨，水肥一体化理论及应用受到重视。从2000年开始，农业部全国农业技术推广服务中心与国际钾肥研究所（IPI）合作，连续5年在我国不同地区举办水肥一体化技术培训班，由国内外专家介绍水肥一体化理论技术和实际操作，促使微灌施肥的面积逐步扩大。当前，水肥一体化技术已经由过去的局部试验、示范发展成为现在的大面积推广应用，辐射范围从华北、华东地区扩大到西北旱区、东北寒温带和华南亚热带地区等，覆盖设施栽培、无土栽培、果树栽培，以及蔬菜、花卉、苗木、大田经济作物等多种栽培模式和作物，特别是西北地区膜下滴灌施肥技术处于世界领先水平。

我国现有果园、玉米、马铃薯、蔬菜等的种植面积达10亿多亩。但水肥一体化应用比例不足5%，与美国25%的玉米、60%的马铃薯、32.8%的果树采用水肥一体化技术，以色列90%以上农业采用水肥一体化技术相比，我国水肥一体化技术相对滞后。全国水肥一体化应用面积仅为5000万亩左右。从全国农技中心旱作区水肥一体化技术示范的试验结果可知：蔬菜、果树等经济作物采用水肥一体化技术，可节水70%以上，节肥30%以上，可提高肥料利用率50%以上，蔬菜、果树、棉花、玉米、马铃薯分别增产15%~28%、10%~15%、10%~20%、25%~35%和50%以上。

（2）技术措施与效果

水肥一体化是一项综合技术，涉及农田灌溉、作物栽培和土壤耕作等多方面，其主要技术要领需注意以下四方面。

一是建立一套滴灌系统。在设计方面，要根据地形、田块、单元、土壤质地、作物种植方式、水源特点等基本情况，设计管道系统的埋设深度、长度、灌区面积等。水肥一体化的灌水方式可采用管道灌溉、喷灌、微喷灌、泵加压滴灌、重力滴灌、渗灌、小管出流等。特别忌用大水漫灌，这容易造成氮素损失，同时也降低水分利用率。

二是设计施肥系统。在田间要设计为定量施肥，包括蓄水池和混肥池的位置、容量、出口、施肥管道、分配器阀门、水泵、肥泵等。

三是选择适宜的肥料种类。可选液态或固态肥料，如氨水、尿素、硫铵、硝铵、磷酸一铵、磷酸二铵、氯化钾、硫酸钾、硝酸钾、硝酸钙、硫酸镁等肥料；固态以粉状或小块状为首选，要求水溶性强，含杂质少，一般不应该用颗粒状复合肥（包括国内外产品）；如果用沼液或腐殖酸液肥，必须经过过滤，以免堵塞管道。

四是灌溉施肥的操作。①肥料溶解与混匀：施用液态肥料时不需要搅动或混合，一般固态肥料需要与水混合搅拌成液肥，必要时分离，避免出现沉淀等问题。②施肥量控制：施肥时要掌握剂量，注入肥液的适宜浓度大约为灌溉流量的 0.1%。例如，灌溉流量为 $50m^3$/亩，注入肥液大约为 50L/亩；过量施用可能会使作物致死及环境污染。③灌溉施肥分为 3 个阶段：第一阶段，选用不含肥的水湿润；第二阶段，施用肥料溶液灌溉；第三阶段，用不含肥的水清洗灌溉系统。

水肥一体化的实施可省肥节水、省工省力、改善生态环境、减轻病虫害、增产高效。

1）节水。水肥一体化技术可减少水分的下渗和蒸发，提高水分利用率。在露天条件下，微灌施肥与大水漫灌相比，节水率达 50% 左右。栽培条件下，保护地滴灌施肥与畦灌相比，每亩大棚一季节水 80~120m^3，节水率为 30%~40%。

2）节肥。水肥一体化技术实现了平衡施肥和集中施肥，减少了肥料挥发和流失，以及养分过剩造成的损失，具有施肥简便、供肥及时、作物易于吸收、提高肥料利用率等优点。在作物产量相近或相同的情况下，水肥一体化与传统技术施肥相比节省化肥 40%~50%。

3）改善生态环境。保护地栽培采用水肥一体化技术，一是明显降低了棚内空气湿度。滴灌施肥与常规畦灌施肥相比，空气湿度可降低 8.5~15 个百分点。二是保持了棚内温度。滴灌施肥比常规畦灌施肥减少了通风降湿而降低棚内温度的调节次数，棚温度一般高 2~4℃，有利于作物生长。三是增强了微生物活性。滴灌施肥与常规畦灌施肥技术相比地温可提高 2.7℃，有利于增强土壤微生物活性，促进作物对养分的吸收。四是有利于改善土壤物理性质。滴灌施肥克服了因灌溉造成的土壤板结，土壤容重降低，孔隙度增加。五是减少了土壤养分淋失，减少了地下水的污染。

4）减轻病虫害。空气湿度的降低，在很大程度上抑制了作物病害的发生，减少了农药的投入和防治病害的劳力投入，微灌施肥每亩农药用量减少 15%~30%，节省劳力 15~20 个。

5）增产高效。水肥一体化技术可促进作物产量的提高和产品质量的改善，果园一般每亩节省投入 300~400 元，增产增收 300~600 元；设施栽培一般每亩节省投入 400~700

元,其中,节水电 85~130 元,节肥 130~250 元,节省农药 80~100 元,节省劳力 150~200 元,增产增收 1000~2400 元。

3. 农药统防统治与绿色防控技术融合

为降低农药过度使用对环境造成的危害,实现 2020 年农药零增长目标,转变农业发展方式,农业部深入推进绿色防控与统防统治融合计划。从 2016 年开始在全国创建 600 个农作物病虫专业化统防统治与绿色防控融合示范基地,充分发挥新型农业经营主体、病虫防治专业化服务组织和农药生产企业的积极作用,集聚资源,集中力量,集成示范病虫综合治理、农药减量控害技术模式,促进绿色防控技术措施与统防统治组织方式有机融合、集中示范,辐射带动大面积推广应用。

统防统治,即"统一防治时间、统一防治农药、统一防治技术"。统防统治是近年来兴起的农作物植保方式,比"代防代治"(农民自己买药,然后花钱雇用机防队员进行防治)、"阶段性防治"(当突发严重的病虫害时,农民请人防治)具有更大的优越性,能切实实现减量控害。绿色防控是指按照"绿色植保"理念,采用农业防治、物理防治、生物防治、生态调控及科学、合理、安全使用农药的技术,达到有效控制农作物病虫的目的,确保农作物生产安全、农产品质量安全和农业生态环境安全。统防统治是病虫防治组织方式的创新,绿色防控是病虫防治技术体系的创新。二者融合推进就是在统防统治过程中,广泛采用物理防治、生物防治、生态控制等绿色防控措施;在绿色防控过程中,充分发挥统防统治组织和新型农业生产经营主体的作用,统一组织实施,有效提升病虫防控的组织化程度和科学化水平,降低化学农药用量,保障农业生产、农产品质量和生态环境安全,促进农业可持续发展。

2014 年,农业部在全国 31 个省(自治区、直辖市)组织开展水稻、小麦、玉米、蔬菜、水果等 10 种作物病虫统防统治与绿色防控融合推进试点。从各地情况看,试点效果十分明显。一是集成一批技术模式。各地因地制宜地集成了适宜不同作物、经济实用、简便易行、可操作性强的病虫综合治理模式,为大面积推广应用奠定了基础。二是农药减量控害显著。示范区降低化学农药用量 20%~30%,农田生态环境明显改善,天敌种群数量明显上升。三是节本增效显著。示范区每亩增产 8% 以上,节本增效 150~200 元,农产品质量符合食品安全国家标准。四是示范带动效应显著。2014 年建立示范区 538 个,示范面积 920 万亩,辐射带动 7160 万亩。

4. 典型案例分析

(1) 玉米、水稻精准施肥示范推广

吉林省榆树市弓棚镇采用精准施肥对玉米进行了精准施肥试验,分别使用 2BFJ-6 型精密播种变量施肥机和 3ZBF-7 型变量施肥中耕机,在 2011 年和 2012 年春季,研究利用变量施肥机在吉林省榆树市的试验基地完成了试验田的实际变量施肥、播种作业任务,经过两年的播种施底肥试验,2011 年春季变量施肥作业过程中的数据显示,施肥量为 6700kg,处方图中给出的施肥量为 6409.03kg,排肥精度达到 4.3%,利用精准变量施肥机施肥每公顷节约 5kg。在 2012 年 6 月的变量施肥试验中,作业面积为 17hm^2,处方图中给出的施肥量为 9235.5kg,实际施肥量为 9600kg,排肥精度为 3.7%,效果良好(张井柱，2013），将变量追肥地块与未变量追肥地块进行比较，产量未见明显差距，达到节肥增产的目的。该成果的应用与推广，可以明显减少化肥的施用量，降低玉米的生产成本，也可以降低由此造成的环境污染，使农业生产持续稳定地发展，也可以为消费者提供高质量的食品，形成良性循环。

浙江省平湖市广陈镇浙江省农业科学院院地合作基地内采用精准施肥技术对水稻进行了化肥减量增效技术应用，通过地理信息、推荐施肥等技术进行土壤养分的信息化管理，并通过田间试验对养分咨询系统提供的施肥量进行验证。结果表明，根据施肥咨询系统推荐的施肥量，在减少氮肥用量的情况下，水稻产量不仅没有减产，反而显著增加。推荐施肥比常规施肥可增产 291~662kg/hm^2，节省肥料开支 179 元/hm^2，增收 790~1569 元/hm^2。增施有机肥、减少氮肥用量在水稻不减产的前提下，能显著提高土壤有机质，改善土壤生态环境。在连续 5 年的田间试验中，增施有机肥处理的土壤有机质比试验前提高了 15.3%。施肥咨询系统以水稻的需肥特性和合理目标产量为基础，估计氮、磷、钾肥料养分需求，进行精确施肥。在不降低水稻产量的情况下，减少氮肥用量，降低过量施肥对土壤及水体的潜在污染风险，实施精准化的氮素管理对环境保护更有利（叶静等，2013）。

（2）福建省福清市水肥一体化推广应用

福清是福建设施蔬菜生产大市，拥有各类设施蔬菜面积 3.5 万亩，包括钢架大棚、竹木大棚、小拱棚等，其中近几年新建且通过验收的标准蔬菜钢架大棚约 1.5 万亩。福清致力于打造成为"海西设施农业第一县"（福清为县级市），在"十二五"期间建造 10 万亩以上的高标准大棚。随着各级财政的扶持力度不断加大，福清设施农业迅速发展。当前，福清有绿丰、绿叶、绿之源、圣未等多家农业企业（或农民专业合作社），大都配备有水池、水菜、膜下喷水带等灌溉设施。但设施简陋，缺乏技术含量，导致很多种植户水肥施用不当，水肥利用率普遍较低，加之灌溉施肥用工量仍然较大，成本较高，总体效益一般。近几年，部分企业开始寻求灌溉施肥新技术，他们对先进的水肥一体化技术虽有耳闻，但由于没有体验过，对该技术的应用效果也了解不多，所以采用该技术及其设备的积极性不高。针对这一状况，福清市以被列为智能水肥一体化试验示范区为契机，开始在设施蔬菜生产上积极推广智能水肥一体化技术，以期促进企业节本增效。

福清绿丰农业开发有限公司首先"试水"安装水肥一体化数控滴灌系统。在福建省农业厅土肥站的参与指导下，绿丰公司投入 30 万元，进口以色列耐特菲姆公司生产的相关技术设备，在西洽基地建立了福清市首套智能水肥一体化系统设备，包括配肥系统、pH/EC 控制器、叠片式自动反冲洗过滤系统、电磁阀，以及田间管道系统等。水肥一体化技术是一项综合性的应用技术，还包括优化配组优质新品种选择与搭配、病虫害专业防治、配方施肥等"五新"技术作为配套技术，通过集成实现设施蔬菜大棚种植全程机械化，高效化，达到蔬菜生产"两高一优"的目的，全面提高大棚蔬菜种植效益。鉴于此，福清开始开展水肥一体化节水技术示范，示范作物为甜椒、尖椒、水果黄瓜、番茄等蔬菜，取得一定效果。在福清农业局的组织领导下，加快了该技术的推广。2012 年，福清共有 6 家农业公司建立了智能水肥一体化系统设施，除上述的绿丰公司外，包括帝凯、绿叶、绿之源、绿溢浓、圣未等五家农业企业（或农民专业合作社），总投资共计 210 万元。

(3) 湖北省农作物病虫害专业化统防统治与绿色防控融合

2014年，湖北省以全国农作物病虫害专业化统防统治百强组织、全省20强服务组织和全国100个农作物绿色防控示范区为重点，在全省选择了10个县（市）作为试点，作物品种包括水稻、蔬菜、柑橘和茶叶。其运作模式为融合植保站、专业化服务组织及农户，三方主体间相互关联、各司其职、相互监督、互利共赢。植保站与防治组织签订合同，由植保站负责组织发动、技术培训、防效评价等，并整合项目资金对服务组织给予生物农药和高效植保器械等防控物质及防治作业补助；专业化防治组织负责对核心示范区进行病虫害防治全程承包，实施绿色防控，引导周边农户科学用药等。

该试点核心示范区开展统防统治与绿色防控融合后，防治上实现了6个转变，即从"一家一户"防治向"群防群治"转变、从"作物系统"向"农田系统"转变、从"单一作物"向"多种作物"转变、从"单一病虫"向"生物群落"转变、从"单一措施"向"综合调控"转变、从"应急处置"向"持续治理"转变。此模式不仅保证了产量，减少了农药及用工成本，也保障了农产品质量安全，获得了基层干部与农户的一致认可，许多农户要求将自家田地加入融合范围，更多的农户纷纷效仿使用新技术、新农药。全省试点县（市）核心示范区面积共2733.3hm^2，辐射面积达到3.5万hm^2。通过专业化组织开展服务，把握防治关键时期，用好防治药剂，使防治效果大大提高，核心示范区比农民自防田防效平均提高10%以上。示范区绿色防控效益明显，茶叶、柑橘效益特别突出，蔬菜次之，水稻也取得了较好的效益（专题表2-3）。

专题表2-3 绿色防控与化学防控效益比较

作物	化学防治成本（元/亩）	化学防治产值（元/亩）	化学防治纯收入（元/亩）	绿色防治成本（元/亩）	绿色防治产值（元/亩）	绿色防治纯收入（元/亩）	绿色-化学收益比较（元）
水稻	418	1640	1222	361	1710	1348	126
蔬菜	885	2530	1645	743	2631	1868	223
柑橘	1390	3476	2086	1055	5120	4065	1979
茶叶	876	6334	5457	855	6910	6052	595

示范区作物全生育期农药用量明显减少。农产品检测合格率明显提高，田间天敌数量明显增加，生态得到明显改善，据调查，水稻全生育期施药次数减少2或3次，化学农药使用量明显减少；柑橘化学农药使用面积减少35%，平均减少施药次数6次，柑橘品质提高，可溶性固形物上升2~3个百分点；茶叶用药3次，天敌数量明显上升，蜘蛛、瓢虫、草蛉数量分别由4.6头/m^2、3.4头/m^2、1.8头/m^{2}增加到8.9头/m^2、6.3头/m^2、4.2头/m^2。

（二）秸秆资源化循环利用路径

1. 秸秆资源化循环利用技术及应用效果

秸秆是种植业重要的产出物，是种植业乃至养殖业实现可持续发展的重要物质基础。加快推进秸秆资源化循环利用，实现秸秆资源化、商品化，变废为宝，化害为利，对于提高农业综合生产能力、促进农业农村经济的可持续健康发展、增加农民收入、减少污染、加快建设美丽乡村具有十分重要的意义。

近年来，随着科学技术的不断发展和革新，秸秆循环利用技术日趋完善成熟，秸秆综合利用率不断提高。一大批以秸秆肥料化、饲料化、新型能源化、基料化为目标的实用新技术的推广应用，如秸秆机械还田、快速腐熟还田和秸秆保护性耕作、秸秆青贮和微贮、秸秆压块饲料和膨化饲料加工、秸秆沼气（生物气化）和秸秆热解气化、秸秆固化（炭化）成型、秸秆养殖食用菌等，极大地提高了我国秸秆的资源化利用水平。另外，不少以秸秆为原料替代木材造纸、生产建材和包装材料，以及秸秆发电等企业的兴起，有效地推进了秸秆资源化循环利用的产业化进程。据农业部和国家发展改革委组织各地开展的秸秆综合利用中期评估结果推算，2013年全国秸秆利用量约6.22亿t，综合利用率达到76%（专题表2-4），较2008年增长7.3个百分点。其中，肥料化利用量2.36亿t；饲料化利用量2.20亿t；燃料化利用量1.08亿t，且以效率很低的秸秆直接燃用为主；原料化利用量3400万t（其中造纸用秸秆2500万t），基料化利用量2400万t。

但是，由于秸秆收储运体系发展滞后、秸秆还田机械不配套、政府激励和投入不足等，近年来，我国秸秆产业化、规模化利用步履维艰。除食用菌种植利用秸秆量取得长足进步（每年新增秸秆利用量500万~600万t）外，其他的秸秆产业化利用大都发展缓慢。

专题表2-4 秸秆"五料"化利用技术成熟度及利用现状

技术分类	技术名称	技术成熟度	适宜推广地区	利用比例(%)
秸秆肥料化利用	秸秆直接还田	++++	适用于玉米、小麦、水稻、油菜、棉花等主要农作物主产区	29
	秸秆腐熟还田	++++	适用于降水量较丰富的地区，特别是种植制度为小麦-水稻、油菜-水稻的农作地区	
	秸秆生物反应堆	++++	适用于玉米、小麦、水稻、大豆、蔬菜主产区	
	秸秆堆肥还田	++++	适用于秸秆资源丰富的农村地区	
秸秆饲料化利用	秸秆青（黄）贮	++++	适用于玉米、甜高粱等作物主产区	27
	秸秆碱化/氨化	++++	适用于小麦、水稻等作物主产区	
	秸秆压块饲料加工	++++	适用于秸秆资源丰富的农村地区	
	秸秆揉搓丝化加工	++++	适用于玉米、向日葵等主产区	
秸秆新型能源化利用	秸秆沼气	++++	适用于除高寒、游牧为主以及其他可再生能源丰富的地区以外的地区	13
	秸秆热解气化	++++	适用于秸秆资源较丰富、居民较为集中、经济情况较好的村镇，能够承担长期无盈利运行	
	秸秆固化（炭化）成型燃料	++++	适用于秸秆资源较丰富、居民较为集中的村镇	
	秸秆液化	+++	适用于秸秆资源较丰富、居民较为集中的村镇	
	秸秆发电	++++	适用于以农场方式生产的地区，或电厂拥有配套的原料基地的项目	
秸秆基料化利用	秸秆食用菌基料	++++	适用于秸秆资源丰富的农村地区	3
秸秆原料化利用	秸秆人造板材生产	++++	适用于秸秆资源丰富的农村地区	4
	秸秆复合材料生产技术	+++	适用于秸秆资源丰富的农村地区	
	秸秆清洁制浆	++++	适用于秸秆资源丰富的农村地区	
			合计	76

注：表格中的秸秆"五料"化利用比例为2013年数据。"+"越多表示技术成熟度越高

（1）秸秆肥料化利用技术

秸秆肥料化利用技术主要包括秸秆直接还田技术和秸秆间接还田技术。利用秸秆还田技术发展秸秆肥料，能有效增加土壤有机质含量，改良土壤结构，培肥地力，特别对缓解我国土壤氮、磷、钾比例失调的矛盾，弥补磷、钾肥不足，减少化肥用量，减少秸秆焚烧造成的大气污染，净化农村环境，保护生态环境具有重要意义。每亩还田玉米秸秆500kg后，相当于施用土杂肥2500kg，碳铵11.7kg，过磷酸钙6.2kg，硫酸钾4.75kg。此外，由于根茬粉碎疏松和搅动表土，能改变土壤的理化性能，破坏玉米螟虫，能减轻虫害。该技术成熟度较高，适用于广大农村地区。2013年，全国用于肥料用途的秸秆资源占全部秸秆资源的比例为29%，居"五料"化利用之首。

（2）秸秆饲料化利用技术

秸秆饲料利用主要指通过利用青贮、微贮、氨化、揉搓丝化、压块等处理方式，把秸秆转化为优质饲料。秸秆饲料加工不仅可改善秸秆的适口性和营养成分，提高秸秆的采食率和饲料转化率，使较适宜直接饲喂的秸秆更加适宜于养畜，而且可使次适宜直接饲喂的秸秆和不适宜直接饲喂的秸秆成为适宜养畜的秸秆。同时，通过对秸秆适当加工，可以使其密度加大、体积缩小，便于运输。据测定，6~7kg青贮玉米秸秆相当于1kg玉米籽粒的营养价值，5kg左右的氨化秸秆相当于1kg精料的营养价值。加之青贮秸秆饲料带有芳香、酸、甜的味道，能提高牲畜的适口性从而增加其采食量。目前，秸秆饲料加工处理与饲喂技术已成为现代畜牧业发展的重要技术支撑。在节粮型畜牧业发展过程中，每利用5kg秸秆，按净能值计算，与耗粮型畜牧业相比可节约1kg以玉米为主的饲料粮。该技术成熟度较高，适用于秸秆资源丰富的广大农村地区。2013年，全国用于饲料用途的秸秆资源占全部秸秆资源的比例为27%，略次于肥料化利用的比例。

（3）秸秆新型能源化利用技术

秸秆新型能源化利用技术主要包括秸秆沼气（生物气化）、秸秆热解气化、秸秆固化（炭化）成型燃料、秸秆液化、秸秆发电等技术。秸秆新型能源既可替代秸秆、薪柴等生物质能源，又可替代煤炭、石油、天然气等化石能源；秸秆燃气、秸秆成型燃料、秸秆木炭还可广泛用于城镇生活中的取暖、生活炉灶、锅炉、生物质发电厂，以及食品、制药、化工、冶金、造纸、国防、农业及环境保护等诸多方面。其中，秸秆制沼气技术成熟度高，适宜于除自然非适宜性区和社会经济条件非适宜区以外的大多数农村地区；秸秆气化技术成熟度高，但秸秆气化集中供气系统运行成本高，通常要求村经济情况较好，能够承担长期无盈利运行；秸秆固化（炭化）成型利用技术成熟度也较高，适用于秸秆资源较丰富、居民较为集中的村镇；秸秆液化即纤维素制取乙醇技术的研究始自"八五"期间，目前，华东理工大学、吉林轻工业设计研究院、山东大学、上海华东理工大学、河南天冠、黑龙江肇东中粮生化能源有限公司等院校和单位在该技术研究方面取得显著进展，有些工艺已扩大到示范工程规模。该技术适用于秸秆资源较丰富、居民较为集中的村镇；我国秸秆发电起步较晚，但发展较快，现已进入了自主创新、自主发展的阶段，秸秆直燃发电的技术和设备目前已经可以全部国产化。该技术适用于以农场方式生产的地区，或电厂拥有配套的原料基地的项目。2013年，全国用于新能源用途的秸秆资源占全部秸秆资源的比例为13%。

（4）秸秆基料化利用技术

秸秆食用菌基料化利用技术是选用多种农作物秸秆（如小麦秸秆、大豆秸秆、玉米秸秆等），利用机械粉碎成小段并碾碎，以此作为基料栽培食用菌，工艺流程包括原料准备、辅料添加、拌料、装袋、灭菌、接种、发菌、出菇管理等。该技术的应用推广，使农业资源多级增值，既可大量利用作物秸秆，减少环境污染，又可丰富人们的食物结构，增加农民收益。利用秸秆基料种植食用菌技术成熟，资源效益和经济效益较高。据测算，利用秸秆种植食用菌，平均每 10kg 秸秆生产的食用菌，按热值计，可替代 1kg 以上的口粮。我国大部分地区都可利用秸秆生产食用菌，没有严格的地域性要求。2013年，全国用于食用菌基料的秸秆资源量超过 2300 万 t，占全部秸秆资源量的 3%。

（5）秸秆原料化利用技术

秸秆原料化利用技术主要包括秸秆人造板材生产技术、秸秆复合材料生产技术、秸秆清洁制浆技术等。秸秆人造板材、秸秆复合材料生产具有节材代木、保护林木资源的作用；秸秆清洁制浆技术较传统秸秆制浆技术效率高、水耗和能耗低，可实现秸秆的无害化处理和资源化利用；秸秆木糖醇生产技术是指利用含有多缩戊糖的农业植物纤维废料，通过化学法或生物法制取木糖醇的技术。秸秆木糖醇生产技术可实现高值化利用玉米芯等农副产品，10~12t 玉米芯可生产 1t 木糖醇。目前，麦秸是造纸重要的非木纤维资源，其他秸秆尚未大量使用。造纸用麦秸占总量的 30%以上，主要集中在麦秸主产区的河南、安徽、山东、河北等省。2013年，全国用于原料化利用的秸秆资源量占全部秸秆资源量的 4%。

目前，在全国多个试点区域开展了玉米秸秆资源化循环利用工程示范（专题图 2-5），如辽宁省沈阳市苏家屯区大沟乡沈双村建设 153 亩规模的生产线、黑龙江省大江农业科技有限公司玉米秸秆资源化循环利用示范工程项目生产线、吉林省白山市玉米秸秆资源化循环利用示范生产线、重庆市开县（今开州区）赵家镇姚家村秸秆资源化循环利用示范生产线、北京房山区张坊镇西白岱村玉米秸秆资源化循环利用示范生产线。

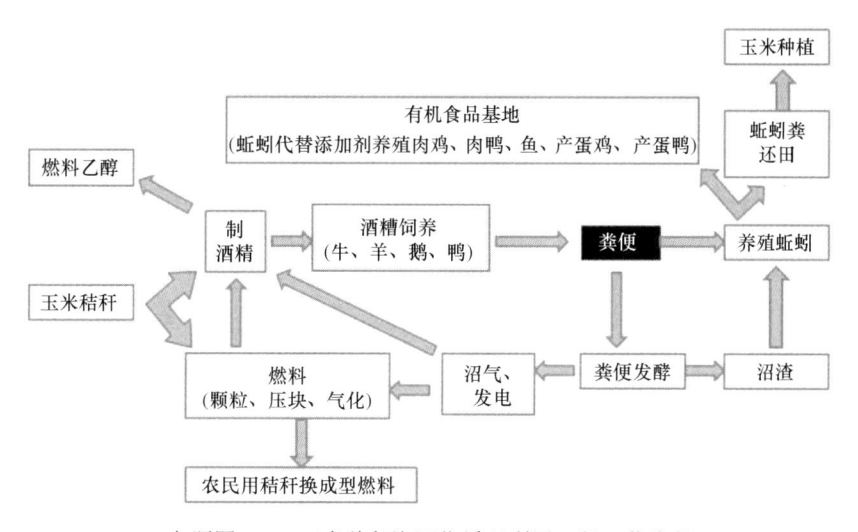

专题图 2-5 玉米秸秆资源化循环利用工程工艺流程

玉米秸秆资源化循环利用工程突破了沼气有效利用难、秸秆固体燃料销售难、清洁能源入户难的三大瓶颈,上道工序生产的产品是下道工序的原料,产品内部循环,成本显著下降。沼气生产的电力用于生产秸秆固体燃料,每吨压块成本仅为200元,秸秆产于农村且用于农村,用秸秆固体燃料代替煤烘干粮食、蔬菜,节省燃料成本60%以上,实现了节能减排目标,给粮食和蔬菜烘干企业带来显著的经济效益。通过推广清洁能源入户工程,农民用3t秸秆兑换1t秸秆固体燃料,一户农民一冬节省燃料费用1500~2000元,给农民带来实惠的同时也净化了农村生活环境。

玉米秸秆循环产业工程消除了玉米秸秆焚烧带来的空气污染、火灾隐患等对环境的负面影响,实现了零排放,改善了生态环境。用秸秆燃料代替煤炭烘干农产品,实现节能减排和农业可持续发展,有利于促进资源节约型、环境友好型社会进步和社会主义新农村的文明建设。

2. 案例分析

以吉林省四平市梨树县应用"大宽窄行"玉米秸秆覆盖全程机械化种植技术为例,探讨试图通过创新秸秆还田技术解决秸秆焚烧废弃问题的经验与做法。

梨树县地处吉林省西南部,年平均降水量为577.2mm,属干旱半干旱气候,是我国典型的雨养农业区。该县玉米种植面积大,秸秆废弃和焚烧问题较严重。2015年全县农作物种植面积为24.24万hm^2,其中玉米种植面积为21.69万hm^2;粮食总产量为215万t,其中玉米总产量为209万t。全县玉米秸秆年产量为380万t左右,其中30%直接或过腹还田,20%作为农户燃料,10%用作工业原料或其他用途,约40%的秸秆未被利用。剩余的秸秆大都堆弃在村屯周围和沟渠中,或在田间被焚烧,造成严重的环境污染和资源浪费。

梨树县常规的玉米种植采用等行距(60mm)垄作,玉米机收后,大量被切断的秸秆覆盖在地表,冬季很难腐解,影响第二年春播。为了春季顺利播种,在整地(分为秋整地和春整地)前需要将秸秆收集离田或就地焚烧。

自2004年起,由梨树县农业技术推广总站王贵满研究员牵头,结合保护性耕作,开展玉米种植的耕作改制,即将旋耕改为免耕,将垄作改为平作,将等行距种植改为宽窄行(宽行80mm、窄行40mm。对应下文"大宽窄行",在此将其简称为"小宽窄行")种植。与常规大田垄作相比,"小宽窄行"免耕种植未改变原有的种植行数和种植密度,减少了旋耕、整地等农机作业环节,同时具有显著的蓄水保墒能力和边行优势,节本、增产效果明显,农民易接受。2015年,全县玉米"小宽窄行"免耕种植面积达到8万hm^2,占全县玉米种植总面积的36.88%。

玉米"小宽窄行"种植虽然有效地推动了梨树县以免耕为主要措施保护性耕作的发展,但未能有效地解决秸秆覆盖还田的问题。玉米机收后,秸秆仍会覆盖整个田面,春季免耕直播之前,需要将秸秆收集离田或就地焚烧。

从2007年起,由中国科学院沈阳应用生态研究所张旭东研究员牵头,在借鉴美国、加拿大等国家保护性耕作经验(美国玉米生产绝大部分采用76mm等行距播种)的基础上,先后在梨树县中部黑土区的梨树镇高家村、西北部风沙区的林海镇揣家洼村和四棵树乡付家街村布设了3个"玉米秸秆覆盖全程机械化生产技术"试验研究基地,面积为55hm^2。经过9年的试验研究,初步形成了等行距的玉米秸秆覆盖全程机械化生产技术体系。其技术要点为：玉米机收后秸秆全量覆盖地表；春季等行距70mm免耕直播，秸秆清理、开沟、施肥、播种、覆土、镇压等工序一次完成；播种、灭草、防治病虫害、喷施叶面肥、收获等生产环节全程机械化。试验研究表明，该技术体系在蓄水保墒、提高耕层有机质含量、改善土壤生理性状、减少风蚀、节约成本、提高产量等方面具有显著的成效。更为难得的是，结合等行距的玉米秸秆覆盖全程机械化生产技术试验研究，由中国科学院东北地理与农业生态研究所关义新研究员牵头，会同梨树县康达农业开发有限责任公司共同研制了"康达牌"免耕播种机，其性能在国内领先，可以替代进口产品。同期，由梨树县农业技术推广总站王贵满研究员牵头，在梨树县和周边地区示范推广等行距的玉米秸秆覆盖全程机械化生产技术。多年多个示范点的技术应用结果表明，较常规大田垄作，其玉米生产成本降低10%以上，单产提高8%以上。根据吉林省农业委员会组织专家的验收结果，梨树镇高家村玉米秸秆覆盖全程机械化生产示范田（等行距70mm种植）平均单产达到12 855.5kg/hm²，比对照（等行距60mm垄作）11 510.1kg/hm²增产11.7%。

虽然等行距的玉米秸秆覆盖全程机械化生产技术成熟，配套秸秆覆盖免耕直播机械，又有农技人员的努力推广，但直到2015年，该技术在梨树全县的推广面积只有0.53万 hm²。究其原因：一是农户承包地块偏小，"玉米秸秆覆盖全程机械化生产技术"采用70mm等行距种植，比常规玉米种植行距60mm增加10mm，在同等宽的地块内减少了种植行数，并有可能在地块边缘出现"丢垄"现象；二是大量秸秆覆盖在地表，影响土壤春季升温，延迟播种期；三是与单纯的免耕播种相比，玉米秸秆覆盖免耕播种会增加农机作业难度和作业成本。

针对"小宽窄行"免耕种植和等行距"玉米秸秆覆盖全程机械化生产技术"存在的主要问题，自2013年起，梨树县在梨树镇高家村、八里庙村和蔡家镇蔡家村3个基地开展了"大宽窄行"玉米秸秆覆盖全程机械化种植（简称"大宽窄行"种植）技术试验研究和示范推广。2015年，3个基地的示范种植面积达到120hm²。

（1）技术要点

"大宽窄行"种植是相对"小宽窄行"种植而言的，即将宽行由80mm改为120~140mm，窄行由40mm改为40~60mm。该种植模式包含了秸秆全量覆盖还田、免耕直播、土壤深松、全程机械化作业等技术要点。具体做法如下：①秋季玉米机收后，被切断的玉米秸秆覆盖在窄行内和种植行两侧共计约120mm宽的条带内，宽行中间约60mm的条带内基本无秸秆覆盖。②宽行中间基本无秸秆覆盖的条带，秋季深松，次年春季免耕直播两行玉米（行距40~60mm），开沟、施肥、播种、覆土、镇压等工序一次完成。③覆盖在地表（即次年的宽行中）的玉米秸秆，经过全年尤其是整个夏季的腐解，全部转化为有机肥，并混入表层土壤，从而为下一年的玉米播种预留了空间。

（2）技术优势

"大宽窄行"种植既承接了"小宽窄行"免耕种植和等行距"玉米秸秆覆盖全程机械化生产技术"的优点，包括全程机械化作业、秸秆全量覆盖还田、蓄水保墒、增加土壤有机质、减少风蚀等，又避免了后两者各自的不足。同时，与"小宽窄行"免耕种植和等行距"玉米秸秆覆盖全程机械化生产技术"相比，"大宽窄行"种植还具有如下优点：一是在180mm（宽行距+窄行距）的条带内，双行玉米在左右两侧隔年轮换种植，每年的宽行中间条带相当于休耕,且被秸秆覆盖,起到种地与养地相结合的作用。二是与"小宽窄行"种植相比,宽行通风、透光效果更佳,边行优势更明显。三是在同等宽的地块内,种植行数减少 1/3,农机作业强度、作业成本及化肥施用量都相应下降。2015年,卢伟农机农民专业合作社 100hm^2 玉米通过实行"大宽窄行"种植,平均每公顷减施复合肥 100kg。

"大宽窄行"种植在减少种植行数的情况下,将株距由常规大田种植的 26mm 左右缩短为 20mm 左右,玉米种植密度维持在 6 万株/hm^2 左右,比常规大田垄作种植密度 6.8 万~7 万株/hm^2 略有下降。但试验结果表明,"大宽窄行"种植行数的减少和种植密度的下降并没有导致玉米减产,反而在其充分发挥边行优势、蓄水保摘、"休耕"养地等因素的作用下,达到增产的效果。根据吉林省农业委员会组织专家的验收结果,梨树镇八里庙村的"大宽窄行"(120mm:60mm)种植示范,玉米单产达到 11 827.4kg/hm^2,比对照(等行距 60mm 垄作)10 689.2kg/hm^2 增产 10.6%。

"大宽窄行"种植可与目前的常规大田等行距 60mm 垄作和"小宽窄行"免耕直播实现无缝连接,没有因种植行数的减少和种植密度的下降而减产,没有因秸秆全量覆盖还田而增加玉米播种的农机作业难度,农民和农机手都易于接受,有望规模化推广。

(三)海河流域"两年三熟"耕作制度改革探讨

耕作制度是指一个地区或生产单位的作物种植制度,以及与之相适应的养地制度的综合技术体系,是人类在适应自然、利用和改造自然,发展农业中形成的一种相对稳定的土地耕种利用方式。耕作制度主要包括种植制度和农田土壤管理制度两大方面。耕作制度改革主要是指种植制度中关于农作物熟制的改革。农作物熟制指一定时间内,作物正常生长收获的次数。一年内作物正常生长,只收获一次的,叫一年一熟制,依次类推。

农作物熟制是影响我国秸秆收集利用的一项重要影响因素。在多熟制的粮食主产区和经济发达地区,由于茬口过紧,秸秆便捷处理设施不配套,农民收集处理秸秆的难度大,焚烧秸秆现象时有发生,且屡禁不止。实践表明,在适宜的地区通过适当调整农作物熟制,既可解决由于茬口过紧造成的秸秆焚烧问题,又可有效地减少耕作对水资源和土壤肥力的消耗,具有良好的生态环境效益。本研究拟以一年两熟制的海河流域为例,从耕作制度改革的角度,探讨在该地区实行两年三熟制对于提高秸秆资源利用率、土地休耕、节水等方面的可行性。

1. 海河流域耕作制度现状

海河流域位于我国北方半干旱、半湿润气候区,包含天津、北京、河北、山西、山东、河南、内蒙古和辽宁 8 个省(自治区、直辖市)的全部或部分地区,流域面积 31.8 万 km^2,人口约 1.5 亿。海河流域地处我国心脏地区,是全国政治、经济、文化的中心,与此同时,也是我国主要的粮棉油产区。流域内人口密集,水资源短缺问题十分突出,是全国七大江河流域中人均水资源量最少的流域,人均水资源可用量不足 300m^3,仅为全国平均水平的 1/7 和世界平均水平的 1/27,是全国甚至全球人均水资源量最为紧缺的地区，也是我国水资源与人口、耕地组合极不平衡的地区。据有关研究预测，在未来气候变化影响最不利的情景下，整个海河流域将呈现极端脆弱的状态。

目前，海河流域的农作物熟制经过演变，基本上稳定为以一年两熟为主体的熟制体系。以河北省为例，其熟制类型在1949年以来经历了由一年一熟向两年三熟、两年三熟向一年两熟的变化过程。1949~1957年由一年一熟向一年两熟过渡，作物布局上稳定发展小麦和玉米。1958年至20世纪60年代初，由于盲目追求高产，作物布局上过分发展薯类和水稻，出现了两年三熟向一年一熟的倒退。60年代中期至70年代末，盲目发展粮食，小麦、玉米猛增，棉花减少，熟制上由两年三熟向一年两熟和一年三熟发展。80年代以来，通过调整作物布局，实现东棉西粮的区域化种植，逐步完善了以一年两熟为主的熟制体系（杨金深等，2000）。

2. 海河流域耕作制度改革的必要性和可行性

耕作制度变化是经济需求与技术进步共同作用的结果。当前，农业发展进入新阶段，可持续农业成为耕作制度演变发展的新趋势。在种植制度方面，也由以增加粮食产量和提高土地利用率为目标的常规种植制度，向侧重于环境保护、低投入的可持续种植制度转变。单纯以追求数量为主的农业增长方式已不能适应新的形势，必须转向以质量和效益为主。海河流域是我国农业生产中面临各种效益冲突的典型区域，有限的水、肥、耕地资源能否可持续利用直接关系到该区乃至全国农业的可持续发展。在当前的自然、社会经济和技术条件下，发展与之相适应的耕作制度是实现该区域农业资源高效利用和可持续发展的重要途径。因此，从资源合理高效利用和可持续发展角度考虑，尝试在该区域开展两年三熟制改革，可为我们探索构建资源节约、高效利用的种植制度，解秸秆焚烧之困提供理论基础和实践依据。

（1）两年三熟制改革有利于提高秸秆利用率

在我国一年两熟、一年三熟制区域，上一季农作物收割与下一季农作物播种、插秧仅间隔1~2天，普遍存在茬口过紧的问题。为了抢农时，种植者必须在很短的时间内把上一茬产生的秸秆"处理"掉，以免影响到后茬作物的耕作。在以一年两熟制为主的海河流域，若尝试在条件成熟的地区将一年两熟制逐步转变为两年三熟制，将有利于从根本上解决由于茬口过紧、抢农时造成的秸秆焚烧问题。

（2）两年三熟制改革可有效节约水资源

试验表明，在保障粮食安全的前提下，适当减少农作物熟制可有效节约水资源。以北京为例，赵华甫等（2008）通过对该地区作物水分利用效率、降水耦合度和灌溉定额的综合分析发现，喷灌条件下和常规灌溉条件下春玉米一熟制均比冬小麦-夏玉米两熟制节水。2006~2008年，北京市平原区的8个区县和邻近北京市的河北省平原区5个县，每年实行春玉米一熟制可比冬小麦-夏玉米两熟制节水7500万 m^3 以上。同样，河北省吴桥县的试验也表明（王海霞，2011），与一年两熟和一年一熟相比，两年三熟最为省水。此外，综合考虑经济效益、用水效益、产投比等因素发现，适合该地区的种植模式为一年两熟制的冬小麦-夏玉米、春棉花单作及两年三熟制的春玉米-冬小麦-夏玉米。研究者进一步指出，考虑到该区严重缺水的现实，春玉米-冬小麦-夏玉米两年三熟模式可能是未来较佳的熟制选择。因此,在条件成熟的地区尝试进行两年三熟制改革,符合水资源严重短缺的海河流域节约利用水资源的现实需求。

(3) 两年三熟制改革有助于实现"藏粮于地"

"十三五"规划建议提出:"坚持最严格的耕地保护制度,坚守耕地红线,实施藏粮于地、藏粮于技战略,提高粮食产能,确保谷物基本自给、口粮绝对安全。"在确保粮食等主要农产品综合生产能力稳步提高的前提下,科学合理地对土地用养结合,提高土壤肥力,保护好农业资源和生态环境,有利于农田生态系统的可持续发展,实现生产稳定发展、资源永续利用、生态环境友好。在海河流域条件适宜的地区实行小麦种植两年三熟的耕作方式,有利于实现土地休养生息,变"吃干榨尽"为"藏粮于地"。

(4) 两年三熟制改革符合农民兼业增收的需要

农业比较效益低、生产周期长、风险性强。尤其是在海河流域这样水资源短缺、经济发展水平较高的地区,农业面临更多的发展瓶颈,农民依靠农业实现增收的难度较大。而合理调整种植制度可将农民从周期长、效益低的农业生产中解放出来,方便其从事各种形式的非农产业工作,满足其增收致富的客观需要(赵华甫等,2008)。尤其是对于北京、天津等大中城市来说,农业对于农民经济收益的意义将逐步减弱。

3. 种植制度调整的影响评价

河北、河南、山东是海河流域的粮食主产区,也是水资源最为紧缺的地区,其耕作制度调整对海河流域粮食生产、资源环境的影响至关重要。目前,该区域小麦、玉米产量占全国的比重分别为 9%、15%和 12%,小麦灌溉用水量分别为 2934m^3/hm^2、3026m^3/hm^2和 2319m^3/hm^2,秸秆资源量均在 4000 万 t 以上(专题表 2-5)。本研究假设在其他条件不变的情况下,部分推行两年三熟种植制度,探讨在不同情形下推行两年三熟制度对粮食安全、资源节约和农民收入的影响(专题表 2-6~专题表 2-9)。

专题表 2-5　海河流域粮食主产区主要粮食生产、资源量及农民收入基本情况

区域	小麦播种面积(10^3hm^2)	单产(kg/hm^2)	玉米播种面积(10^3hm^2)	单产(kg/hm^2)	小麦、玉米产量占全国比重(%)	小麦灌溉用水量(m^3/hm^2)	小麦秸秆资源量(万t)	玉米秸秆资源量(万t)	农民人均收入(元)
河北	2336.7	6107	3170.9	5269	9	2934	2201	2009	5682
河南	5406.7	6157	3283.9	5274	15	3026	3655	2258	4627
山东	3740.2	6053	3126.5	6360	12	2319	2267	2360	7232

数据来源:农业部

专题表 2-6　情形一状态下粮食产量、资源量及农民收入变化

区域	小麦、玉米产量变化(%)	产量占全国比重变化(%)	节水量(亿t)	秸秆资源量变化(万t)	农民人均收入增加(元)
河北	−5.42	−0.43	8.57	−263	145
河南	−8.01	−1.38	20.45	−443	243
山东	−6.36	−0.35	10.84	−269	221

注:农民收入变化主要包括两方面:①小麦休耕补贴 500 元/亩;②第二年玉米产量提高获得的收入,价格按照 1 元/斤计算。因不种小麦而投入成本减少和外出打工等工资性收入未计算在内。下同

专题表 2-7　情形二状态下粮食产量、资源量及农民收入变化

区域	小麦、玉米产量变化（%）	产量占全国比重变化（%）	节水量（亿t）	秸秆资源量变化（万t）	农民人均收入增加（元）
河北	−10.84	−0.92	17.14	−525	290
河南	−16.02	−2.57	40.89	−886	486
山东	−12.72	−1.14	21.68	−537	443

注：数据测算依据同上

专题表 2-8　情形三状态下粮食产量、资源量及农民收入变化

区域	小麦、玉米产量变化（%）	产量占全国比重变化（%）	节水量（亿t）	秸秆资源量变化（万t）	农民人均收入增加（元）
河北	−5.08	−0.40	8.57	−250	149
河南	−7.80	−1.35	20.45	−429	250
山东	−6.07	−0.32	10.84	−254	228

注：数据测算依据同上

专题表 2-9　情形四状态下粮食产量、资源量及农民收入变化

区域	小麦、玉米产量变化（%）	产量占全国比重变化（%）	节水量（亿t）	秸秆资源量变化（万t）	农民人均收入增加（元）
河北	−10.17	−0.86	17.14	−500	298
河南	−16.59	−2.50	40.89	−857	500
山东	−12.14	−1.07	21.68	−508	457

注：数据测算依据同上

情形一：假设调减 25%的小麦播种面积实行两年三熟，耕作方式为"冬小麦-夏玉米-春玉米"，同时，调减后春玉米单产提高 5%。该情形下影响评估结果如专题表 2-6 所示：一是该区域小麦、玉米产量变化大约为 5%，产量占全国的比重变化较小，可见该种植制度对粮食安全的影响甚微。二是由于小麦种植需要大量灌溉用水，调减 25%的小麦播种面积后，可以节约水资源，尤其是对河北地下水超采有一定的缓解，河北节水 8.57 亿 t，河南节水 20.45 亿 t，山东节水 10.84 亿 t。三是该情形下，小麦播种面积减少了，使秸秆资源量减少，同时，种植间隔时间拉长，有利于秸秆有效还田，增加了土壤有机质，避免了秸秆焚烧问题。四是该情形下，根据现行政策，休耕补贴为 500 元/亩，对下一季玉米产量提高有帮助，能够适当增加农民收入，同时，调减小麦播种面积减少了投入成本，农民还可以外出打工增加工资性收入等，有利于促进农民增收，根据测算农民人均增收 145~250 元。

情形二：假设调减 50%的小麦播种面积实行两年三熟，耕作方式为"冬小麦-夏玉米-春玉米"，同时，调减后春玉米单产提高 5%。该情形下影响评估结果如专题表 2-7 所示：一是该区域小麦、玉米产量变化大约为 10%，产量占全国的比重为 0.92%~2.57%，可见该种植制度对粮食安全的影响不大。二是由于小麦种植需要大量灌溉用水，调减 50%的小麦播种面积后，可以节约水资源，尤其是对河北地下水超采有一定的缓解，河北节水 17.14 亿 t，河南节水 40.89 亿 t，山东节水 21.68 亿 t。三是该情形下，小麦播种面积减少了，使秸秆资源量减少，同时，种植间隔时间拉长，有利于秸秆有效还田，增

加了土壤有机质，避免了秸秆焚烧问题。四是该情形下，根据现行政策，休耕补贴为500元/亩，对下一季玉米产量提高有帮助，能够适当增加农民收入，同时，调减小麦播种面积减少了投入成本，农民还可以外出打工增加工资性收入等，有利于促进农民增收，根据测算，农民人均增收290~500元。

情形三：假设调减25%的小麦播种面积实行两年三熟，耕作方式为"冬小麦-夏玉米-春玉米"，同时，调减后春玉米单产提高10%。该情形下影响评估结果如专题表2-8所示：一是该区域小麦、玉米产量变化大约为5%，产量占全国的比重为0.32%~1.35%，可见该种植制度对粮食安全的影响很小。二是由于小麦种植需要大量灌溉用水，调减50%的小麦播种面积后，可以节约水资源，尤其是对河北地下水超采有一定的缓解，河北节水8.57亿t，河南节水20.45亿t，山东节水10.84亿t。三是该情形下，小麦播种面积减少了，秸秆资源量减少，同时，种植间隔时间拉长，有利于秸秆有效还田，增加了土壤有机质，避免了秸秆焚烧问题。四是该情形下，根据现行政策，休耕补贴为500元/亩，对下一季玉米产量提高有帮助，能够适当增加农民收入，同时，调减小麦播种面积减少了投入成本，农民还可以外出打工增加工资性收入等，有利于促进农民增收，根据测算，农民人均增收149~250元。

情形四：假设调减50%的小麦播种面积实行两年三熟，耕作方式为"冬小麦-夏玉米-春玉米"，同时，调减后春玉米单产提高10%。该情形下影响评估结果如专题表2-9所示：一是该区域小麦、玉米产量变化为10%~17%，产量占全国的比重变化为0.86%~2.50%，可见该种植制度对粮食安全的影响不大。二是由于小麦种植需要大量灌溉用水，调减50%的小麦播种面积后，可以节约水资源，尤其是对河北地下水超采有一定的缓解，河北节水17.14亿t，河南节水40.89亿t，山东节水21.68亿t。三是该情形下，小麦播种面积减少了，使秸秆资源量减少，同时，种植间隔时间拉长，有利于秸秆有效还田，增加了土壤有机质，避免了秸秆焚烧问题。四是该情形下，根据现行政策，休耕补贴为500元/亩，对下一季玉米产量提高有帮助，能够适当增加农民收入，同时，调减小麦播种面积减少了投入成本，农民还可以外出打工增加工资性收入等，有利于促进农民增收，根据测算，农民人均增收298~500元。

五、需要支撑的科技工程

（一）高标准农田建设工程

以高标准农田建设为平台，整合新增建设用地土地有偿使用费、农业综合开发资金、现代农业生产发展资金、农田水利设施建设补助资金、测土配方施肥资金、大型灌区续建配套与节水改造投资、新增千亿斤粮食生产能力规划投资等，统筹使用资金，集中力量开展土地平整、农田水利、土壤改良、机耕道路、配套电网林网等建设，统一上图入库，到2020年建成8亿亩高标准农田。加快实施《全国高标准农田建设总体规划》《全国新增千亿斤粮食生产能力规划》，实施"藏粮于地"战略，开展粮食生产功能区划定，优先将水土资源匹配较好，相对集中连片的小麦、水稻田划定为粮食生产功能区。探索建立棉油糖、果菜茶等重要农产品生产保护区。支持粮食主产区建设核心区，优先在粮食主产区建设高标准口粮田。抓好东北黑土地退化区、南方土壤酸化区、北方土壤盐渍化区综合治理,保护和提升耕地质量。有计划地分片推进中低产田改造,改善农业生产条件,增强抵御自然灾害的能力。探索建立有效机制,鼓励金融机构支持高标准农田建设和中低产田改造,引导各类新型农业经营主体积极参与。按照"谁受益、谁管护"的原则,明确责任主体,建立奖惩机制,落实管护措施。

(二)精准施肥推进工程

以减少农业面源污染、农业提质增效、农民增收为落脚点,以配方肥推广和施肥方式转变为重点,因地制宜地统筹安排取土化验、田间试验示范等基础工作,立足粮棉油等主要作物,扩大经济园艺作物测土配方施肥的实施范围,开展多种形式的测土配方施肥信息指导服务和新型经营主体精准施肥示范,加强宣传培训,结合新型职业农民培训,加强新型经营主体的培训力度,全面增强农民精准施肥意识。加强院校合作等形式,强化技术支撑,把各项关键技术落实到位,着力提升精准施肥技术水平。坚持政府引导、农民主体、企业主推、社会参与,创新实施方式,充分调动推广人员、科研人员、教学人员、企业和农民等各方的积极性,构建合力推进的长效机制。加强数据库的建设和分析,注重资料的收集整理,总结归纳成功经验,强化成果运用。

(三)高效节水灌溉工程

全面贯彻《国家农业节水纲要(2012—2020年)》要求,落实各级政府的责任,把发展节水灌溉上升为国家战略,列入各级政府的重要工作内容,把灌溉水有效利用系数作为考核指标纳入政府考核体系。加强各级水利、发改、财政、国土、农业等部门合作,整合部门力量和资金渠道,形成共同促进节水灌溉发展的工作格局。加强农业节水法规制度建设,尽快制定《农田水利条例》,建立和完善水权制度,全面实行用水总量控制和定额管理制度,为持续健康发展节水灌溉提供法律保障。积极落实民办公助、以奖代补等政策,加强技术服务,调动农民节水的积极性,引导农民和各种社会主体参与节水灌溉工程建设。

因地制宜,分区施策,加大规模化推进力度,打好区域节水灌溉战役。充分考虑区域水土资源状况、农业发展布局和主体功能区划,进一步完善、细化各类节水灌溉规划,合理确定发展目标和工程布局。抓好东北四省(区)节水增粮行动,扎实推进西北节水增效、华北节水压采、南方节水减排等前期工作,加大实施力度。西南五省(区)要结合"五小水利"工程建设,大力推进集雨节灌工程建设。水稻主产区在大力推广"浅、薄、湿、晒"控制灌溉技术的同时,因地制宜地积极推广管道输水灌溉。

按照建管并重原则,明确管理体制和运行机制,明晰工程产权归属,落实管护主体、责任、制度和经费,促进节水灌溉工程长效运行。积极探索社会化和专业化相结合的管理模式,特别是要大力扶持农民用水合作组织、抗旱服务队、灌溉公司等专业化管理和服务组织,提高其服务能力和水平,切实发挥其在工程建设、运行维护、水费计收等方面的作用。

完善节水灌溉机械设备购置补贴政策，进一步扩大节水、抗旱设备补贴范围。制定相关办法，进一步明确节水灌溉工程运行管理费用财政补贴政策。制订高效节水灌溉产品减免增值税和降低进出口关税等优惠政策，加大对高效节水灌溉生产企业高新技术改造投入，鼓励企业进行技术改造。加大财政贴息力度和贷款支持力度，鼓励农业企业、种植大户、农业合作组织积极利用贷款，发展高效节水灌溉。完善以奖代补、先干后补等政策，充分调动受益群众的积极性，引导农民群众自愿投工投劳参与节水灌溉工程建设。

（四）秸秆资源化循环利用工程

围绕秸秆肥料化、饲料化、基料化、原料化和燃料化等领域，实施秸秆综合利用试点示范，大力推广用量大、技术含量和附加值高的秸秆综合利用技术，实施秸秆机械还田、青（黄）贮饲料化利用，实施秸秆气化集中供气、供电和秸秆固化成型燃料供热、材料化致密成型等项目，通过推动产业化发展拓宽秸秆利用渠道，推行秸秆机械化还田作业和留茬高度等标准，促进秸秆就地还田或应收尽收。探索建立有效的秸秆田间处理、收集、储存及运输系统模式。加快建立以市场需求为引导，以企业为龙头，以专业合作经济组织为骨干，农户参与，政府推动，市场化运作，多种模式互为补充的秸秆收储运管理体系。积极扶持秸秆收储运服务组织发展，建立规范的秸秆储存场所，促进秸秆后续利用；支持秸秆代木、纤维原料、清洁制浆、生物质能、商品有机肥等新技术的产业化发展，完善配套产业及下游产品开发，延伸秸秆综合利用产业链。

（五）政策建议

1. 加强体制机制创新，转变发展方式

国家有关部门需大力推进体制机制创新，完善有利于种植业发展的政策和法律体系，加快建立绿色的国民经济核算体系，建立与发展绿色种植业相一致的价格体系，建立与完善鼓励生产和使用节约农业资源及环保型产品的财政税收政策，扶持绿色产业和农业资源节约型、环境友好型企业发展，充分运用好监督手段，加强执法监督，积极推动有利于节约农业资源和保护农业生态环境的法律贯彻实施。尽快制定绿色种植业发展规划，重点在农业资源的节约与高效利用、农业废弃物的资源化利用、农业产业链延伸过程中的清洁生产等方面，提出未来数年种植业绿色发展的思路、途径、目标和模式，以及相关的工程措施、重点支持领域与保障体系。编制节水、节地、节肥、节劳、节本与农业资源综合利用等专项规划，提出发展目标、重点和政策措施，并纳入长期农业发展规划。在农业清洁化生产的技术链接、绿色生产技术和农业资源多级转化、资源节约高效利用与废弃物的资源化技术、循环农业技术标准规范、农村生态小城镇建设技术、农村生活消费绿色技术等层面加大力度，开展整合与集成研究，建立完善的推动循环农业发展的技术创新体系与技术示范推广体系。

2. 加大投入，完善补偿机制

完善主产区利益补偿、耕地保护补偿、生态补偿办法，加快让农业获得合理利润，让主产区财力逐步达到全国或全省平均水平。优化农村金融生态环境，强化金融支持农业力度，通过扩大保险覆盖范围、调整保费负担关系、健全风险分散机制等手段，让农业保险真正成为惠及农户、保障产业、平衡利益的灾害补偿制度。

针对不同地区生态环境建设的需要，明确补偿环节和补偿主体，完善补偿标准和操作规范，探索补偿机制。紧密围绕保障粮食安全、生态安全、农产品质量安全等重大需求，按照"重点产品、重点区域、重点技术"的原则，选择一批资源节约型和环境友好型的农业新技术，采取对生产者直接补贴与间接补贴相结合的方式，探索建立农业技术补贴的有效机制。

3. 加强科技支撑，促进产业升级

转变发展方式，需要坚持不懈抓，突出重点抓，确保取得实效。要大力实施"藏粮于地"战略，巩固提升产能，推进科技创新和技术集成创新，着力打造绿色增产模式攻关的升级版。要大力推进园艺作物提质增效，改良品种、改进品质、创建品牌，提升质量效益。要推进化肥、农药减量增效，深入开展化肥、农药使用量零增长行动，发展节水农业，节约资源，对环境友好，实现永续发展。不断提升科技创新能力，重点开发具有自主知识产权的新品种、新产品、新技术，提高自主创新能力。深化农业科研体制改革，把农业科研投入放在公共财政支持的优先位置，加大对农业生物技术、信息技术、食物生物工程技术等高技术的研发力度，加快农业技术推广体系改革和建设，提高农业机械化作业水平。

4. 发展绿色循环种植，推进美丽乡村建设

乡村美不美，坚持绿色发展是关键。推进美丽乡村建设，既要提高生态环境的承载能力，改善农村人居环境，更要拓展农民创业就业的空间、促进农民增收致富，实现生态与经济"双赢"。当前，虽然人们对生态环境的关注与日俱增，乡村工业的布局也在不断优化，但农村面源污染越来越严重。因此，要以美丽乡村建设为抓手，在推动乡村工业转型升级的同时，将农业农村节能减排工作纳入美丽乡村建设考核体系之中，通过对化肥、农药的减量，畜禽粪便、秸秆、农膜、生产和生活垃圾、污水等废弃物的处理利用，实施水肥一体化，有效治理农业面源污染，保护农业生态环境。要立足当地生态环境资源、农业生产条件，开发安全优质的农产品，大力推行"一控、两减、三基本"的新思路，走出一条符合当地实际的绿色循环农业发展之路，这是转变农业发展方式、实现农业现代化的最有效途径。

专题三

畜牧业发展方式转变与美丽乡村建设研究

一、中国畜牧业发展成就与潜力

养殖业在我国国民经济的发展中具有重要的战略意义，它是保障国家粮食安全、提升国民营养健康水平的重要途径，是转变农业发展方式、加快现代化建设的强劲引擎，是构建环境安全、公共卫生安全、生态文明的必然选择，是促进国民经济健康增长、维护社会稳定的有效手段。

（一）中国养殖业发展成就

改革开放以来，在市场需求、科技支撑和政策扶持等因素的共同作用下，我国养殖业持续高速发展，取得了巨大的成就。

1. 产量持续增长，保障了养殖产品的有效供给，给美丽乡村建设增加活力

2015年，肉类、蛋类、奶类和养殖水产品产量分别达到了8625万t、2999万t、3755万t和4962.1万t（专题表3-1）。1980~2015年，通过人工养殖获得的动物源性食品产量年均增长率高达7.2%，我国也因此成为世界养殖业大国。与2010年相比，我国肉蛋奶产量居世界第三，分别增加8.8%、8.6%和0.2%。此外，各种特种养殖产品，如蜂蜜、蚕茧等的产量也位居世界第一（专题表3-2）。养殖产品种类和数量的极大丰富，满足了人们对养殖产品多层次、多方面的需求，为保障我国食物安全和促进社会稳定与发展做出了重要贡献，极大地提高了国民的身体素质和健康水平，更为世界食物安全和社会稳定做出了重要贡献。

2. 养殖业地位逐步提升，促进了农业结构调整，增加了农民收入

改革开放之初，养殖业只相当于家庭的副业，可如今，随着养殖业地位的逐步提升，养殖业已成为农业的支柱产业。2014年，我国养殖业总产值达到了39 290.6亿元（其中畜牧业总产值28 956.3亿元，渔业总产值10 334.3亿元），所占比重从1980年的20.1%逐步提升到2014年的38.4%，极大地促进了农业结构的优化调整（专题表3-3）。1980~2014年，养殖业总产值增长迅速，年均增长率达到了14.6%，接近国内生产总值15.6%的年均增长率，远远超过农业总产值12.4%的年均增长率和种植业总产值11.3%的年均增长率。养殖业如此迅猛的发展，也带动了种植业的快速发展和结构调整。养殖业成本的70%来自于饲料，而随着饲料产业的稳步增长，对饲料粮的需求也日益加大，目前，我国饲料用

专题三执笔人：李德发　藏建军　范润梅　贾伟　马学海。

粮约占40%。在饲料用粮的拉动下，粮食的种植由满足人类食用为主，开始逐渐向同时满足人类食用和饲料加工为主转变，促进了农业经济结构深层次的调整。

专题表3-1　1980~2015年我国养殖业产品产量　　（单位：万t）

年份	肉类	蛋类	奶类	养殖水产品
1980	1205.4	256.6	136.7	167.9
1985	1926.5	534.7	289.4	362.6
1990	2857.0	794.6	475.1	730.1
1995	5260.1	1676.7	672.8	1662.3
2000	6013.9	2182.0	919.1	2236.8
2005	6938.9	2438.1	2864.8	2943.8
2006	7089.0	2424.0	3302.5	3117.8
2007	6865.7	2529.0	3633.4	3278.3
2008	7278.7	2702.2	3781.5	3412.8
2009	7649.7	2742.5	3677.7	3621.7
2010	7925.8	2762.7	3748.0	3828.8
2011	7965.1	2811.4	3810.7	4023.2
2012	8387.2	2861.9	3875.2	4288.3
2013	8535.0	2876.1	3649.5	4541.6
2014	8706.7	2893.9	3841.2	4748.4
2015	8625.0	2999.0	3755.0	4962.1

资料来源：国家统计局，2015。2015年肉蛋奶数据来自网络，养殖水产品数据为测算数据

专题表3-2　2013年我国养殖产品产量占世界总产量的比重

种类	产量占世界比重（%）	世界排名	种类	产量占世界比重（%）	世界排名
肉类	27.4	1	养殖水产品	64.7	1
猪肉	47.9	1	奶类	5.3	3
禽肉	17.3	2	羊毛	22.1	1
羊肉	29.3	1	蜂蜜	27.1	1
蛋类	39.4	1	蚕茧	66.2	1

近年来，随着我国城镇化进程的推进，农村出现大量剩余劳动力进城打工的局面，留守农村的劳动力大多为老年人和妇女。而随着国家对农业的大力支持，养殖业的飞速发展和良好的经济效益，为留守农村的劳动力提供了很好的就业机会，也让一些进城务工的青壮年返乡，通过开展当地特色养殖业，获得良好的经济收入。《2015中国统计年鉴》数据显示，2014年全国人均养殖业收入占农民人均农业总收入的18.5%，一些牧区、渔业地区的渔民人均收入更是占到人均纯收入的50%及以上。

3. 丰富优质的动物源性食品不断增加，改善了国民的膳食营养结构，提升了人民身体素质

随着养殖业30多年来的不断发展，给人们提供了丰富、优质、健康的动物源性食品，满足了广大民众不仅要"吃得饱"，还要"吃得好"的需求，改善了国民的膳食营养结构，也极大地提升了民众的身体素质。1980~2014年，我国主要动物源性食品的人

均占有量大幅提升（专题图3-1），其中肉类食品依旧是我国人民的主要消费食品，人均占有量从1980年到2014年大幅上升，养殖水产品也增长迅速，在国民的动物源性食品消费中所占比重也越来越大。我国居民在每日人均蛋白质摄入量中，来自动物源性食品的摄入量由1978年的6.5g增加到2009年的37.0g，所占比重由12.6%增加到39.4%（数据来源于FAO）。

专题表3-3 1980~2014年我国农业总产值和构成

年份	绝对数（亿元）						构成（%）	
	农业总产值	种植业	林业	养殖业合计	畜牧业	渔业	种植业	养殖业
1980	1 922.6	1 454.1	81.4	387.1	354.2	32.9	75.6	20.1
1985	3 619.5	2 506.4	188.7	924.4	798.3	126.1	69.2	25.5
1990	7 622.1	4 954.3	330.3	2 377.6	1 967.0	410.6	65.0	31.2
1995	20 340.9	11 884.6	709.9	7 746.3	6 045.0	1 701.3	58.4	38.1
2000	24 915.8	13 873.6	936.5	10 105.7	7 393.1	2 712.6	55.7	40.6
2005	39 450.9	19 613.4	1 425.5	17 326.9	13 310.8	4 016.1	49.7	43.9
2006	40 810.8	21 522.3	1 610.8	16 054.4	12 083.9	3 970.5	52.7	39.3
2007	48 893.0	24 658.1	1 861.6	20 582.4	16 124.9	4 457.5	50.4	42.1
2008	58 002.2	28 044.2	2 152.9	25 787.0	20 583.6	5 203.4	48.4	44.5
2009	60 361.0	30 777.5	2 359.4	25 094.8	19 468.4	5 626.4	51.0	41.6
2010	69 319.8	36 941.1	2 595.5	27 248.1	20 825.7	6 422.4	53.3	39.3
2011	81 303.9	41 988.6	3 120.7	33 338.7	25 770.7	7 568.0	51.6	41.0
2012	89 453.0	46 940.5	3 477.1	35 895.4	27 189.4	8 706.0	52.5	40.1
2013	96 995.3	51 497.4	3 902.4	38 070.1	28 435.5	9 634.6	53.1	39.2
2014	102 226.1	54 771.5	4 256.0	39 290.6	28 956.3	10 334.3	53.6	38.4

资料来源：国家统计局，2015

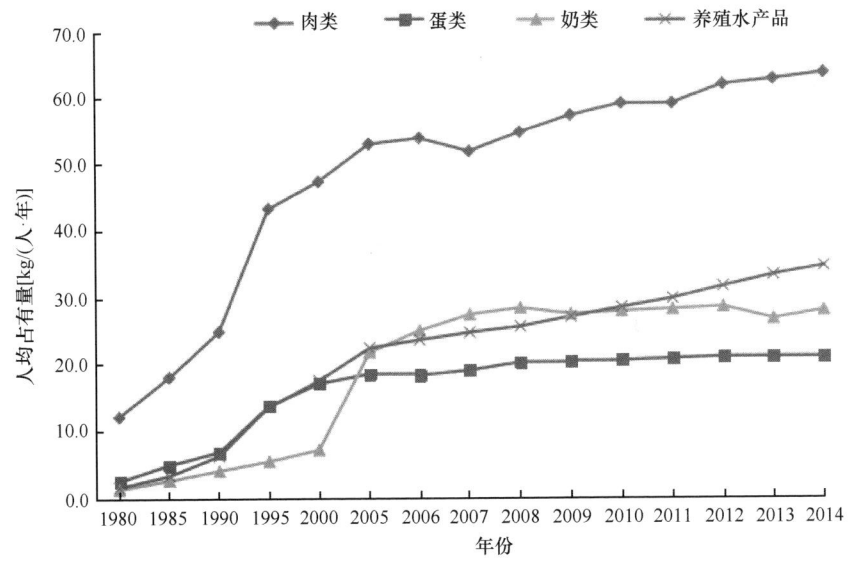

专题图3-1 1980~2014年我国主要动物源性食品人均占有量变化

4. 法制建设不断完善，科技支撑能力不断加强，有力地推动养殖业健康发展

改革开放以来，国家连续出台了一系列的法律及配套法规政策，不断地完善与养殖业相关的上游产业和下游产业的法制政策。2011年11月，国务院公布了修订后的《饲料和饲料添加剂管理条例》。农业部对相关配套规章和规范性文件进行了全面清理、归并、修订和增补，共制定发布《饲料和饲料添加剂生产许可管理办法》等5个部门规章，以及《饲料生产企业许可条件》等9个规范性文件，狠抓食品安全管理，从源头上杜绝出现质量安全问题，为养殖业的健康发展提供良好的保障。

1980~2014年30多年的时间中，我国动物源性食品产量7.4%的年均增长速度远远超出了同期粮食产量的增速，而养殖业的增产，更多地依靠科技创新和技术改革大幅提高生产效率。近年来，国家每年在农业上的科技投入不断加大，为养殖业的发展在财力上奠定了基础。随着商品猪和商品鸡舍环境工程技术、人工授精和胚胎移植技术、良种畜禽和水产养殖技术、配合饲料及饲料添加剂技术、饲用酶技术、微生态制剂高密度发酵技术、动物疫病防治技术等众多先进科技成果的推广应用，养殖业成为我国农业领域中科技推广最有效的产业。"十二五"期间，科技进步对畜牧业发展的贡献率已超过52%，对渔业的贡献率达到58%。科技支撑能力的不断增强，为养殖业的发展提供了有力保障。

5. 养殖业发展模式开始转变，适应美丽乡村建设的需要

我国养殖业已经进入由传统向现代转型的重要时期，由传统的分散养殖向适度规模的现代化养殖的转变是我国现代养殖业发展的必然趋势。以农户散养为主的传统养猪模式已经难以或无法满足消费者对产品数量、质量更高的需要，难以满足人们对养殖环境的要求，也无法适应疫病防治形势、饲料资源、水资源、环境资源的变化，难以适应现代化和稳定持续发展的要求。随着近些年养殖业的发展，畜产品结构、产业布局、规模结构的调整正在稳步推进，规模化养殖水平逐步提高，2015年，大约有500万养殖散户退出养殖业，全国养猪户减少到4000万户以下，整个畜牧业的规模化率为39.6%。从我国的实际情况出发，在生态文明建设的大背景下，小规模生态养殖现在以及将来必将作为我国适度规模养殖的重要补充部分，长期共存。近些年来，科研人员在基层实践中摸索出了多种形式的、可因地制宜的、可推广的生态循环养殖新模式，如稻田养鱼、玉米田养鹅、生态放养等。

很多地区根据区域优势，加大产业化龙头企业引进建设力度，大力发展"养殖企业+种植大户""养殖企业+种植合作社"和"养殖企业+自有种植基地"等多种种养结合模式，形成"种植—养殖—沼气—种植"的闭合型农业产业链条，发展循环农业模式和生态农业模式，形成种植、养殖一体化经营模式，使养殖业产业链条的各个环节得以整合。

（二）中国养殖业发展潜力

中国养殖业虽然历经多年发展，但是市场还未开始整合，未来20年，我国养殖业将实现重大战略转型，在农业中率先实现现代化，成为保障食物安全和促进农民增收的支柱产业，成为促进国民经济协调发展的基础性产业。在人口增长、居民收入水平增加和城镇化进程加快的前提下,我国居民对养殖产品的需求将呈现刚性增长,消费需求空间仍然很大,具有很大的发展潜力。

1. 市场潜力

我国是人口大国,且人口持续增长。1980年我国人口为9.8亿人,2014年,人口总数增加到了13.7亿人。根据国家卫生和计划生育委员会及相关专家预测,我国人口总数将持续增加,2020年将达到14.5亿人,2030年将达到15亿人左右。随着二孩政策的放开,今后20年我国人口总数仍然保持稳步增长态势,因此,对养殖产品的需求也必然会持续增长。

改革开放以来,我国国民经济快速增长,人们生活水平日渐富裕,城乡居民收入也迅速增加,使得居民的消费水平不断提高,进而对养殖产品的需求量持续增加。1990年我国城镇人均收入为1510.2元,农村人均收入为686.3元,到2014年,城镇人均收入和农村人均收入分别达到了29 381元和9892元,城镇人均收入和农村人均收入的年增长率分别达到13.2%和11.8%。与此同时,我国城镇居民家庭的肉、蛋、奶、水产品等动物源性食品的人均消费量由1990年的44.8kg上升到2014年的74.5kg,年均增长2.1%,而农村居民家庭的动物源性食品的人均消费量由1990年的18.2kg上升到2014年的47kg,年均增长率为4%(专题图3-2)。"十二五"期间,国内生产总值、城镇居民可支配收入和农村居民人均纯收入的年均增长均为7%及以上,在这一趋势的影响下,未来20年我国仍将处于养殖产品消费量快速增长时期。

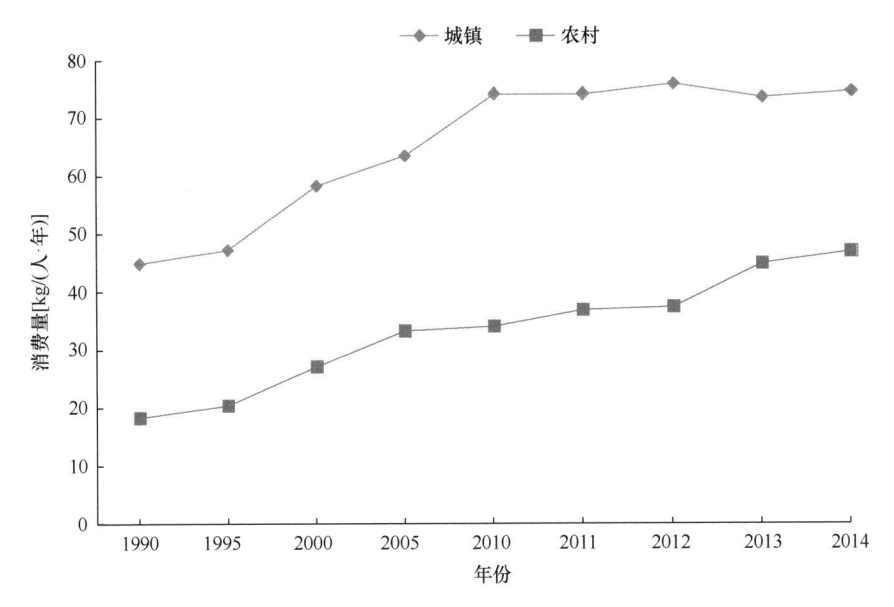

专题图3-2 1990~2014年我国城镇居民和农村居民动物源性食品消费量的变化

另外,从专题图3-3可以看出,近年来我国城镇化进度加快,2010年我国城镇人口和农村人口各占一半,之后农村人口持续减少,城镇人口持续增加,城镇化水平的不断提升,大大促进了养殖产品的消费增长。1990~2014年,我国城镇居民家庭的动物源性食品消费量均大于农村居民,大约为农村居民消费量的2倍。2014年,我国城镇化水平已达 54.7%，估计 2030 年前后城镇化率将达到 60%左右，不断增加的城镇人口将成为我国养殖产品需求新的增长点。

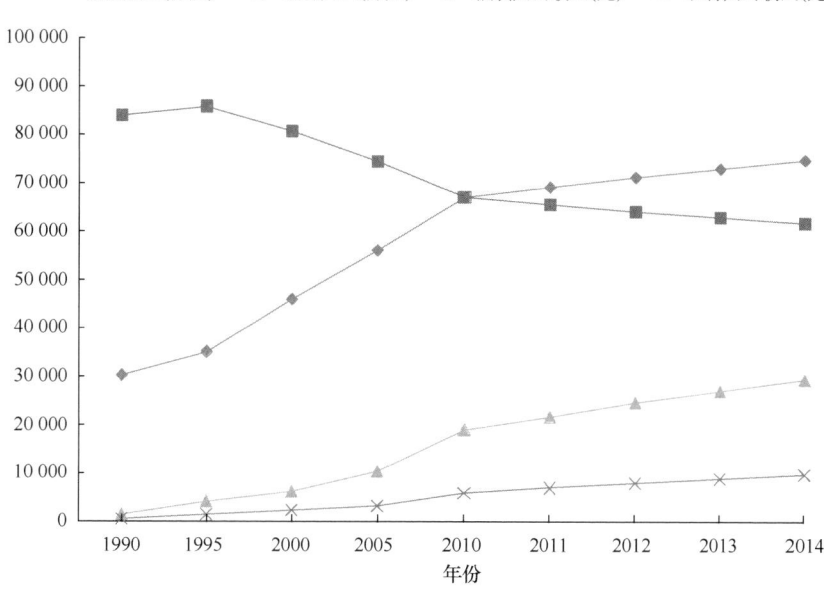

专题图 3-3　1990~2014 我国城镇和农村的人口数量和人均收入变化

根据我国养殖产品需求变化趋势，参考发达国家和地区，特别是和我国消费习惯相似的日本、韩国、新加坡等亚洲国家，未来我国膳食结构将呈现肉、蛋、奶、水产品和植物源性食品均衡发展的格局。其中，肉类人均年消费量最高可达 70~80kg，比目前消费量提高一半；奶类人均年消费量最高可达 90~100kg，是目前消费量的 4 倍，达到目前世界水平；蛋类人均年消费量最高为 20kg 左右，上升空间不大；水产品估计人均年消费量可达 60kg。

2. 科技潜力

在过去的 30 年时间里，我国养殖业的迅速发展，除了政策性的因素之外，主要源于科学技术的进步。每一次重大的科技进步，都对产业跨越式发展起到了引领和推动作用。我国养殖业的科技创新水平不断提高，对我国养殖业的贡献率逐步加大。改革开放以来，国家先后通过了 863 计划、科技支撑计划等公益性行业科研专项，启动了一批养殖业重大科技项目，建设现代畜牧业产业技术体系，在畜禽、牧草品种选育，饲料生产及安全，主要畜禽营养及饲养管理、产品标准和检验方法，草原建设和生态保护等方面进行了大量研究，获得了一批重要的科技成果。通过引进外来品种，发挥杂交优势，实现了对绝大部分地方品种的遗传改良，提高了畜禽的生产水平。其次是饲料配制技术的进步。改革开放后，中国动物营养科学与饲料加工技术研究取得了很大成就，研究制定了猪、肉禽、蛋禽、肉牛、奶牛、羊等主要畜禽的饲养标准，广大科技人员在进行科学研究的同时，把先进的饲料饲养技术送到千家万户。据推算，推广使用 1t 配合饲料可为养殖业增收 200 元，2005 年全国仅推广配合饲料一项为养殖业增加收入约 160 亿元。

养殖业技术的进步对中国改革开放以来社会经济稳定发展的贡献是巨大的。它不仅满足了中国人民对动物源性食品的需求，结束了凭票供应的历史，还节约了大量的粮食，巩固了国家粮食安全。以生猪为例，改革开放前，中国生猪养殖基本上是以农户散养地方品种为主，并大多采用"稀汤灌大肚"的饲喂方式，养殖水平十分低下，一头猪从出生到出栏需要一年之久，生产效率极其落后。改革开放后，优质猪种的引进、全价配合饲料的应用加上现代饲养管理技术的推广，以及配套畜舍环境条件的改善，使猪的出栏时间缩短到 5 个半月左右；生产 1kg 猪肉对粮食的消耗量从 5kg 降低到 3kg，只此一项，就使中国每年节省粮食近 1 亿 t，约相当于 2014 年中国粮食总产量的 20%。据粗略测算，目前科技进步对中国养殖业的贡献率达 55%，比"六五"期末的 34%提高了 21 个百分点。

虽然近些年来，我国养殖业科学技术进步明显，但与发达国家相比，仍然有一定的差距，科技综合实力在国际上总体处于中上水平。发达国家养殖业的科技进步贡献率在 70%以上，其中美国达到 80%以上；成果转化率在 60%以上，日本达到 75%以上，美国、英国等养殖业发达国家成果转化率已高达 90%以上。而 2011 年，我国总的成果转化率为 30%~40%。这些都是由一系列原因造成的，如科技投入与产值不适应、科技供给结果与需求结构不适应、科技研究与推动不适应等。但是，最近几年，中国在利用科学技术加快促进养殖业向布局区域化、规模化、品种良种化、生产标准化、经营产业化、社会服务化的转型升级方面取得了一系列进展。在畜禽遗传资源挖掘、新品种培育和改良、畜禽繁育技术方面，随着分子生物学技术的发展，动物遗传育种开始进入了以群体遗传学和数量遗传学理论为指导的分子育种水平，试图利用分子生物学的技术对家畜育种进行探测和改良，获得具有国际竞争力的育种新材料和新品种，全面提升我国畜禽育种的科技创新能力。

在解决畜牧业的环境污染方面，最近几年在国家政策的引导下和科技的支撑下，通过沼气制取、有机肥生产等废弃物综合利用等措施处理畜禽粪污，采取种植和养殖相结合的方式充分利用畜禽养殖废弃物，促进畜禽粪便、污水等废弃物就地就近利用。

《中国养殖业可持续发展战略研究（综合卷）》中建议我国尽快实施"养殖业科技创新重大工程"，以中央财政投入为主导，在整合现有资助项目的基础上进行扩大，重点开展科技创新工程、科技推广示范工程、创新人才培养工程和条件能力建设工程。包括动物种业科技创新专项、现代饲料保障科技创新专项、动物疾病防控科技创新专项、养殖生态修复与废弃物利用科技创新专项、养殖产品质量控制科技创新专项等。通过"养殖业科技创新重大工程"的实施，将大幅提升我国养殖业科技创新能力，持续攻克动物种业、食品安全、疾病防控、环境治理、养殖先进装备制造等关键科技瓶颈，到 2020 年，实现科技进步贡献率达 60%以上，科技成果转化率达 50%以上；到 2030 年，实现科技进步贡献率达 65%以上，科技成果转化率达 60%以上。形成具有国际领先水平的创新人才和创新团队不断涌现、国家养殖科技创新体系基本成熟、养殖创新成果大量产出并不断转化的局面，为未来我国养殖业的可持续发展提供强有力的科技支撑。

3. 资源潜力

畜禽品种资源、饲料资源、水产资源等是养殖业最重要的生产要素，也是关系养殖业可持续发展的关键因素。未来我国养殖业的健康发展，要充分挖掘和利用现有的各种资源。

(1) 品种资源

动物品种是推动养殖业发展最活跃、最重要的生产要素，是现代养殖业生产和可持续发展的物质基础。长期以来，我国在自主动物品种的培育方面在国际上一直处于劣势，每年要从国外大量引进畜禽良种。但是近些年在国家资金扶持和政策的引导下，我国现代畜禽种业不断发展，逐步建立了以原种场和资源场为核心、以扩繁场和改良站为支持、以质量检测中心为保障的畜禽良种繁育体系，遗传改良工作有效推进，监测能力不断提高，种畜禽质量明显提高。2013年，国家继续实施畜禽种质资源保护、畜禽良种工程等项目，加大基础设施投入和软件建设力度，不断完善畜禽良种繁育体系。

地方畜禽遗传资源得到保护。2013年，国家继续投入5320万元实施畜禽种质资源保护项目，在北京、江苏等29个省（自治区、直辖市）安排169个保护项目，加大对北京油鸡、鲁西黄牛等地方优良种质资源的保护。目前全国范围已遴选出74家国家生猪核心育种场，核心群种猪达12万头；成立了国家种猪遗传评估中心和华南、华中、华东等区域性种猪遗传评估中心，建立了武汉、广州、重庆等农业部种猪质量监督检验测试中心和山东等省级种猪质量监督检验测试中心；确立国家级猪遗传资源保种场、保护区50个。

上述政策的支持及推进，将不断推进我国自主动物品种资源的开发和应用，为养殖业的发展提供更多的物质保障。

(2) 饲料资源

饲料工业是联结种养的重要产业，为现代畜牧水产养殖业发展提供重要的物质支撑，为农作物及其生产加工副产物提供重要的转化增值渠道，与动物产品安全稳定供应息息相关。我国饲料工业起步于20世纪70年代中后期，经过约40年的快速发展，我国已成为全球最大的饲料生产国。2014年，我国工业饲料总产量为1.97亿t，配合饲料产量为1.69亿t，浓缩饲料产量为2151万t。饲料产量的逐步上升，也使饲料用粮的需求量日益加大。

虽然我国还面临着谷物饲料资源短缺、能量饲料供应不足、蛋白质饲料原料严重匮乏、蛋白质饲料自给率低下、优质牧草资源有限、草原牧草还难以满足牧区养殖需要等诸多问题，但我国一直在加大对现有饲料资源的开发和利用，提高饲料转化效率，并取得了显著成效。

我国饲料原料的70%来自玉米。我国玉米产量占世界总产量的20%左右，是世界第二大玉米生产国，2014年我国玉米产量为2.16亿t，有效地保障了饲用需求。我国甘薯的种植面积约占全世界的70%，约为660万hm^2，仅次于水稻、小麦和玉米。我国年产甘薯1.8亿t（鲜重），占全世界总产量的80%。但据统计，我国直接用作饲料的甘薯占50%，其加工副产物甘薯淀粉渣、部分甘薯可用作饲料；木薯在我国的种植面积已超过46.7万hm^2，总产量达到2100万t，但仅有7%的木薯用作饲料原料。

我国秸秆资源丰富，各类秸秆产量约为8亿t，目前饲料化利用比例不足30%，大有潜力可挖。要抓好秸秆收储运体系建设，推广秸秆青贮、黄贮、微贮、压块、膨化、能源化等利用方式，促进农副资源综合利用，不断提高秸秆饲料化利用的效率。

在牧草资源方面，我国拥有各类草原 4 亿 hm², 占国土总面积的 41.7%, 占全国植被面积的 64%。这几年我国草原植被加快恢复，天然草原鲜草总产量已连续几年突破 10 亿 t, 这是一笔宝贵的财富。我国各种青绿饲料（包括木本饲料）1.6 亿多吨，蔬菜叶及瓜果类资源 4500 万 t, 但这些资源的利用率目前只有 20%。

2015 年的中央一号文件提及，"要加快发展草牧业，支持青贮玉米和苜蓿等饲草料种植，开展粮改饲和种养结合模式试点，促进粮食、经济作物、饲草料三元种植结构协调发展"。"粮改饲"政策的推行，是我国农业"转方式、调结构"提出的一项新内容，也说明党中央已经将饲草料放到与粮食同等重要的位置。这一政策的推动，可以部分改变国内饲料原料供应格局，更充分地利用我国的饲料资源。

（3）水产资源

我国是世界上水生生物资源最丰富的国家之一，有水生生物 2 万多种，仅海洋鱼类和淡水水生动物就有 7000 多种。丰富的水生生物资源为在不同生态类型、不同气候条件和不同水质特点的地区开展水产养殖提供了便利条件。目前，我国水产养殖的水生动植物有 300 多种，其中实现规模化养殖的超过 100 种。经过市场竞争和选择，主导养殖品种已经形成，既保证了我国水产品出口市场具有一定的广度，又能有针对性地为出口市场提供特定产品，满足不同国家、不同地区和不同消费群体的需求。

同时在水资源方面，我国海域辽阔，内陆水域众多，其中潮间带的滩涂面积 220 万 hm², 15m 等深线以内浅海面积 1240 万 hm²。目前，滩涂和 15m 等深线以内的浅海养殖利用率仅为 10%, 而内陆水域总面积约为 1733 万 hm², 其中可用于养殖的湖泊约 213.3 万 hm², 池塘约 200 万 hm², 水库 186.7 万 hm²。另外，深远海尚未利用，低洼盐碱荒地仍有较大的发展空间和潜力。

综合利用好我国养殖业的各种优势资源，未来养殖业的发展将更具有国际竞争力，带动农业和农村步入新的发展征程。

二、中国畜牧业发展面临的问题与挑战

（一）养殖环境约束成为美丽乡村建设的自然问题

我国肉蛋奶等畜产品供应实现了长期短缺到总量平衡甚至过剩，然而随着规模化养殖产业的发展，畜禽排泄物大量集中，给环境保护带来很大的压力，导致部分地区环境污染问题，清新空气、洁净饮水和广袤土地等环境要素也因此受到了重大挑战。

1. 传统养殖观念固化

我国养殖行业"重养殖、轻治污"的现象比较严重。在项目调研的过程中经常听到养殖户说"要想吃肉蛋奶，就别怕脏乱差"，似乎畜牧业就注定要走脏乱差的路子。针对越来越严重的畜牧养殖污染问题，国家相关部门虽然陆续出台了《中华人民共和国畜牧法》《畜禽规模养殖污染防治条例》《中华人民共和国环境保护法》等相关法律法规，但是由于缺乏相对完善的宣传机制和配套管理制度，导致我国现阶段的畜牧污染治理措施不到位，尤其是在我国经济相对落后的农村，大多数养殖业主缺乏相应的畜牧养殖环保意识，养殖污染治理措施不到位，在贯彻和落实畜牧污染治理措施时缺乏积极性和主动性，很少会主动了解养殖污染治理技术，治污基础设施建设及经济投入更是无从谈起。

2. 养殖模式粗放简单

在传统养殖片面追求规模、产量和效益的驱动下，我国种养分离问题日益突出，不仅造成养殖对环境不同程度的负面影响，而且导致养殖粪污养分资源的浪费。2014年，我国年出栏500头以上生猪、年出栏10 000只以上肉鸡、存栏2000只以上蛋鸡规模养殖比重分别达41.8%、73.3%和68.8%。到2015年，奶牛存栏100头以上、肉牛出栏50头以上、肉羊出栏100只以上的规模养殖比重分别达45.2%、27.5%、36.5%。在我国畜牧业规模化发展不断提升的同时，优势产区发展迅速，2012年，我国生猪和奶牛优势省（区）猪肉和牛奶产量分别占我国总量的92%和88%，优势产业区的环境压力越来越大。

3. 养殖技术不受重视

与西方发达国家大型的养殖场不同，我国畜牧养殖业的规模化、产业化和科学化水平还相对较低，对与养殖相关的先进技术的应用缺乏自觉性、灵活性，特别是对畜牧养殖粪污治理利用技术的了解与认知有失偏颇，甚至会产生一定程度的抵制情绪。主要表现在以下几个方面。

（1）畜牧养殖粪污处理模式相对落后

由于缺乏养殖污染防治模式规划，现阶段我国很多养殖单位的养殖粪污处理设施都非常简单，照搬照抄的治污设施不能有效运行，这对畜牧养殖环境问题的解决是相对不利的。例如，很多规模化养殖场饲养设施简单，畜禽粪便没有经过任何的处理措施就随意排放，从而形成了对周边水资源的严重污染。

（2）畜牧环境工程技术应用不被重视

我国集约化畜牧业发展起步较晚，一直以来主要以传统粗放的饲养方式为主，相对简陋的畜禽棚圈对畜牧工程规划设计与养殖装备制造方面的要求不高，相应的研究自然也就没有得到应有的重视。20世纪70年代以来，随着我国规模化畜牧业的发展，对畜牧业可持续发展具有长期持续影响的畜禽环境控制与工艺技术受到了越来越多的重视，畜牧工程设计与设备制造也得到了相应的发展。尽管如此，目前国内畜禽舍的规划设计大多还是引用国外的理论与技术，创新不足、积累不够、机械照搬，与各地自然、地质、地理位置及人文环境等实际条件相脱节，规划设计预期与实际应用效果大相径庭，给生产管理带来很大的困难和更高的成本。在中国生态文明建设与畜牧业发展方式转变的大背景下，对绿色养殖工艺设计、节能新装备与环保新材料等工程技术提出了更高的、新的要求。

（3）畜牧科技成果转化率较低

据估计，中国的科技成果转化率仅为30%~40%，远低于发达国家40%~80%的水平。每年都有大量的有价值的科技成果没有在生产中转化为应用技术，科研成果与市场需求存在很大程度的脱节。除了科研工作者主观上对科技成果的商品化和时效化观念不强外，客观上一直以来国家政策的引导力度不大也是形成这一局面的重要因素。为了促进研究开发机构、高等院校的技术转移，激励科技人员创新创业，营造科技成果转移转化的良好环境，2016年2月26日，国务院印发了关于实施《中华人民共和国促进科技成果转化法》若干规定的通知（国发〔2016〕16号）。通知规定国家研发机构与高等院校自主决定转移其持有的科技成果，原则上不需审批或备案，鼓励优先向中小微企业转移成果；成果转移收入全部留归单位，主要用于奖励科技人员和开展科研、成果转化等工作；通过转让或许可取得的净收入及作价投资获得的股份或出资比例，应提取不低于50%用于奖励，对研发和成果转化做出主要贡献的人员的奖励份额不低于奖励总额的50%；科技人员可以按照规定在完成本职工作的情况下到企业兼职从事科技成果转化活动，或在3年内保留人事关系离岗创业，开展成果转化等。

4. 养殖废弃物资源化利用认识不足

习近平总书记讲过"垃圾是放错地方的资源"。一直以为，我国养殖业污染以末端被动"治"为主，传统高投入、高消耗与无收入的垃圾处理思路，对于利润微薄且风险较大的养殖业来讲是不可行的，推广实施的难度可想而知。大多数养殖场业主缺乏畜禽粪便处理与资源化利用意识，不能通过制定养殖场粪污处理规划，经粪污资源化处理模式将粪便能量和养分合理利用，以减少对环境的污染。在生态文明与美丽乡村建设的新时代，应摒弃"废弃物"观念，将养殖粪尿污水当作财富来看，以资源化利用为目标与出发点，因地制宜、合理处置，发展畜牧业新的经济增长点，实现绿色发展。

5. 养殖污染防治措施不到位

一是资金投入不足。目前养殖业粪污资源化利用仍缺乏专项资金支持，相关工作虽已纳入众多规划，但在实施过程中，资金投入不够，畜禽粪便资源化利用工程资金难以落实到位。二是缺乏成功的规模化示范基地。目前，我国生态农业发展取得了一定成果，积累了一定经验，形成了一批模式，但除受地区与模式适应影响外，示范普遍规模小、机械化程度低、效益偏低，难以适应现代农业规模化、集约化、专业化的发展需求。三是有效监督与奖励机制有待健全。在实践中不断摸索的"以奖代补"政策，对于调动养殖废弃物资源化利用的主动性和积极性具有重要作用。

（二）养殖安全风险成为美丽乡村建设的社会问题

1. 畜产品质量与供给安全风险

安全优质食品是保障人类健康的根本，饲料安全就是食品安全。目前我国饲料抗生素问题已成为最大的动物源性食品安全问题和公共卫生问题之一。据统计，我国每年饲用抗生素消耗量近10万t，分别占全国抗生素总产量和全球兽用抗生素总量的46%和50%以上。不按规定剂量、范围、配伍和停药期使用兽药、持续亚临床剂量饲喂抗生素导致细菌产生耐药性、畜禽产品药物残留、药物过敏和"三致"作用等危害日益明显。1986年，瑞典最早宣布全面禁止使用抗生素类饲料添加剂。欧盟、日本和韩国等已分别于2006年、2008年和2011年全面禁止在饲料中使用抗生素促生长剂，美国食品药品监督管理局（FDA）于2012年禁止饲料中使用常用抗生素，并从2014年开始禁止使用预防性抗生素。我国根据实际情况，从2014年开始，部分停用4种氟喹诺酮类抗菌药物，

2015年禁用硫酸黏菌素预混剂。研发饲用抗生素替代技术和产品是解决畜禽产品安全问题、突破国际贸易壁垒的技术途径。饲料发生霉变或受到微生物污染、微量元素添加过量引起重金属污染和中毒、饲料原料受到化学性污染等诸多因素都是影响畜产品安全的重要因素；重大动物疫病的流行与暴发，不仅导致畜禽大量死亡和被扑杀，而且对区域范围内的畜产品质量安全造成重大隐患；此外，在畜产品加工、流通和销售过程中由于卫生不达标、操作不规范等因素引发的二次污染问题也较严重。近年来频发的畜产品质量安全问题，特别是奶产品的质量安全问题已严重影响了消费者信心，而少数媒体的过度渲染与消费者对畜牧专业的不甚了解进一步影响了消费市场的健康发展。

我国养殖业是发展农村经济与提高农民收入的重要产业，虽然也出现过短暂的肉蛋奶供不应求的局面，但总体来讲，在近20年来，畜禽养殖业发展取得了很大的成就，特别是"十二五"以来，畜牧生产继续保持稳定增长，品种日益多样化，有力地保障了产品市场供给，迎合了多样化消费需求，实现了"稳增长、调结构、惠民生"。随着我国城镇化发展，8亿农民中的大部分会逐步由畜产品的生产者转变为消费者，未来的肉蛋奶供给压力依然存在，特别是高质量放心奶产品的供应还存在问题。

2. 饲料粮种植与粮食安全风险

随着农村人口的城镇化及城乡居民生活水平的提高，食物结构发生了很大的变化，人们对肉蛋奶的需求量日益增加，从根本上推动了畜牧业的进一步发展，饲料用粮猛增且缺口较大，给我国粮食安全造成了很大的压力。海关数据显示，2015年全年的大豆、玉米进口量分别达8169万t、470万t，比2014年分别提高14.4%、82%；进口高粱和木薯分别为1069万t、937万t，分别较前一年增加85%、8.4%。据估计，进口粮食的80%为饲料用粮，我国畜牧业饲料用粮占粮食总产量的近40%，约为粮食消费总量的30%，其中每年玉米消费量的60%以上为饲料原料。因此，缓解饲料用粮紧缺成为解决我国粮食安全问题的关键所在，饲料粮安全就是粮食安全。在粮食连年增产、阶段性库存与进口量双增的新形势下，迫切要求调整种植业结构，大力发展粮食、经济、饲料作物的三元结构；在保证口粮的前提下，在已开展的"粮改饲"试点经验的基础上，结合农民自愿，因地制宜地推广种植优质饲料用粮，为养而种，促进种养加紧密结合，饲料用粮实现就地消化与高效利用，可提高综合效益，节约粮食，保障世界21%人口的粮食安全。饲料粮种植主要从数量上解决人畜争粮的矛盾，而粮食种植业与饲料原料质量安全密切相关，近年来，因我国饲料用粮各类霉菌毒素污染所引发的饲料质量安全事件频发，给我国畜牧业带来了新的风险，值得关注。

3. 饲料添加剂重金属、抗生素对土壤环境的风险

为了促进动物生长和预防动物疾病，养殖过程中会人们在动物饲料中添加铜、锌等和抗生素类添加剂，而饲料中的这些重金属和抗生素的大部分又通过动物粪便排出体外，再通过粪肥排放到土壤中，从而产生潜在的污染风险。有研究表明，在施用粪肥的土壤中铜、锌和砷的含量均超标，且能检测到土霉素和金霉素残留；同时发现在该土壤中种植的蔬菜个别重金属和抗生素超标或检出（王瑾和韩剑众，2008）。重金属和抗生素在土壤中富集、转化，进而可能迁移到植物中，最终通过食物链对人类健康产生很大

的危害。在养殖业集约化、规模化发展的新形势下,从饲料添加剂生产、流通和使用各环节着手,加大监管力度和检测能力,鼓励开发利用绿色环保饲料,预防与应急处置土壤的重金属和抗生素污染显得比以往更加重要。同时在研究调研的基础上,通过制定切合实际的有关标准及使用办法,为规避饲料添加剂重金属与抗生素对土壤环境造成的风险提供技术支撑。例如,2017年3月1日实施由国家质量监督检验检疫总局、国家标准化管理委员会批准发布的《有机肥料中土霉素、四环素、金霉素与强力霉素的含量测定》,为畜禽粪便有机肥中抗生素残留的检测提供了标准,同时提高了有机肥生产的门槛。

三、中国畜牧业发展的战略思考

(一)总体思路

坚持"创新、协调、绿色、开放、共享"发展理念,按照高产、优质、高效、生态、安全的要求,始终坚持转变畜牧业发展方式"一条主线",紧紧围绕保供给、保安全、保生态"三大任务",持续推进畜禽标准化规模养殖、大力推进种养结合循环绿色发展、稳步扩大"粮改饲"试点、促进草食畜牧业增收增绿协调发展、加强饲料和畜产品质量安全保障、不断增强畜牧业综合生产能力和可持续发展能力,实现畜牧业现代化发展。创新推动一二三产业融合发展,努力实现畜禽养殖业和美丽乡村建设互促互带、和谐发展。到2020年,畜牧业生产方式转变有较大成效,综合生产能力显著增强,规模化、标准化、产业化程度进一步增强,种养结合循环绿色养殖模式基本成型,实现畜产品优质优价的价格体系基本形成,质量安全保障体制基本建成,饲料产业增效明显,草牧业发展取得一定进展,草原生态逐步转好。建设和推广了一批具有示范引领作用的循环绿色养殖示范企业和先进适用技术、组织实施了一批畜牧养殖业和美丽乡村建设融合发展的示范工程,总结凝练了一批可借鉴、可复制、可推广、具有自我持续发展的现代畜牧养殖模式。

(二)基本原则

1. 坚持宏观布局,微观优化

宏观层面,以市场为导向,大力调整优化畜牧业产业结构和空间布局,突出支持主产区和优势区发展,稳定非主产区生产能力。微观层面,以生态休闲为目标,以美丽乡村建设为统领,统筹布局养殖区和生活居住区,实现增收添景发展。

2. 坚持转变方式,提质增效

以问题为导向,转变养殖观念,创新养殖模式,大力发展适度规模养殖,提高标准化、集约化、机械化、网络化水平,实现数量增长向数量、质量、效益、绿色并重转变,服务于美丽乡村建设。秉持资源节约、优化利用理念,构建粮饲兼顾、农牧结合、循环发展的新型种养结构。充分利用种养业资源和产品可循环利用的特点,推行种养结合的产业发展模式,促进种养业副产品的资源化利用,推进多种形式的产业链连接和绿色循环发展,实现畜牧业生产与自然生态和谐发展。

3. 坚持科技支撑,创新驱动

不断深化科技创新转化体制、激活微观创新机制,突破制约畜牧业发展的技术和人才瓶颈,进一步提高良种化水平、饲料资源化利用水平、生产管理技术水平和疫病防控水平,为现代畜牧业发展注入强大动力。

4. 坚持市场为主、政府引导

充分发挥市场在资源配置中的决定性作用,充分发挥市场对生产服务体系的选择和激励作用,通过价格体系实现畜产品优质优价的经营目标。充分发挥政府统筹布局、多规合一的功能,引导激励畜牧业生产布局和美丽乡村建设和谐共进,加大良种繁育体系建设、适度规模标准化养殖、基础母畜扩群、农牧结合模式创新等关键环节的政策扶持力度,优化公平竞争环境、加强质量安全监管,更好地发挥政府的引导作用。

5. 坚持重点突破、示范推广

落实"供给侧"改革,在畜禽养殖结构、种养结合、农牧和林牧结合、草食畜牧、循环绿色养殖、粮改饲等重点领域因地制宜地创建示范工程,创新突破畜牧养殖和美丽乡村建设互融发展的体制机制障碍,重点创建一批畜牧养殖和美丽乡村建设互融发展的示范村,以点带面,引导发挥示范辐射带动作用。

(三)战略重点

创新培养新型生产经营主体。支持专业大户、家庭牧场等发展农牧结合的养殖模式,合理确定养殖规模和数量,提高养殖水平和效益,促进农牧循环发展。鼓励养殖户成立专业合作组织,采取多种形式入股,形成利益共同体,提高组织化程度和市场议价能力。推动一二三产业深度融合发展。引导产业化龙头企业发展,整合优势资源,创新发展模式,发挥带动作用,推进精深加工,提高产品附加值。完善企业与农户的利益联结机制,通过订单生产、合同养殖、品牌运营、统一销售等方式延伸产业链条,实现生产与市场的有效对接,推进全产业链发展。鼓励电商等新型业态与草食畜产品实体流通相结合,构建新型经营体系。

加快发展循环绿色畜牧业。按照减量化优先和资源化利用原则,推动规模化养殖业循环发展。推进土地、水资源集约高效利用。构建畜牧业循环经济产业链。推进种养结合、农牧结合、养殖场建设与农田建设有机结合,按照生态承载容量,合理布局畜禽养殖场(小区),推广农牧结合型生态养殖模式;培育构建"种植业—秸秆—畜禽养殖—粪便—沼肥还田、养殖业—畜禽粪便—沼渣/沼液—种植业"等循环利用模式。支持集成养殖深加工模式,发展饲料生产、畜禽水产养殖、畜禽和水产品加工及精深加工一体化复合型产业链。推进畜禽粪便资源化利用。切实加强饲料管理,支持规模化养殖场、养殖小区建设粪便收集、贮运、处理、利用设施;积极探索建立分散养殖粪便储存、回收和利用体系,在有条件的地区,鼓励分散储存、统一运输、集中处理;利用畜禽粪便因地制宜地发展集中供气沼气工程,鼓励利用畜禽粪便、秸秆等多种原料发展规模化大型沼气。加快推动农副资源饲料化利用。组织开展重要农副饲料资源调查，完善饲料原料目录。组织实施农业综合开发农副资源饲料化利用项目，推动农副资源产业化开发、农牧循环利用。

加快推进建设饲料和畜产品质量安全保证体系。充分发挥市场对畜牧业的决定作用，通过饲料和畜产品价格实现优质优价。加强生鲜乳收购站和运输车辆的许可管理，推动生鲜乳收购站标准化建设。大力实施饲料和生鲜乳质量安全监测计划，扩大监测范围，提高监测频次，对重点环节和主要违禁物质开展全覆盖监测。加快制定和实施畜牧、饲料质量安全标准；加强检验检测、安全评价和监督执法体系建设，强化监管能力，提高执法效能；全面实施畜禽标识制度和牲畜信息档案制度，完善畜产品质量安全监管和追溯机制。

四、中国畜牧业发展方式转变模式与案例分析

（一）"粮改饲"草牧业模式

为深入推进农业结构调整，2015 年中央一号文件要求，加快发展草牧业，支持青贮玉米和苜蓿等饲草料种植，开展粮改饲和种养结合模式试点，促进粮食、经济作物、饲草料三元种植结构协调发展。农业部下发了《关于扎实做好 2015 年农业农村经济工作的意见》，要求推动农业结构调整，加快发展草食畜牧业，探索"粮改饲"种植结构调整和种养结合的农牧业发展新途径。为此，农业部选择华北、东北和西北等 10 个省的 30 个县区开展"粮改饲"试点。大力推进粮改饲，以玉米种植结构调整为重点，推进粮食作物种植向饲草料作物种植的方向转变，实行草畜配套。

大力推进粮改饲，一是实现"改土增粮"。引饲草饲料入田，可以改良中低产田，使土壤有机质含量提高 20%左右，粮食产量提高 10%~18%。二是可以实现"节粮增效"。草食家畜肉类比重每提高 5 个百分点，可节约粮食 1400 万 t 左右，大约是 0.44 亿亩耕地的粮食产量。三是可以实现"增草增畜"。发展粮改饲等同于发展营养体农业，同样的水土资源，如果生产牧草（饲用作物），生物产量可增加 30%以上，可收获能量比谷物多 3~5 倍，蛋白质比谷物多 4~8 倍。因此，发展粮改饲，将种植和养殖、草、畜、产品安全和环境安全紧密结合起来，符合生态、经济和社会效益相统一的原则，对我国国民经济的发展具有重要意义。

在"粮改饲"的推进过程中，各地区应结合本地的区位优势、市场条件、资源禀赋、生态环境等因素，统筹玉米与其他作物生产、种植业与畜牧业结合、生产与生态并进，有序推进，开辟农业结构优化的新途径。

在北方玉米优势产区，鼓励玉米-大豆轮作，因地制宜地发展苜蓿玉米轮作，华北地区实行冬小麦夏花生（豆类）种植，发挥豆科作物固氮养地的作用。轮作年给予种植大豆农户轮作补贴，补贴幅度要略高于种植玉米和大豆的收益差额。在农牧场和奶牛养殖区域，通过租赁、承包、公司+农户等土地流转方式，对平整且具有灌溉条件的土地进行整合，大面积种植青贮玉米和多年生苜蓿，解决苜蓿草短缺问题，实现奶牛全株青贮饲喂。吉林、黑龙江、辽宁、河北、山东等牛羊养殖玉米主产区推广全株青贮玉米，以规模养殖场为龙头，以农机收贮加工为支撑，以种养结合为基础，开展粮改饲效果明显。

以吉林为例，2014年3个试点县共青贮饲草料19.2万t，通过试点扶持，2015年收贮量达到36.6万t，提高了4.7个百分点。2014年以前，黄贮占有较大比例，收贮方式相对单一。2015年试点后，全株青贮比例大增，占全部收贮量的1/3以上，全株青贮、裹包青贮、秸秆微贮、压块制粒等收贮形式也呈现多样化局面，同时增加了农民收入。以通榆县为例，2015年，全县万亩粮改饲示范田喜获丰收，青贮玉米平均亩产3t，总产量3万t，农民每公顷收入在1万元左右，较种粮食、玉米收入（0.81万元/hm²）增加了1900元左右。以大型农牧业公司等企业为依托，建立组织服务、饲料加工流通、储存运营体系于一体的现代化综合性承载平台，统一购买大型农机具、统一播种与管理、统一收割、统一养殖、统一销售和统一粪肥转化，确定了"公司+合作社+农户""公司+农场"和"公司+公司"3种操作模式。

在农牧交错带的玉米分散种植区鼓励农民种植牧草发展养殖业，根据资源、规模、畜棚相配套，畜种、饲料、养殖方法相配套的原则，大力调整养殖和种植结构、空间结构和产品结构，重点发展当地有特色的畜种产业和饲草产业，重点繁育和推广适应当地气候环境、富有市场前景的畜禽和牧草良种，形成区域特色。在干旱区，依据灌溉用水，依水定作，发展耐旱作物、沙生作物替代种植，并大力发展玉米与节水作物轮作、套作，提高水资源利用率。重点推广水肥一体化等高效节水措施，逐步调减高耗水的玉米种植，发展胡麻、油葵、饲料油菜等低耗水作物，促进畜禽生产向优势区域集中、饲养品种向优势品种集中。

以西宁为例，为了大力发展饲草产业，西宁把优质饲草列为全市农业区域优势产业之一，在政策、资金等方面重点扶持发展。2014年全市种植优质牧草45万亩，市财政累计投入人工种草专项资金2000万元，拉动社会资金1.67亿元；2015年优质牧草种植面积达到了50万亩。目前，西宁市饲草产业布局初步形成，大通县为青贮饲料生产区、湟中县为燕麦生产区、湟源县为黑麦饲草生产区。通过调整优化种植结构，积极推行粮食、经济作物、饲草三元种植结构，推广应用高产优质一年生禾、豆饲草和早熟玉米品种及多年生禾本科混播牧草品种，扩大草田轮作和复种饲草规模，提高农作物秸秆加工利用率，可补饲秸秆占全省的23%。全市积极推行"公司+基地+农户""合作社+基地+农户"等多种畜牧养殖模式，成立了由湟中春源、互邦、藏地堂、三江一力等结成的畜牧企业战略联盟，不断完善基地与龙头企业、养殖户等的利益联结机制，对促进农民增收起到了积极作用。三江一力公司通过订单模式组织开展饲草种植、加工及肉牛养殖，仅面包草一项就带动2000余农户增收1254万元，并按高于市场价每吨300~400元的价格收购农户为企业代养的肉牛，保证了肉牛质量和养殖户利益。

青海门源县惠农农户合作社实施粮改饲之后，将部分玉米、高粱改种燕麦青饲料，既经济又生态，收效明显。粮改饲之前的油菜种植，籽种、肥料、翻地、播种、收割等环节成本为184.75元/亩，销售增收410元/亩，净收益225.25元/亩；改种燕麦青饲料后，生产成本（包括种植成本和机械成本）为303.79元/亩，销售增收707元/亩，净收益为403.21元/亩。也即将油菜改种青饲料后，每亩净收益比之前增加177.96元，合作社人均耕地4亩，人均增收711.84元，户均增收2847.36元。同时，粮改饲后养殖场也降低了成本。合作社现在养的是黄牛，出膘周期是5~6个月，牛原先吃玉米谷糠，0.81元/kg，一天8kg，再加上掺拌精饲料，按照6个月计算，总计3182.4元；现在用燕麦青饲料，0.42 元/kg，一天 10kg，掺拌精饲料后，6 个月后成本是 2272.5 元，因此养殖环节就省下了 909.9 元。燕麦袋装青贮还解决了农牧区青燕麦的收割难、储藏难、加工难的问题，一体化作业，使得饲草从田间到仓库一条龙生产，营养得到了有效保存，运输方便，易于保存，深受农牧户的喜爱。饲草青贮保存使得舍饲、半舍饲喂养有了充足的饲草源，减轻了草场的放牧压力，促进了生态畜牧业的发展。

目前，粮改饲只是在部分地区试点，将来应该会在全国推广应用。"粮草兼顾、农牧结合、循环发展"应该是未来种养结合道路上需要遵循的原则，各省应因地制宜，积极探索"以农载牧、以牧富民"，促进种养结构调整，提升养殖效益和农民效益，做到经济、社会和生态效益的统一。

（二）养殖废弃物资源化利用种养结合模式

根据《全国农业可持续发展规划（2015—2030 年）》（农计发[2015]145 号）、《循环经济发展战略及近期行动计划》（国发〔2013〕5 号）精神，按照"种养结合"原则，针对种植业、养殖业的不同发展特点，加大资源化利用，有效减少农业面源污染，促进农业的可持续发展。种养结合是我国目前畜禽粪污处理的主要方式，是指养殖场固体粪便通过自然堆放或堆肥处理后供农田利用，污水与部分固体粪便进行厌氧发酵或者经过氧化塘贮存，将沼渣、沼液或粪污应用于农作物。

1. 典型案例介绍

（1）猪场种养结合模式——以江西绿丰生态农业园有限公司为例

通过实施畜禽粪便综合养分管理计划，将粪便作为养分还田，既充分利用粪便资源，提高了土壤有机质和肥力，又减少了化肥施用和水土流失，实现了种养业协调发展。通过实施畜禽粪便养分种养结合管理，干粪综合利用率达 100%，其中自有种植基地利用率为 73.56%，异地利用率为 26.44%；养殖废水（沼液）的综合利用率达 76.49%，其余 23.51% 的沼液经"间歇 A/O+MBR"工艺进行深度处理后达标排放；病死猪无害化处理综合利用率达 100%。整个猪场基本做到了废弃物"零排放"，对外部环境无污染。种植基地年利用干粪 1648.5t，沼液 27 920m^3，利用氮 27.08t，折算成尿素为 58.87t，按 2000 元/t 计算，可节省化肥 11.77 万元。

江西绿丰位于江西省新建区溪霞镇，是一家从事优质种猪和瘦肉型商品猪生产、果业、苗木的农业综合开发企业。公司原种猪场现有能繁母猪 800 头，年出栏生猪 16 000 头，其中种猪 6000 头（40~50kg/头），商品猪 10 000 头（110kg/头），饲养总重量（按出栏计）约为 1370t，自繁自养；公司配套有果园 43.33hm^2；公司建设了养殖废弃物综合利用系统，包括干粪发酵、病死猪高温生物降解、养殖废水厌氧发酵、沼液综合利用和沼液工业化处理达标排放 5 个子系统。主要有防雨、防渗、防溢流干粪储存发酵场 300m^2；病死猪等养殖废弃物无害化处理站 30m^2，病死猪高温生物降解设备 1 台；固液分离及兼氧调节池 600m^2、地下地上混合式厌氧发酵罐 1200m^3、连体储气柜 200m^3、沼液贮存池 500m^3；沼液自动压力控制浇灌系统 1 套、沼液输送管道 1000m；沉淀池 200m^3、间歇 A/O 池 1200m^3、MBR 池 120m^3。

猪场年产粪尿 6076t，其中鲜粪 2241t、尿 3835t。全年养分产生量氮为 51.61t，磷为 6.56t；废水产生量为 80~120t/d，年产沼液 36 500m³，废水储存池总体积 3800m³，可储存 30~48 天的废水（沼液），经现场检测，沼液养分和污染物含量：COD 约为 28 000mg/L，NH$_3$-N 约为 430mg/L，TP 约为 210mg/L；猪场年产病死猪（含胎衣）约为 6t，经高温生物降解处理可产生有机肥 5t。废弃物综合利用工艺见专题图 3-4。

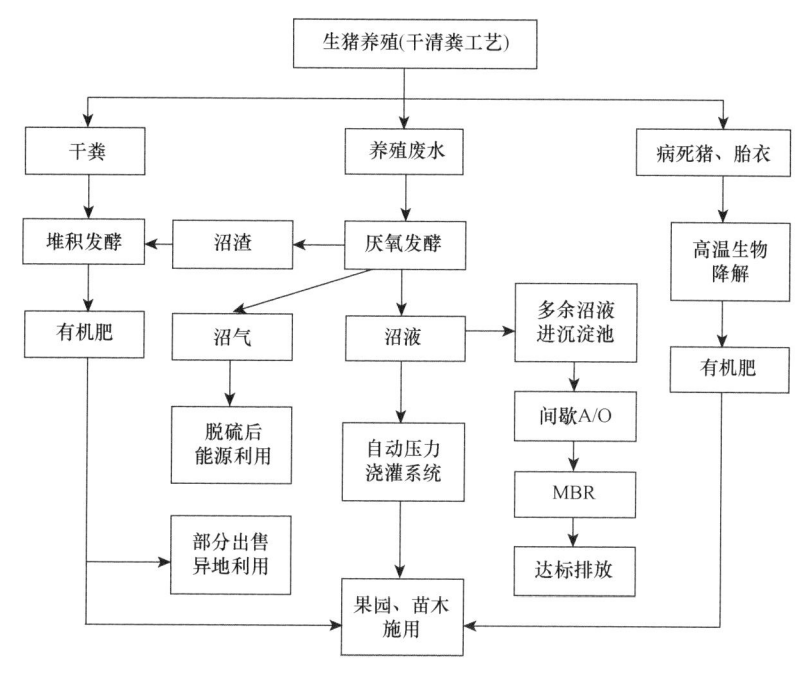

专题图 3-4　猪场废弃物处理工艺流程

养殖废弃物经无害化处理后主要用于种植柚子树、橘子树、香樟和桂花树等观赏绿化树及果树，总面积为 43.33hm²，总共有 39 000 株，其中投产期树约为 28 000 株，每棵树年平均产果 80kg，总产量约为 2200t。养分综合管理按照作物对氮元素的需求进行测算，具体计算参数为：堆积发酵的猪粪含水量为 70%左右，含氮量（以干基计）为 2.71%；沼液中含氮量为 0.49g/L。按照年产 100kg 的结果柚子树，每年每株施纯氮 1.2kg，1~3 年生小柚子树，年施纯氮 0.5kg/株，低产果树及绿化树根据产量和树木大小，按 0.6~1.0kg/株施用。

干粪主要用作基肥、落果肥、寄冬肥，以春季和秋、冬季施肥为主，采取环状沟施肥法；沼液主要用于日常追肥，沼液采用平行沟施肥法或者浇灌法，可根据果树生长、天气等情况一年四季施肥，可配合浇水同时施用。

种植基地年利用干粪 1648.5t，占产生量的 73.56%，剩余 592.53t 干粪堆积发酵后出售、异地利用；年利用沼液 27 920m³，占产生量的 76.49%，剩余 8582m³ 沼液经"间歇 A/O+MBR"工艺进行深度处理后达标排放；病死猪无害化处理产生的 5t 有机肥可以全部利用。树下套种多年生低矮牧草（如三叶草等），防止多余养分和水土流失，提高土壤有机质含量。充分利用树林周边现有的灌木林作为养分拦截带，保持养分和水土不流失；在树林周边没有灌木林防护的地方，栽种 3m 宽的灌木林或水草沟作为养分拦截带。

将利用不完的沼液进行深度处理后达标排放，不会对环境造成不良影响。

（2）奶牛场种养结合模式——以甘肃华瑞农业股份有限公司为例

甘肃华瑞农业股份有限公司成立于2007年，占地面积为667hm²，主要以苜蓿、饲用玉米的种植、饲料加工、奶牛养殖为主。公司拥有400hm²种植基地，全部采用电动圆形喷灌机实行节水灌溉，年产优质牧草2万t，目前已建成一个万吨饲料厂和一个数字化奶牛养殖场。建设单位现有奶牛实际存栏3000多头，基地种植面积为1473hm²，形成养殖、种植、废弃物资源化利用相结合的生态循环农业发展模式。该公司全年耕播总面积为1473hm²，其中，苜蓿种植面积为333hm²，青贮苜蓿和干草苜蓿年总产量分别为8000t和3000t；青贮玉米种植面积为353hm²，年总产量为15 900t；饲料玉米种植面积为779hm²，年总籽粒产量为7011t。公司通过实施畜禽粪便养分种养结合利用，牛粪堆肥和养殖废水综合利用率达100%，全部可在自有种植基地利用；病死奶牛无害化处理率为100%。整个奶牛场基本做到了废弃物"零排放"，对外部环境无污染。种植基地年利用粪便47 530t，养殖废水102万m³，利用氮142.38t，折算成尿素为309.52t，按2000元/t计算，可节省化肥61.9万元。利用磷27.28t，折算成14%过磷酸钙为442.86t，按1200元/t计算，可节省化肥53.1万元。

甘肃华瑞农业股份有限公司发展的种养结合模式能科学合理地利用种植业和养殖业产生的生物资源，可有效改善土壤结构，提高土壤肥力，减少农业废弃物对环境的污染，提升农业对生态环境的调节功能，有机肥大量还田，减少化肥、农药用量，提升了农产品品质，而且形成良性生态循环，建设生态友好农业，实现清洁田园、清洁家园，推进生态友好型美丽乡村建设。养殖废弃物经无害化处理后主要用于种植苜蓿、饲料玉米，综合利用工艺见专题图3-5。

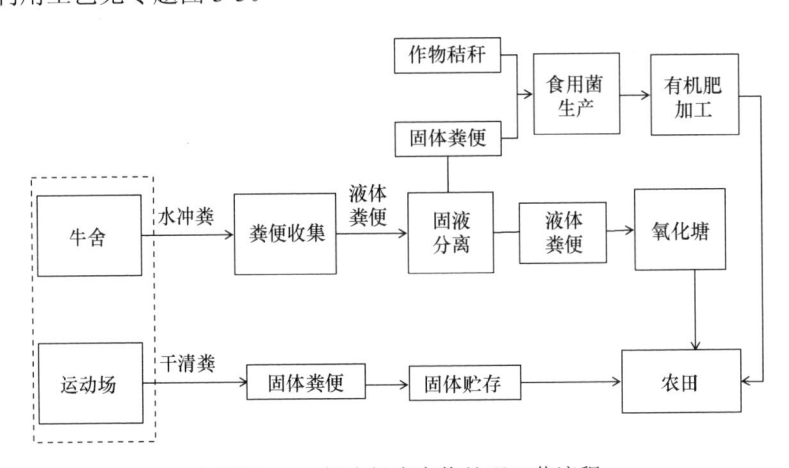

专题图3-5 奶牛场废弃物处理工艺流程

粪污处理设施建设地点位于甘肃省民乐县生态工业园区，种养结合农田消纳基地位于甘肃省民乐县生态工业园区，六坝镇韩武村、五坝村全部农田，韩武村、五坝村地块为相邻地块，距离民乐县生态工业园区10km。甘肃华瑞农业股份有限公司在奶牛养殖的基础上，大力发展生态循环农业，建设种养结合农田消纳基地、秸秆青黄贮饲料生产设施、食用菌基料加工设施、有机肥加工设施。其中，种养结合农田消纳基地包括发酵池15 000m³、液肥输送管路4750m、沉淀池120m³、田间液肥配料及存贮池3000m³，配套相关设备。有机肥加工设施包括发酵棚2000m²、有机肥加工车间1000m²、后熟车间400m²、库房（成品库/辅料库）1800m²，配套相关设备。废水贮存设施包括集水池100m³、沉淀调节池150m³、污水储存池1500m²、污水氧化塘3座，总体积约为15 000m³，其中氧化塘1体积和2体积各4910m³，氧化塘3体积5200m³；沉淀池2座，总体积为360m³，其中沉淀池1体积和2体积各为180m³。

该场养分综合管理按照作物对氮（N）和磷（P）的需求进行测算，具体计算参数为：牛粪堆肥的含水量为4.78%左右，含N量（以干基计）为1.28%，含P量（以干基计）为0.3%；养殖废水中含N量为0.33g/L，含P量为0.04g/L。年产100kg的青贮玉米，每年施纯氮和磷分别为0.39kg和0.15kg；年产100kg的饲用玉米，每年施纯氮和磷分别为2.3kg和0.3kg；年产100kg的苜蓿，每年施纯氮和磷分别为2.5kg和0.5kg；年产100kg的杏，每年施纯氮和磷分别为1.4kg和0.3kg。

牛粪堆肥主要用作基肥，以春季和秋季施肥为主，采取表面撒施肥，然后耕地翻入农田；沼液主要用作日常追肥，沼液采用滴灌或者喷灌施用，可根据饲草生长、天气等情况施肥，可配合浇水同时施用。

基于作物养分需求量和土壤供肥量，考虑粪肥投入占总养分的比例，以及粪肥养分的当季利用率，估算了项目区不同作物的粪肥养分投入量、单位面积粪肥养分投入量和项目区每种作物的粪肥养分投入总量。考虑粪肥养分含量占施肥的比例为50%和粪肥养分当季利用率为30%，项目区所有作物粪肥N、P总养分投入量分别为489t和90t。其中，青贮玉米粪肥N、P总养分投入量分别为90t和36t，饲用玉米粪肥N、P总养分投入量分别为214t和22t，苜蓿粪肥N、P总养分投入量分别为184t和31t。

奶牛场消纳粪肥养分所需土地面积的估算，主要根据畜禽粪便养分产生量与不同作物的种植比例来确定每种作物粪肥养分投入量；之后，针对每种作物，利用其总粪肥养分投入量和单位面积粪肥养分投入量来计算所需的土地面积，所有作物的土地面积相加之和，即为奶牛场所需用来消纳粪肥的土地面积。以氮来计算，总耕地面积需求为472hm²；以磷来计算，总耕地面积需求为640hm²。当前，耕地面积为1473hm²，可以完全消纳当前奶牛场的粪肥产生量。

种植基地年利用干粪47 530t，是奶牛场粪便产生量的1.82倍；种植基地年利用废水102万m³，是奶牛场废水产生量的4倍。

（3）分散养殖粪污处理案例分析

在分散养殖较为集中的区域，政府通过建设粪污集中处理中心，将周边的中小型养殖企业的粪污收集起来，集中处理，综合利用，其中武进区农业废弃物综合处理中心礼嘉站于2012年10月8日正式投入运行，成为养殖企业和种植户的利益联结纽带，运作成功，效益显著，养殖户普遍称好（白延飞等，2014）。

全量收集武进区礼嘉—洛阳片涉及15个行政村，区域总面积1246.6km²。周围分布畜禽养殖场（户）74家，存栏生猪14 566头，每日产生排污量约87.40t，大多是散（小）养殖户，养殖规模最大的为鸿图养猪专业合作社，年存栏1500头，最小的是张家村的陆某等4户养殖户，年存栏生猪60头，年存栏量少于500头的就有66家，占养殖场总数的89%，年粪污量有1.55万t，占总粪污量的48.4%。调查显示，这些分散的中小型规模养殖场普遍缺少有效的粪污收集、存放、利用设施和渠道，对周边环境产生严重影响。为方便养殖户操作，武进区农业环保部门对每个养殖场进行雨污分流改造，共建设集粪池 49 座和相应规模的粪便堆积棚，总容积 654m^3，建设密闭粪污管道 1900m，每个集粪池都有道路通达，方便吸污车通行和操作。还配置了 4 辆封闭式吸污车、2 台固液分离机等，保证了运输过程中路面整洁、不逸恶臭，可全量收集"万顷良田"规划区周边 15km 内小型养殖专业户生猪的粪污。为明确责任，强化管理，根据各养殖户的分布和养殖数量，将粪污收集分为 4 个片区，每个片区确定一名责任人，负责本片区的粪污收集，制定收集计划表，将每天的清运计划安排到户，统一调配，及时收集管理，确保工作有序高效开展。

礼嘉畜禽粪便集中处理综合治理中心紧邻公路主干道，交通便捷，运输方便。治理中心建有 1500m^3 的厌氧发酵罐和 600m^3 贮气柜，配置一台 82kW 发电机组和 1t 的热水锅炉，建有粪便暂存池、大棚、堆放场、消毒池、设备房、贮液塘等配套设施，收集来的固态干粪采用好氧堆肥、条垛式堆肥、槽式堆肥等方式，直接做成商品有机肥，液体粪尿进入厌氧储存池进行处理，处理中心日处理粪污量 80~100t，年处理量约 3 万 t，同时还可消化利用"万顷良田"的部分稻麦秸秆。

通过对厌氧发酵处理产生的"三沼"进行综合利用，形成养殖业—"三沼"工程—种植业"三位一体"的良性循环模式，真正实现养殖污染物减量化、无害化、资源化，达到零排放的目标。沼气一部分用于发电，供应治理中心内设备，大部分作为热水锅炉的燃料，烧至 95℃的热水，按 16 元/t 批发给周边浴室。通过政府与万顷良田承包人（种植大户）谈判，签订协议，将产生的沼渣、沼液根据农业生产的季节性需求直接还田，中心配置了专用的固液分离机对沼渣进行固液分离，制成有机肥，作为万顷良田的基肥和追肥。建有 4000m^3 和 5000m^3 沼液塘 2 个，避免沼液流入河道形成二次污染，在水稻插秧前或小麦拔节前，沼液按照 1：1~1：2 的比例稀释，按照 90~120t/（hm^2·次）施用量直接还田。由于处于试验阶段，目前沼液免费供给种田大户使用。

礼嘉畜禽粪污长效管护集中处理中心建成后，武进区农业部门以"购买服务"的方式，通过公开招标，将运行交给常州武农公司经营，实行"社会化运作"。政府部门建设污染物收集、处理与资源化利用系统，解决了处理中心前期投入过大的问题。政府部门从污染排放标准执行者与监督者转变为污染处理设施与服务的供给者，聘请有环境污染治理资质的公司运营管理，对畜禽粪污集中处理中心的管理者实行目标考核。对养殖农户而言，不需要为粪污处理缴纳任何费用，可使其专注于主业，集中物力、财力、人力进行专业化生产，既节约投入又有相应的收益；对于畜禽粪便处理中心经营者来说，通过专业化服务，除了销售热水和有机肥获得收益（每吨有机肥可得到 150 元的补贴），每年还从武进区农业污染防治资金中获得补贴，弥补管护运行资金的不足，取得规模效益。

成效初显工程总投资 842.46 万元，申请省级财政补助 195 万元。年运营成本资金需求约 128.14 万元，各项费用情况见专题表 3-4。据测算，项目每年综合效益在 197.77 万元以上，显著高于运营成本，经济效益包括沼气、有机肥及电能收益，约 55.27 万元/年，在环境效益上，综合利用秸秆 365t，根据生猪粪便产生系数，每年可以减少 COD 排放 233.6t，减少总氮排放 39.6t，减少总磷排放 14.9t，结合《江苏省太湖流域环境资源区域补偿试点方案》中环境区域补偿标准（COD 1.5 万元/t，氨氮 10 万元/t，总磷 10 万元/t），带来环境效益约 142.50 万元（专题表 3-4）。可见，从技术经济上考虑，建设畜禽粪污集中处理中心具有可行性。

专题表 3-4　礼嘉畜禽粪污集中处理中心运营成本与效益评价　（单位：万元）

序号	运营成本类型	金额	序号	经济效益内容	金额
1	人员工资	43.20	1	产气收益	34.67
2	管理费用	8.64	2	有机肥收益	18.00
3	畜禽粪便收集成本	36.40	3	电能收益	2.60
4	畜禽粪便运输油费	15.80	4	经济效益小计	55.27
5	秸秆收集成本	7.30	5	环境效益小计	142.50
6	检修维护费用	4.20	6	综合效益合计	197.77
7	车辆保险维修费用	12.00			
8	土地租金成本	0.60			
9	运营成本合计	128.14			

2. 规模养殖废弃物种养结合模式

该模式主要有 3 种，介绍如下。

第一类种养结合模式是畜禽养殖—贮存—农田模式。适用于有足够的农田消纳养殖场粪污的地区。该模式粪便和污水全部贮存，经一定时间风干后还田，全部粪便和污水作为有机肥直接入田。这种传统的种养结合模式能显著地提高地力，但由于未能经高温杀菌，对地表水及周边环境有一定的污染，而贮存又需要较大场地，占用土地；废水运输和施用成本大。

第二类种养结合模式是畜禽养殖—沼气—农田模式。以沼气池技术为核心，就是将粪便污水作为沼气池的原料，在缺氧的条件下生成沼气和沼渣、沼液，沼气用于农户的炊事用能，沼渣、沼液用于种植各种农作物。该模式可产生能源，解决了一部分的能源问题，而且在厌氧发酵过程中，病原菌、寄生虫卵等一些病菌可被杀死，切断了养殖中传染病和寄生虫病的传播环节。沼气工程的障碍是建造沼气池及配套设施需较高的成本；而使用液态沼肥比化肥成本更高（主要是运输和施用成本）。另外，根据农作物的养分需求进行肥料的施用也很困难，因为比起化肥来，沼肥的性质更具有不确定性和多样性。这种模式的沼液、沼渣作为有机肥，沼气回收作为能源利用。它适用于缺少能源、重视利用清洁能源、农田充足的区域。

第三类种养结合模式为畜禽养殖—堆肥+沼气—农田模式。这种模式的粪污处理系统由预处理、厌氧处理、好氧处理、后处理、固液分离、沼渣和沼液农田利用及沼气净化、储存与利用等部分组成，需要较为复杂的机械设备，其设计、运转均需要受过较高等教育的技术人员来进行。与前两种模式相比，这是一种技术工艺含量最丰富的处理模式。它适用于地处城镇近郊，经济发达，土地紧张，电价和燃气价格昂贵，没有足够的农田消纳养殖场全部粪污，只能部分消纳养殖场粪污的地区。固体粪便包括废水固液分离后的固体，可经过高温堆肥加工为高品质有机肥，运输、销售到周边区域。

(1) 种养结合区域模式

东北区一年一熟，存在农业生产水平高、畜牧业发达、农业废弃物资源转化效率低等突出问题,应开展养殖废弃物还田循环利用技术、沼气工程利用技术等。该区种养结合生产技术模式为养殖废弃物—沼气—农田或者养殖废弃物—贮存—粮食作物。

华北区主要包括河北平原、黄淮平原、北京郊区。该区具有光照资源丰富、一年两熟产出水平高、秸秆资源丰富、城郊型畜牧业发达的特点,应开展畜禽粪便和作物秸秆高温堆肥发酵技术,养殖污水、沼液等废弃物浓缩处理和肥料化技术。最终形成的种养结合生产技术模式有养殖废弃物—堆肥+沼气—农田利用或者农作物秸秆饲料—畜禽—沼气—农田。

西北区主要包括西北内陆绿洲一熟灌区、黄土高原。该区光能资源丰富、农田复种指数较高、种植结构单一、畜牧业发展迅速,为提高粪便养分资源化利用,减少环境污染,应开展低温条件下畜禽粪便好氧堆肥发酵技术,制成有机肥。此外,开展沼气工程处理养殖废水和粪便,将沼渣、沼液直接还田或者加工肥料后还田。西北区应形成种养结合模式如猪/牛—堆肥+沼气—玉米、猪/牛—贮存—粮食(菜、果)、猪/牛—沼气—粮/菜/果/草。

华东区主要包括长江三角洲集约农区、江淮平原。该区经济比较发达,农业规模化、集约化程度高,畜禽废弃物资源丰富,农田产出水平高,该区域农田以稻田为主。养殖粪便和废水主要以沼气处理为主,开展猪—沼气—稻田种养结合模式。此外,针对畜牧业废弃物处理难度大的问题,开展稻-鸭共生互作、吊瓜子-鸡共生互作,减少粪便废弃物处理。该区种养结合生产技术模式较多样,如猪—沼气—鱼—鸭—草、果树—果汁加工—果渣制成饲料—鸭业—鸭粪制取沼气—沼渣—果树、畜禽—粪便—沼气+有机肥—饲草(林果、蔬菜、花卉)、猪—沼气—粮/果/菜/茶/菌/藻、牛—沼气—果园。

中南区主要包括洞庭湖和鄱阳湖农区。该区热量资源丰富、多熟种植类型多、养殖业发达。养猪场废水固液分离后进行沼气处理,沼液进行农田灌溉或者利用。农田开展轮作生产,如稻/草轮作,从而构建养殖—沼气—稻/草的种养结合模式。其他种养结合模式包括畜禽养殖—粪便—沼气(发电、生活用能)—有机肥—农田、粮食种植—畜禽养殖—畜产品精深加工—废弃物处理再利用—农田、猪—沼气—菜/茶/果。

西南区热量资源丰富、丘陵农业特色明显、生物资源丰富、畜禽废弃物产出量大,种养结合生产技术模式包括稻田-鱼共生互作、粮食—鸡/猪—沼气—鱼、牛—沼气—农田、饲草—奶牛。

(2)种养结合畜种模式

猪场以建设贮粪池和污水沉淀池等贮存处理设施为主,积极探索固体粪便堆肥和液体粪便沼气厌氧发酵处理模式;鸡场和牛场由贮粪池等贮存设施建设向发酵处理资源化利用设施延伸,蛋鸡场配套全封闭隧道式发酵处理设施,奶牛场配套粪污固液分离设施,提高粪污处理效率,使畜禽粪污处理实现减量化、无害化、资源化,更有利于还田供作物利用(专题表3-5)。

1)规模猪场推行"干清粪+贮粪池+污水沉淀池+农田利用""沼气工程+能源利用+农田利用"等两种方式。不同规模的养猪场选择不同的建设模式,鼓励中、小规模猪场建设贮粪池、污水沉淀池、生物发酵床和小型沼气工程,大型猪场建设沼气发电工程。贮粪池、污水沉淀池要达到"防雨、防渗和防溢流"三防要求。

专题表 3-5　不同畜禽种养结合模式的各环节工艺技术

畜种	粪污贮存类型	堆肥处理工艺	污水处理技术	农田利用
猪	粪便污水贮存池	条垛堆肥、强制通风堆肥、槽式堆肥	沼气厌氧发酵 UASB、USR、CSTR、ABR	堆肥和沼渣、沼液还田
牛	固态和半固态：堆粪场；液态和半液态：贮粪池；液态：污水池液态	蚯蚓堆肥、条垛堆肥、堆积发酵	沼气厌氧发酵 UASB、USR、CSTR、ABR	堆肥和沼渣、沼液还田
鸡	贮粪池	条垛堆肥、槽式堆肥、农户简易堆肥、全封闭隧道式发酵处理	—	堆肥还田

2）规模牛场推行"贮存池+固液分离+堆肥+沼气+农田利用""干清粪+贮存池+农田利用""沼气工程+能源利用+农田利用"等 3 种方式。重点推行"贮存池+固液分离+堆肥+沼气+农田利用"方式。该方式将贮存池的粪污通过固液分离机进行固液分离，固体粪便通过发酵作为有机肥，污水通过三级沉淀池发酵处理后还田，实现资源化利用。

3）规模鸡场推行"干清粪+贮存池+农田利用""干清粪+堆肥发酵生产有机肥+农田利用"等两种方式。重点推行"干清粪+堆肥发酵生产有机肥+农田利用"方式。该方式配备全封闭隧道式发酵处理设备，在鸡粪发酵生产有机肥过程中除臭、减少粉尘，可降低对人员和环境的危害。

（3）分散养殖粪污处理模式

分散型畜禽养殖户是我国最传统的畜禽养殖模式，由农户自家经营，成本小，经营灵活，其又分为畜禽散养密集区和畜禽散养户两种情况。分散养殖是指投资相对较少、规模不大、布局分散的畜禽养殖模式，部分单独建设、运营污染处理设施在经济上不可行的县级养殖场也包含在内。

现有措施主要针对规模化养殖污染，较少关注小型分散养殖污染的治理，事实上，小型分散养殖场和农户仍占据很大的比例，由于养殖规模小、布局高度零散，难以直接利用规模化养殖污染的解决方案，治理和管理成本更高，加之种植与养殖普遍严重脱节，其污染已成为农村面源污染（尤其是总磷流失）的主要来源。

已有的分散养殖污染治理模式往往关注单个养殖场，希望通过养殖户的自我环保意识和外部压力下的污染处理投资行为控制污染发生。在现有分散养殖污染治理模式中，政府主要扮演着污染排放标准执行者和污染排放行为监督者的角色，与分散养殖户形成管理（管制）与被管理（管制）的对立关系。在这种管理模式下，政府的管理活动并未解决养殖业与种植业脱节的问题，很难有效提高畜禽粪便资源化利用水平。受分散养殖污染的自然与经济特性影响，不能简单套用规模化养殖的污染治理模式，而应结合分散养殖污染产生的经济机制与政府管理能力，设计专门的管理模式，见专题图 3-6（朱丽娜等，2013）。

专题图 3-6　分散养殖污染治理

在新型管理模式中,针对大部分分散养殖户无力建设并有效运行"标准化"污染处理设施的实际,提供污染物收集、运输、集中、规模化处理服务。政府提供污染物收集集中系统,以及污染物规模化处理与资源化利用系统,从污染排放标准执行者与监督者转变为污染处理设施与服务的供给者。

(4) 种养结合不同种植模式下适宜载畜量参数

1) 不同种植模式下主要畜禽承载数量见专题表 3-6~专题表 3-8。

专题表 3-6　每公顷大田作物地每季可承载的畜禽数量　　(单位:头或只)

大田作物	承载标准	奶牛	肉牛	猪	羊	蛋鸡	肉鸡	鸭
水稻	N	2	3	22	16	256	245	343
	P	2	2	9	14	64	61	102
小麦	N	2	4	29	21	341	326	457
	P	2	2	10	16	72	69	115
玉米	N	2	3	23	16	270	258	362
	P	3	2	14	21	95	91	152

注:陈微等,2009

专题表 3-7　每公顷蔬菜作物地每季可承载的畜禽数量　　(单位:头或只)

蔬菜作物	承载标准	奶牛	肉牛	猪	羊	蛋鸡	肉鸡	鸭
番茄	N	3	4	32	22	369	352	495
	P	5	4	25	38	173	165	275
花椰菜	N	6	10	71	50	819	782	1099
	P	4	3	19	29	132	126	211
黄瓜	N	4	6	45	31	516	493	693
	P	3	2	13	21	94	90	150
茄子	N	3	5	37	26	432	41.	579
	P	2	2	9	14	66	63	105
芹菜	N	3	5	38	27	446	425	598
	P	4	4	22	34	153	146	243

注:陈微等,2009

专题表 3-8　每公顷果树每季可承载的畜禽数量　　(单位:头或只)

果树	承载标准	奶牛	肉牛	猪	羊	蛋鸡	肉鸡	鸭
苹果	N	1	1	7	5	87	83	116
	P	0.4	0.4	2	3	15	14	24
葡萄	N	2	3	19	13	217	207	291
	P	2	2	10	16	70	67	112
梨	N	1	2	15	11	173	165	232
	P	1	1	4	6	27	26	43
桃	N	1	2	16	12	190	181	255
	P	1	1	7	11	51	49	82

注:陈微等,2009

整体来看，每公顷蔬菜地每季可以承载的畜禽数量最多，大田作物次之，果树最少。以 N 为标准时，除奶牛和羊的部分数据以外，农用地所承载的畜禽数量比以 P 为标准时多或者持平。这是由作物需求养分量的 N/P 和粪便养分含量 N/P 不一致造成的，大部分作物 N/P 大于粪便 N/P。而奶牛和羊的 N/P 相对其他动物来说较大。

2）不同种植模式下猪的承载数量。建立以能繁母猪为基础的氮、磷产出单位（猪单位）；根据粮食、蔬菜和果树等农林作物生产模式的不同需要，按照养分循环利用过程中的供需平衡原则，确定单位面积土地氮、磷输出量与输入量，建立不同种植模式下单位养殖规模的匹配农田面积，为实现农牧循环、粪污与土地养分管理提供科学依据（专题表 3-9）。

专题表 3-9　不同利用模式下土地载畜量　　　　（单位：猪单位/hm²）

土地利用模式	基于氮利用的载畜量	基于磷利用的载畜量	适宜载畜量
粮食作物			
冬小麦-夏玉米（籽粒+秸秆）	3.9	5.3	3.9
冬小麦-夏玉米（籽粒）	2.6	3.8	2.6
果树作物			
苹果	1.4	1.2	1.2
蔬菜作物（大棚种植）			
菜椒-茄子	4.5	3.8	3.8
菜椒-番茄	5.6	4.5	4.5
番茄-黄瓜	5.3	6.5	5.3
蔬菜作物（露地种植）			
茄子-大白菜	3.5	4.4	3.5
番茄-大白菜	4.2	5.0	4.2
黄瓜-萝卜	3.8	7.1	3.8

注：杨军香等，2016

猪单位定义为一个自繁自养规模化猪场产出粪尿中的氮、磷总量折算到每头能繁母猪的粪尿氮、磷年产生量。猪场粪尿中氮、磷产出量，按照不同情况，如年龄阶段，正常营养水平和饲养条件下猪在不同年龄阶段，正常营养水平和饲养条件下猪在不同年龄段的日平均粪便氮（磷）的产生量（即排泄系数），综合考虑畜群结构，加权计算出各阶段存栏猪和出栏猪总的粪便氮（磷）年产生量，再折算为每年每头能繁母猪粪尿排出的氮（磷）量，即猪单位[kg/(群×年)]。

在假定畜禽粪污中氮、磷完全转化利用的前提下，单位面积土地载畜量的计算结果是蔬菜大棚种植模式下平均为 4.5 猪单位/hm² 左右，蔬菜露地种植模式下平均为 3.8 猪单位/hm² 左右；苹果种植模式下的载畜量为 1.2 猪单位/hm²。冬小麦-夏玉米种植模式下，如果不考虑秸秆还田，则载畜量可达 3.9 猪单位/hm²，如果考虑秸秆还田，则载畜量相应降低为 2.6 猪单位/hm²（专题表 3-9）。

不同粪污处理模式下畜禽粪便的养分损失存在较大差异，会影响消纳粪便所需农田面积的配置和农田猪承载量（专题表 3-10）。固液分离-液体厌氧发酵模式是当前我国畜禽粪污处理的主要模式之一。固液分离-液体厌氧发酵粪便处理模式以沼液安全消纳为目标，万头猪场需要配置的最少农田面积分别为粮油作物地 12.4~13.7hm^2，茄果类蔬菜地 14.2~17.9hm^2，果树或苗木地 16.4~51.3hm^2。以有机肥和沼液全部在农田安全消纳为目标，万头猪场需要配置的最少农田面积分别为粮油作物地 299.3~312.9hm^2，茄果类蔬菜地 145.1~179.0hm^2，果树或苗木地 553.1~1343.8hm^2。因此，规模养猪场应根据猪的养殖数量及其周边农田面积，选择适宜的有机肥利用方式及种植作物类型，因地制宜，合理调控。

专题表 3-10 废弃物固液分离-液体厌氧发酵处理模式下农田猪承载量 （单位：头/hm^2）

类型	作物模式	消纳全部废弃物 存栏猪数量	消纳全部废弃物 出栏猪数量	消纳沼液 存栏猪数量	消纳沼液 出栏猪数量
粮油作物	水稻-小麦	32	80	803	2009
	水稻-油菜	32	80	730	1826
	玉米-小麦	33	84	730	1826
茄果类蔬菜	黄瓜-番茄	69	172	704	1761
	辣椒-黄瓜	56	140	559	1397
果树或苗木	葡萄	18	45	195	487
	桃	17	41	227	568
	梨	7	19	286	714
	茶叶	16	39	609	1522

注：盛婧等，2015a；猪存栏量与出栏量的转换系数为 2.5

专题表 3-11 粪污厌氧发酵处理模式下消纳全部沼渣、沼液的农田猪承载量［单位：头/(hm^2·年)］

类型	种植模式	承载量 存栏猪数量	承载量 出栏猪数量
粮油作物	水稻-小麦	35	88
	水稻-油菜	35	88
	玉米-小麦	37	92
茄果类蔬菜	黄瓜-番茄	67	167
	辣椒-黄瓜	53	133
果树或苗木	葡萄	12	31
	桃	15	36
	梨	8	20
	茶叶	17	42

注：盛婧等，2015b；猪存栏量与出栏量的转换系数为 2.5

根据万头猪场配置的农田面积，计算出每公顷农田的废弃物承载力。种植粮油作物，每公顷农田每年可承载 35~37 头存栏猪排放的废弃物，相当于 88~92 头出栏猪排放的废弃物；种植茄果类蔬菜，每公顷农田每年可承载 53~67 头存栏猪排放的废弃物，相当于 133~167 头出栏猪排放的废弃物；种植果树或苗木，每公顷农田每年可承载 8~17 头存栏猪排放的废弃物，相当于 20~42 头出栏猪排放的废弃物（专题表 3-11）。

粪污直接厌氧发酵处理模式和固液分离-液体厌氧发酵模式是目前规模养猪场粪污处理的两大主要模式。粪污直接厌氧发酵处理模式的农牧结构配置与固液分离-液体厌氧发酵模式的农牧结构配置结果相近,其主要原因在于不同废弃物处置方式对 P 的影响较小,而 P 又是废弃物农田利用的主要限制因子,从环境安全角度考虑,规模养猪场需要匹配的农田面积多以作物 P 需求为标准计算。然而,由于固液分离-液体厌氧发酵模式的废弃物处置过程中 N 损失量高于粪污直接厌氧发酵处理模式,因此,在两大处理模式下单位废弃物利用农田需要的化学 N 补充量表现出显著差异,固液分离-液体厌氧发酵模式匹配农田需要的 N 大于粪污直接厌氧发酵处理模式。在建立种养结合模式时,养殖场不同粪便处理模式应是需要考虑的一个重要因素。

(三)生态循环农牧业模式

1. 生态循环农牧业模式——以湖北省安陆市安源生态农业开发有限公司为例

一直以来,畜禽养殖这一低效益行业对于废弃物的处理利用望而生畏,在新常态下,如何做到兼顾改善养殖生态环境,增加农牧综合效益、杜绝农畜产品质量污染,确保民生"舌尖上的安全",湖北省安陆市安源生态农业开发有限公司在实践中找到了新答案。

安陆市安源生态农业开发有限公司(以下简称"安源公司")以致力于生态循环农业为目标,是集无公害、绿色、有机农产品的养殖、种植、环保污染处理及再生能源开发,农业配套设施、设备的开发与投资,农产品加工、物流与销售及农业观光旅游餐饮服务、教育培训为一体的科技环保型现代化农业企业,是湖北省农业产业化重点龙头先进企业、湖北省蔬菜协会理事单位、湖北省核心蔬菜示范标准园、湖北省农业信息数字化管理示范单位、湖北省十佳带农惠农龙头企业、农业部农业科学普及示范基地,是湖北省休闲农业示范点和湖北省首家大型生态循环设施农业标准化生产示范基地。

1998 年以来,安源公司一直以致力于生态循环农业为目标,先后在安陆市府城凤凰村、南城肖杨村、南沿沟等流转土地和征用土地 500 余亩,投资建设了湖北安源华多种猪场、湖北安源凤凰良种猪扩繁基地、湖北安源南沿综合养殖场及长架山生态农庄,采用"猪—沼—鱼—菜"生态循环模式,发展生态农业。建设标准化场房及配套设施 27 800m^2,沼气站 1300m^3,水产养殖面积 170 余亩,可存栏生产母猪 2700 余头,年可提供种猪 12 000 头、优质杜长大三元猪及生态土猪 38 000 头。

为了最大化地进行畜禽养殖废弃物的综合利用,大力发展生态循环农业,提高市场竞争力,降低养殖风险,安源公司于 2012 年 9 月采取土地流转方式承租安陆市烟店镇董桥村、石河、龚岗、宋坡等 4 个村 7 个组土地共 1470 亩,发展有机果蔬种植及现代观光农业。以养殖场 1300m^2 沼气站年产 3.2 万 t 的有机肥为基础,与湖北省农业科学院、湖北省蔬菜科学研究所、江苏农业科学院的专家团队紧密合作,引进国内外优良品种和先进技术,依据不同的地势,规划种植'平韭 8 号'、台湾枇杷、葡萄、红心柚等优质果蔬。目前,已建成蔬菜大棚 660 亩,育苗温室 3200m^2,农产品保鲜库和净菜加工车间 3100m^3,花卉苗木基地 380 余亩,社区直营店 4 家共 1600m^2,年可生产并销售各类优质苗木 1800 万株,各类果蔬 25 000t,成为湖北省从事生态循环农业行业的先行者之一。同时,安源公司充分利用自然资源优势,依托无公害水产养殖基地和有机果蔬种植基地,于 2008 年开发建设了以农家餐饮、垂钓、有机果蔬采摘、植物迷宫、野外露营、棋牌娱乐等特色农业休闲项目为主的长架山生态农庄。此农庄依照循环经济生态模式建设，充分利用自然资源，保护环境，逐步形成"畜禽养殖—废弃物资源利用—生态农业开发—休闲旅游等"循环经济发展。随着环境的改善，整个农庄及周边地区已成为绿树成荫、瓜果飘香、六畜兴旺的具有较高生态环境质量的农家绿色生态园区，是湖北省休闲农业示范点。

安源公司在经营服务上，一切以全心全意为客户服务为核心，开辟了多项服务功能，除店内直营外，还通过互联网建立了"朴泥农场电子商城"为消费者提供网上采购和预定、网下生鲜配送速递上门等服务。目前，除在安陆市吕家畈、武汉白沙洲、四季美等农贸批发市场均建有蔬菜合作购销站外，另外投资建设社区直营店4家，发展销售网点11个，蔬菜专业经销商10余人，并和湖北汇春实业集团、中百仓储、武商量贩等大型商超配送中心达成了长期合作协议，公司基地自产的韭菜、小香葱、香芹等已成为湖北林昕水饺食品有限公司定点采购和包销的产品，市场和品牌逐步稳定和凸显。安源公司2014年实现总销售收入7210万元，实现净利润1478万元。2014年末，资产总额达9024.9万元。

2. "三绿"养殖新模式——以农业部饲料工业中心丰宁动物实验基地为例

（1）农业部饲料工业中心丰宁动物实验基地基本概况

2010年，农业部饲料工业中心（国家饲料工程技术研究中心）在14个环首都绿色经济圈建设县之一的河北省丰宁县汤河乡大草坪村建立了丰宁动物实验基地（以下简称"丰宁基地"）。2012年5月24日，农业部饲料工业中心分别与加拿大饲料研究中心、农业部设施农业节能与废弃物处理重点实验室合作，在丰宁基地挂牌成立"国际畜禽饲料研究联盟""农业部设施农业节能与废弃物处理重点实验室试验教学基地"；同年9月又成立了"中国农业大学丰宁实验站"。丰宁基地东面和南面与怀柔区喇叭沟门乡帽山村毗邻，距北京市区155km、怀柔界2km、丰宁县城30km，交通便利，生物环境安全，是开展动物学科相关领域教学、科研、实习与示范推广的理想场所。丰宁基地占地2000亩，建筑面积1.6万m^2，主要包括猪和鸡试验区（空怀妊娠猪舍3栋、分娩猪舍1栋、保育猪舍2栋、生长育肥猪舍7栋、猪营养代谢实验室1栋、试验鸡舍1栋、屠宰取样与真空冷冻干燥实验室1栋）、饲料中试车间及配套的办公生活区和目前正在建设的养殖废弃物处理利用区（详见"绿色处废"部分）。

（2）农业部饲料工业中心丰宁动物实验基地的建设目标与方针

作为京津冀协同发展的一个缩影，以2010年中央一号文件《中共中央国务院关于加大统筹城乡发展力度 进一步夯实农业农村发展基础的若干意见》中提出的"提高现代农业装备水平，促进农业发展方式转变；推进菜篮子产品标准化生产，支持建设生猪规模养殖场；加快农产品质量安全监管体系和检验检测体系建设，积极发展无公害农产品、绿色食品、有机农产品"为指导，农业部饲料工业中心针对国内养猪环境污染压力大、种养脱节、建设用地困难、饲料资源紧缺、生产效率低、养殖综合成本高、养殖疫情频发等日益突出的问题和国际市场竞争加剧的趋势，并结合自身科研发展的需要，以及以往动物试验场所合作建设的经验教训，充分利用中国农业大学、农业部饲料工业中心技术与人才优势，并借助河北省承德市区位优势与土地资源，以科技引领为核心，在丰宁县汤河乡大草坪村，提高饲料资源利用效率，实现精准配料；转变养殖废弃物处理方式，实现资源化利用，以这两个"实现"为主要抓手，从猪舍环境设计、饲料营养、设施管理到养殖废弃物处理利用各环节统筹，政用产学研结合，研究示范养殖业循环经济模式与技术，为北京及周边地区养殖业的可持续发展提供新模式与新技术，补齐短板，推动养殖业科技转型发展，从绿色饲料、绿色生产与绿色处废3个关键环节着手，集成创新，破解北京及周边饲料安全、畜产品安全与生态环境安全约束，同时引导丰宁县脱贫发展，助力美丽乡村建设。

（3）技术措施与效果分析

A. 绿色饲料

一是猪实时测料配方技术。农业部饲料工业中心丰宁动物实验基地从饲料源头着手，将猪饲料原料的营养价值评价研究结果和低蛋白日粮技术应用于养猪生产实践，实现实时测料精准配方、精准饲喂，不仅节约了大量的饲料资源，降低了养猪成本，而且有效减少了粪便排放总量和粪尿氮、磷及重金属对环境的排放。农业部饲料工业中心近5年的研究表明（专题表 3-12），我国猪饲料常用的饲料原料玉米、豆粕和麸皮消化能的变化范围都在 1MJ/kg 以上，一些非常规饲料原料的变化范围更大。通过实时配料技术，在饲料配方制作过程中有 30%的饲料原料的消化能与数据库相比可以增加 0.5MJ/kg，每吨全价饲料就可以节约 30kg 的玉米，一个年生产 100 万 t 的猪饲料企业可以节约 1 万 t 的玉米，按目前玉米历史较低价 2000 元/t 计算，相当于节约成本 2000 万元。我国饲料原料氨基酸含量和消化率的变异更大，很多饲料原料数据库中的数据已经与目前我国饲料原料的数据差异很大，通过实时测料配方技术，在不影响饲料营养价值的情况下，使 30%的全价饲料蛋白质水平降低一个百分点，可以为 100 万 t 的猪饲料企业节约 3000t 的蛋白质，相当于 6700t 的豆粕、1 万吨大豆，对缓解我国蛋白质饲料原料短缺状况提供了必要的技术支持。同时还能够减少 480t 的氮排放，对降低养殖业对环境的污染提供了技术保障。"猪实时测料配方技术"的研发可以准确确定非常规饲料原料的营养价值，增加其在猪饲料原料中的使用量。以我国麸皮为例，农业部饲料工业中心研究测定其赖氨酸平均含量为 0.71%，而主要饲料原料数据库中赖氨酸含量均为 0.52%，使用本技术，每吨麸皮可以节约 2kg 的合成赖氨酸使用量，节约成本 30 元，结合其他氨基酸的含量，饲料企业每使用 1t 麸皮可以节约成本 40 元，以年产 100 万 t 猪饲料的企业为例，每年至少使用 10 万 t 麸皮，可节约配方成本 400 万元。

专题表 3-12　猪实时测料配方技术应用效益分析表（以年产 100 万 t 猪饲料企业为例）

饲料原料营养价值	变化幅度	年节约饲料原料量	综合单价（元/t）	经济效益（万元/年）	生态效益	社会效益
猪消化能	增加 0.5MJ/kg	1 万 t 玉米	2 000	2 000	节能减排	提高饲料原料利用率，缓解饲料原料紧缺
麸皮氨基酸含量	增加 0.19%	200t 赖氨酸	20 000	400	节能减排	
配方蛋白质水平	降低 1%	6 700t 豆粕（1 万 t 大豆）	3 000	2 000	氮排放量减少 480t	

二是养殖生物技术。通过在饲料中添加有益菌进行发酵处理后饲喂，实现无抗养猪，不仅解决了猪亚健康、畜产品抗生素耐药性和残留问题，提高了猪的生产性能，而且显著地改善了养殖生态环境，场区臭味明显减轻。相关研究证实，在生长育肥猪饲料中添加新型微生物发酵饲料添加剂饲喂至出栏，猪料肉比降低 0.2%，提前 15 天达 105kg 出

栏体重，猪肉中蛋白质含量提高10.3%，猪肉口感明显改善，养殖场地臭味显著减轻，夏天苍蝇数量减少60%以上，通过综合效益分析，使用添加生物饲料添加剂的饲料养猪，每头猪多收益120多元，且可生产出无药物残留、品质优的猪肉。

B. 绿色生产

一是以"人、动物与环境协调"为目标。除饲料源头控制外，丰宁动物实验基地在养殖生产过程中，注重学科交叉，尊重自然规律与畜牧业发展特点，学习国际先进理念，研究探讨适合我国北方地域气候特点与场址条件的规划、设计与生产工艺技术，并通过不断改进工艺技术设计、采用先进设备改善管理、使用清洁的能源和环保消毒药等，减免生产过程中污染物和温室气体的产生，以减轻对人类和环境的危害，实现绿色生产。

二是强化"管重于治"理念。主要表现在以下几方面：第一，通过改造饲喂设备，实现自动喂料，并加强管理，减少设备和人为因素导致的饲料浪费，浪费量从10%下降为5%，生长育肥饲料按均价3000元计算，全群料肉比按3:1估算，每出栏一头110kg体重的育肥猪节约饲料16kg，相当于多赚48元，以年出栏1万头猪场为例，经济效益仅饲料节约一项就增加48万元（专题表3-13），同时可以减少粪便排放总量，氮排放量减少约3584kg（饲料平均蛋白质水平按14%计算）。第二，丰宁动物实验基地通过改造地下排水管网，将地表水与污水完全分离，结合供水管理的增减压力科学调控，加强饲养管理，改无限用水为控制用水，综合起来计算，平均每天污水总量减少近20t，极大地缓解了污水处理压力，也间接地节约了水资源，避免地表水及周边水系受养殖废水污染；同时对人畜饮用水进行有效净化处理，为保障绿色生产提供了重要条件。第三，在猪饲养过程中根据不同生长发育阶段配合匹配的分阶段营养平衡日粮，既满足猪生长的实际需求，又可提高营养物质的消化利用率，减少氨及其他腐败物质的生成，降低粪便中的氮含量和恶臭物质排放。

专题表3-13 设施改进与强化管理综合效益分析表（以年出栏1万头猪为例）

浪费减少	节约饲料	饲料单价	经济效益	生态效益	社会效益
5%	16kg/头	3000元/t	48万元/年	氮排放量减少3584kg	养殖业增收

三是采用"以菌治菌"技术措施。在养猪生产的消毒防疫过程中，采用微生态类环保绿色消毒剂替代传统化学类消毒药品，极大地降低了疫病的发生，并有效地抑制养殖场恶臭味的产生和蚊蝇的滋生，改善了养殖环境。

C. 绿色处废

在处理利用养殖粪尿污水与病死畜方面，农业部饲料工业中心丰宁动物实验基地摒弃废弃物的观念，以资源化高效利用为目标，采用系统集成创新技术，研究示范在我国特别是北方地区可借鉴、可推广、可复制的"厌氧产气发电+生物处理利用"绿色处废模式，项目综合效益明显（专题表3-14）。

一是厌氧产气发电。丰宁动物实验基地实验猪场存栏500头母猪，1200头保育猪，2400头生长猪；其中母猪试验区采用干清粪工艺，保育及生长育肥猪采用美式尿泡粪工艺，平均粪尿污水产生量为50t/d，通过管网收集至提升井后泵入"盖泻湖"大型贮气一体化HDPE黑膜沼气池，在沼气池内发酵周期为62天，排沼渣后通过固液分离机分

专题表 3-14 丰宁动物实验基地绿色处废模式综合效益分析表

产品种类	数量	单位	单价	经济效益	生态效益	社会效益
沼气	500	m³/d			灭菌率 96%；COD_{Cr}削减 128.76t/年；氨氮削减 14.05t/年；总磷消减 8.33t/年；利用有机肥种植绿色蔬菜，减少化肥与农药用量，节约水资源，维持生态平衡	破解养殖环境污染瓶颈，促进种养结合，推动农民绿色养殖脱贫致富，促进美丽乡村建设
沼气发电	800	(kW·h)/d	0.6 元/(kW·h)	13.6 万元/年		
沼渣肥	1.18	t/d	300 元/t	12.9 万元/年		
中水	43	m³/d				

离、配料，借助于带有呼吸膜的厌氧袋，发酵生产高效有机肥，用于种植各类绿色蔬菜和玉米等；分离出的沼液回流到提升井，循环进入沼气池，最终有 1/3 沼液经深过滤处理后，悬浮物（SS）颗粒直径小于 125μm，根据蔬菜作物品种需求，按需要比例泵入滴灌系统作为液态肥在施肥季节对场区周边农田施用。

发酵生产的沼气净化后作为燃料用于 64kW 沼气发电机组发电，电能用于供应部分生产用电，发电机组余热收集用于沼气池升温；冬季气温低时，余热不能满足沼气池供暖，沼气优先供应沼气热水器对沼气池供暖，池内水温保持在 10℃时以上，保障正常运行。正常生产后平均日产沼气 500m³，可发电 800kW·h，即可供 64kW 发电机每天发电 12.5h；提供热量 68 万 kcal[①]/d。如果全部用于沼气热水器供暖，则可提供热量 225 万 kcal/d，大于沼气池冬季供暖所需热量（170kcal/d），冬季在室外气温时也可以正常运行。"盖泻湖"沼气池每天可产气 500m³，每天可发电约 800kW·h，合计一年可发电约 22.7 万 kW·h，1kW·h 电按 0.6 元计算，每年则可收益约 13.6 万元；同时可以提供沼渣 430t/年（含水率 60%），沼液 15 695m³/年，沼液除直接作为液态肥利用外，还可通过生物处理达到中水标准再利用。

二是生物处理利用。厌氧发酵后产生的约 2/3 的沼液经微生物处理后达到中水标准，可灌溉周边农田、菜地、树木，或进入进水景观系统、养鱼池或消毒后冲洗猪舍尿泡粪沟循环利用，节约水资源，实现零排放（专题图 3-7）。其中丰宁基地自有 1 个蔬菜大棚和 20 亩农田，可利用沼液肥和沼渣有机肥种植绿色蔬菜，不仅在当地起到种养结合示范带动和美化生态环境的效果，而且解决了丰宁基地及农业部饲料工业中心全体职工吃绿色蔬菜的问题，减少了化肥与农药用量；同时也为开展沼液及有机肥科学合理利用提供了条件。

在全面建成小康社会的决胜阶段，在京津冀协同发展的大背景下，作为建设美丽乡村的重要组成部分，农业部饲料工业中心丰宁基地，落实《中共中央关于制定国民经济和社会发展第十三个五年规划的建议》中提出的"创新、协调、绿色、开放、共享"五大发展理念；贯彻 2016 年中央一号文件《中共中央国务院关于落实发展新理念加快农业现代化 实现全面小康目标的若干意见》有关"加大创新驱动力度，走产出高效、产品安全、资源节约、环境友好的农业现代化道路"精神；转变畜牧业发展方式，推动"政用产学研"协同创新，致力于研究、示范养殖业绿色发展这一可推广、可复制、可借鉴模式（专题图 3-8），以破解制约我国养殖业可持续发展的食品安全、环境污染和成本天花板等问题。

---

① 1cal=4.184J。

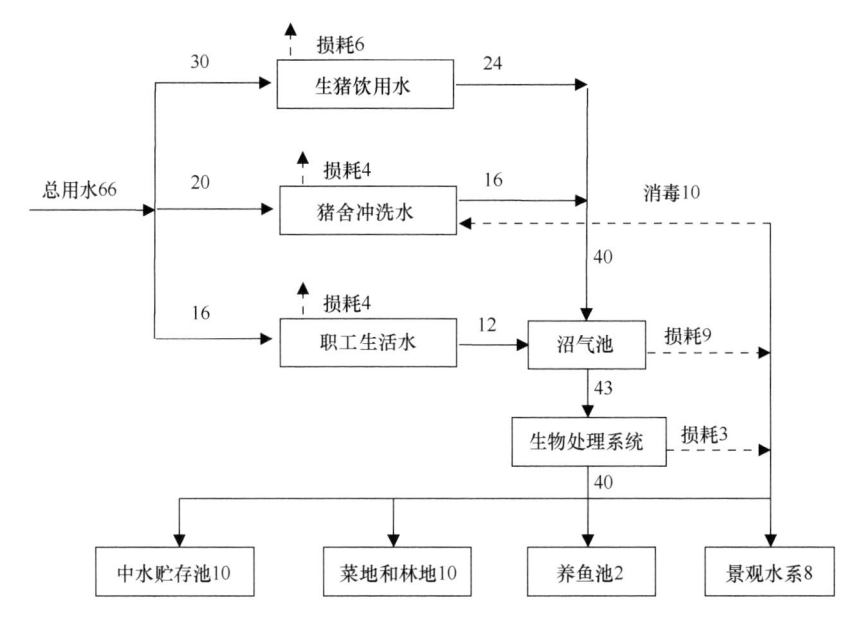

专题图 3-7 丰宁动物实验基地绿色处废模式水量平衡图（图中数据单位为 m^3/d）

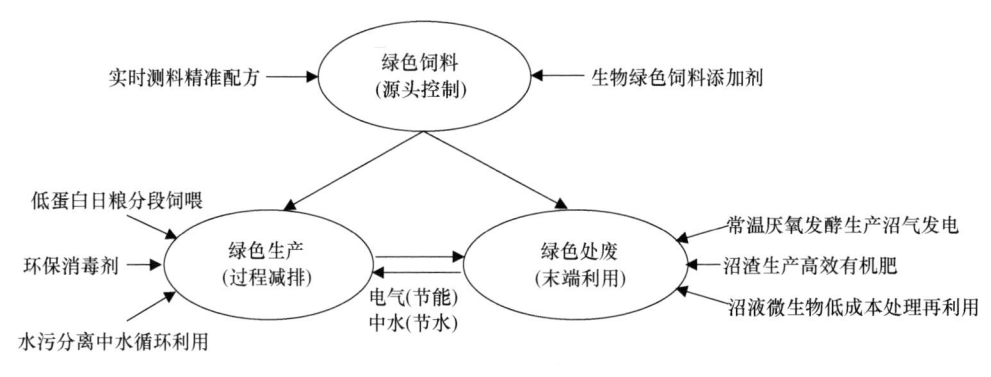

专题图 3-8 "三绿"养殖模式

五、科技工程与政策建议

（一）国家科技支撑工程

转变畜牧业发展方式，建设美丽乡村，离不开科技和创新。通过整合国家各种科技资金与政策，长期稳定支持农业大学、农科院所与有实力的涉农企业主导的国家畜种、饲料原料与畜舍环境大数据、养殖废弃物减排利用等重大平台建设，并实施互联网+现代畜牧业创新工程，为我国畜牧业绿色、协调发展提供动力和源泉。

1. 国家畜禽育种云平台建设工程

我国畜禽遗传资源丰富，尽管我国种畜禽业自 1998 年国家启动良种工程项目以来取得了一定的发展成就，良种覆盖率有所提高，但因国内种畜禽市场竞争力不强，国外良种在我国种畜禽生产中一直处于支配地位，再加上国内畜种工作滞后、育种积极性不高,"重引种、轻选育",结果陷入"引种—扩繁—退化—再引种"怪圈,同时进口种畜禽也极大地增加了疾病引入的风险。科技对畜禽育种的贡献率达 50%以上,站在全球的角度,举全国之力,很有必要实施国家畜禽育种云平台建设工程,全国一盘棋,以市场为导向,全面持续评估、选育和开发利用地方畜禽品种资源优势,自主创新,突破我国为养殖大国却非养殖强国的关键技术瓶颈,培育畜禽优良品种并进行保护与推广,促进种畜禽业发展方式的根本性转变。

2. 饲料原料大数据平台建设工程

2012 年我国颁布的饲料原料目录中列出了 562 种饲料原料,目前有准确营养价值数据的原料不足 20%,同时,随着作物育种技术和饲料原料加工技术的进步,许多数据已经不适应我国当前饲料行业的发展,这造成了原料使用具有极大的盲目性,饲料资源的浪费。以养猪为例,我国猪饲料常用的原料玉米、豆粕和麸皮消化能的变异都在 1MJ/kg 以上,一些非常规饲料原料的变异更大。在制作饲料配方过程中有 30%的饲料原料的消化能与现行数据相比可以增加 0.5MJ/kg,这样每吨全价饲料可以节约 30kg 的玉米,一个年生产 100 万 t 的猪饲料企业可以节约 1 万 t 的玉米。我国饲料原料的氨基酸含量和消化率的变异更大,还有很多饲料原料数据库中的数据已经与目前我国饲料原料的数据差异很大,在不影响饲料营养价值的情况下,使 30%的全价饲料蛋白质水平降低 1%,可以为年产 100 万 t 的猪饲料企业节约 3000t 的蛋白质,相当于 6700t 的豆粕、1 万多吨大豆,对缓解我国蛋白质饲料原料短缺状况提供必要的技术支持。同时还能够减少 480t 的氮排放量,对降低养殖业对环境的污染提供了技术保障。因此,在国家层面推动建设饲料原料大数据平台,全面系统地评价常用饲料原料的营养价值,结合数学、统计学和现代生物信息学技术手段,研究我国国情条件下的畜禽饲料营养价值模型化技术,实现精准饲料配方和精准饲喂,可大量利用非常规饲料资源、降低养殖成本、提高畜禽对饲料的利用效率、减少养殖粪污排放对环境造成的污染。

3. 畜舍环境大数据平台建设工程

动物的表型由基因和环境共同决定。良好的环境是动物生存与生产的最基本的条件。我国地域辽阔,气候类型多样,外部环境变化异常,随着我国养殖集约化程度的提高,畜禽舍内温度、湿度、空气质量、光照和饲养密度等环境因子对动物健康、生产效益、产品品质与生态环境的影响越来越明显,已成为制约我国养殖业可持续发展的内在因素。据估计,通过改善环境条件,我国养猪料肉比每降低 0.1,每年可节约饲料 721 万 t,相当于人均增加粮食 5.5kg。国内对畜禽舍环境参数的研究较发达国家起步晚,积累也很少,现行畜牧环境标准参数值大多参考国外报道结果制定。畜禽舍的规划设计、畜牧装备生产制造无科学理论依据与数据支撑,设计规划目标与建设生产运行结果往往相差甚远,畜禽舍内环境条件很难控制,严重影响畜禽生产效率和效益。加强顶层设计,由农业部、科技部与教育部牵头,整合具有研发实力和条件的国内高校、科研单位与有关企业,实施畜舍环境大数据平台建设工程项目,为我国畜牧业发展方式转变提供基础保障。

4. 畜禽养殖废弃物高效利用示范工程

2015年中央农村工作会议指出"要高度重视去库存、降成本、补短板"。降成本，首先要减少化肥、农药的不合理使用。中国化肥、农药用量相当大，生产和使用量都居世界第一。但化肥、农药的利用率比发达国家低15%~20%，降低使用量、提高利用率势在必行。农业部提出"一控、两减、三基本"，要求进行养殖废弃物资源化利用。2016年中央一号文件提出，"加大农业面源污染防治力度，实施化肥农药零增长行动，实施种养业废弃物资源化利用、无害化处理区域示范工程。"种养结合废弃物资源化利用有助于减少化肥用量，防止氮、磷养分面源污染。据估计，我国畜禽粪便中有机氮、磷量分别相当于同期化肥施用量的79%、57%，高效利用养殖废弃物对于减少化肥施用量的意义重大。

我国养殖业粪污与病死畜处理利用技术研究起步较晚，原始创新成果积累不足，现行粪污处理利用工艺装备不太给力。目前，我国养殖业粪污低温（冬季）厌氧发酵效率低且产生的沼液不能及时消纳；粪便高温好氧发酵生产有机肥的肥效低，且产生大量CO_2、CH_4温室气体二次污染环境，从而影响了沼气能源工程推广与有机肥产业化。针对上述情况，由国家农业、环保部门牵头，在各地典型环境条件下的大中型养殖场，结合农作物秸秆的处理利用，因地制宜地实施不同模式的畜禽粪污处理与应用试验示范工程，促进相关各环节接口技术和工程处理技术研究突破，集成创新，尽快整合形成完整的技术体系与综合生产力；同时配套实施有机肥替代化肥和沼气发电的以奖代补政策，鼓励规模养殖场配套一定规模的种植用地，用于就近消化畜禽粪污，进而支持切合实际的各种形式的农牧结合模式，科学循环利用，从根本上解决畜禽废弃物对环境的污染，实现废弃物"无害化、资源化"。

5. 互联网+畜牧业创新工程

2016年中央一号文件提出大力推进"互联网+"现代农业，应用物联网、云计算、大数据、移动互联等现代信息技术，推动农业全产业链改造升级。随后2015年3月5日，李克强总理在政府工作报告上提到，制定"互联网+"行动计划。"互联网+"战略上升至国家层面。4月19日，习近平总书记在京主持召开网络安全和信息化工作座谈会上，强调按照创新、协调、绿色、开放、共享的发展理念推动我国经济社会发展，是当前和今后一个时期我国发展的总要求和大趋势，我国网信事业发展要适应这个大趋势，在践行新发展理念上先行一步，推进网络强国建设，推动我国网信事业发展，让互联网更好地造福国家和人民。

"互联网+"就是"互联网+各个传统行业"，利用互联网信息技术平台，推动创新发展。尽早谋划实施互联网+畜牧业工程，创新畜产品生产、加工、销售与流通方式，对于解决目前我国畜牧业发展信息不对称、产业链条相互脱节、养殖成本居高不下、畜禽生产难监管、产品质量安全难保证、养殖生产水平与组织化程度低、科技推广普及不到位等影响我国畜牧业发展方式转变与美丽乡村建设的一系列问题具有深远的意义。应充分发挥互联网在生产要素配置中的优化和集成作用，培育新的现代畜牧业生产主体与服务主体，大力发展电商畜牧业。

（二）政策建议

1. 政校企协同创新培养农牧业复合型人才，为美丽乡村建设装备人才

中国畜牧业发展方式转变不仅是生态文明建设、美丽中国建设、美丽乡村建设的要求，也是畜牧业自身可持续发展的必然选择。破解目前阻碍畜牧业健康发展的一系列相互关联并具一定矛盾性的问题，顺利转型升级，最终要依靠人才与科技。一方面，破解涉及多学科方面的综合难题，需要更多的高端创新型复合人才；另一方面，畜牧业发展方式的转变过程，是从劳动密集型向技术与创新密集型转变的过程，这就需要更多的复合型技术与技能人才。与之形成鲜明对比的是，由于社会对农牧行业重视程度不够、对农牧专业认可度低等，目前我国农牧业领域相关的科研人才、技术人员远不能满足产业发展的需要，而且一直以来都存在人才流失的现象。创新人才培养体制与方式，以行业需要为目标，鼓励政校企协同培养不同层次的、跨学科的复合型科技研发、专业实用与管理人才；重视培养职业化、专业化农牧民，依托职业院校、中央农业广播电视学校（农广校）、电大、农村党员干部现代远程教育网络等机构和载体，举办多种形式的培训班，对基层畜牧兽医人员、农牧民尤其是家庭牧场主、畜牧业合作社负责人等开展技术培训，提高他们的业务素质、生产技能、职业自豪感，是顺利实现我国畜牧业发展方式转变的前提。

2. 尊重基层实践，推动科技创新集成，为美丽乡村建设服务

科学技术是第一生产力，科技创新是顺利实现我国畜牧业发展方式转变的关键，也是畜牧业现代化发展与畜牧企业创新发展的必然要求。我国畜牧业发展方式转变离不开创新，从畜禽营养管理与畜禽饲草业、畜禽产品与饲料加工业、畜产品质量安全控制、畜牧装备生产制造业到牧场规划设计建设、农牧结合粪污减排与资源化利用技术及互联网信息经营管理各个环节着手，通过实施一系列多学科交叉、关联度较高的重大科技项目研究，突破一系列重大的技术瓶颈，尊重各地区不同生产方式下的基层实践，借鉴发达国家畜牧业现代化发展经验，集成创新，尽快形成一整套适合我国国情的发展模式和技术体系，共同支撑现代畜牧业科学、高效、绿色发展，加快形成发展新优势。以明晰科技成果产权为核心，搭建各种科技成果交易平台，使畜牧科技创新人才有激励、有收益、可持续，使畜牧业科技成果快速高效地实现转化。加快科技成果使用和收益管理改革，扩大股权和分红激励政策实施范围，完善科技成果转化、职务发明规章制度，使创新人才分享成果收益。通过财政补贴和税收政策鼓励企业增加创新投入。支持企业更多地参与重大科技项目实施、科研平台建设，推进企业主导的产学研协同创新。建立公开统一的国家科技管理平台，使每一项基层科技实践能随时随地在平台实现登记、定价估值和交易。完善科技创新成果转化机制，形成一批成果转化平台、中介服务机构，加快成熟适用技术的示范和推广。

3. 遵循生态文明建设规律，统筹农牧结合，协调发展基础设施建设

强化畜牧业基础设施建设是发展我国现代化生态畜牧业，实现农牧融合的重要保障。针对畜牧养殖场交通不便、远离水源与电网、通信不便;牧草农田水利节水灌溉工程体系建设标准低、不完善,畜牧养殖与秸秆饲草收割加工贮运装备水平差,农牧业机械化水平低,无适合山地与丘陵地的小型农机具;畜禽养殖粪污收集、贮存、输送与使用配套设施不完善,农牧业结合困难等普遍存在的问题,完善畜牧业发展基础设施建设的财税金融制度,建立适应畜牧业转型发展的稳定投入机制,聚焦共性问题,增加力度,重点支持农牧业一体化发展的配套基础设施建设项目;整合资源要素,优化投资环境,加大畜牧业招商引资力度,积极引导社会各类资本投资畜牧业,形成多元化投资主体,为畜牧业发展方式转变提供驱动力。

4. 落实供给侧改革,保障畜产品质量安全,促进美丽乡村建设

作为畜牧生产大国,目前我国畜产品产量充足,但有效供给不足,质量与安全问题是影响市场竞争力的主要原因。从供给侧着力,分级分类区划,顺应消费结构升级趋势,完善畜产品优质优价的价格形成机制,优化利益分配格局,严格评价与监管执法;以政策为保障,双轮驱动,相互结合,调动安全、优质、积极、特色品牌化畜产品生产,探索保障畜牧业可持续发展的长效机制,以适应高、中、低等不同收入阶层的多元化消费需求,满足潜在市场需求,以消费升级带动产业升级,从根本上避免国人抢购国外奶粉而国内却出现"倒奶宰牛"等类似情况的发生,提高畜牧业发展的质量和效益,保障人民健康、企业发展、生态文明。

专题四

适应村镇美化建设的乡村土地规划研究

生态文明建设是中国特色社会主义事业的重要内容，是全面建成小康社会、实现中华民族伟大复兴的时代抉择，党中央、国务院高度重视生态文明建设。党的十八大提出，大力推进生态文明建设，将生态文明建设上升为"五位一体"的总体战略布局；十八届三中全会提出，要深化生态文明体制改革，加快建立生态文明制度，健全国土空间开发、资源节约利用、生态环境保护的体制机制；2015年4月，中共中央、国务院下发《中共中央国务院关于加快推进生态文明建设的意见》，明确提出加快美丽乡村建设，完善县域村庄规划，强化规划的科学性和约束力；加强农村基础设施建设，强化山水林田路等土地综合治理。由此可见，村镇美化建设及山水林田路的综合治理是推动生态文明建设的重要力量，美丽乡村建设是生态文明建设的重要内容和重要环节。

土地是人类建设活动的重要载体；土地利用是人类根据土地的自然特点和社会经济的需要，通过采取一系列生物、技术手段，对土地进行的长期性或周期性的经营管理和治理改造活动，土地利用的内容包括土地利用方式、程度、结构、空间分布及效益等；土地利用规划是根据土地开发利用的自然和社会经济、技术条件、历史基础与现状特点、当地经济发展需要等，对一定地区范围内的土地资源进行合理分配、组织利用和经营管理活动（王万茂等，2006）。乡村土地是村镇建设的重要载体，适应村镇美化建设的乡村土地利用规划是以"生产发展、生活富裕、生态良好"为目标，对乡村土地资源进行的合理分配、组织利用和经营管理。长期以来，我国人均耕地资源严重不足（我国人均耕地只有1.5亩，平均每一农户仅拥有不足8亩的耕地），尤其是近年来随着城镇化的持续推进，乡村土地被大量掠夺，出现农村持续空心化、人均环境破坏、特色文化缺失等问题，乡村土地利用方式粗放、利用效率极低，建设用地占比过高、超标现象严重，土地利用结构不尽合理。在生态文明建设的大背景下，对适应村镇美化建设的乡村土地规划进行研究，不仅有利于转变乡村土地利用方式，调整和优化土地利用结构，提高土地利用效率，对乡村持续健康发展也具有重要的意义和作用。

一、目前的形势和问题

（一）村镇美化建设与乡村土地利用形势

1. 村镇规划编制及建设管理机构不断改进

十一届三中全会以后，家庭联产承包责任制的落实提升了农村的生产力水平，针对

专题四执笔人：段德罡　王瑾　黄梅　黄晶　菅泓博。

农房建设高潮和乡镇企业的迅速发展所引发的农民建房乱占、滥用耕地等严重问题，国家建设部门召开了"第一次全国农村房屋建设工作会议"，从此进入了村镇规划的起步阶段。随着农村改革的深入和乡镇企业的日渐兴起，农村的非农生产要素加速向乡镇流动，乡镇企业快速发展带来自然资源的过度损耗、环境污染恶化等大量问题。城乡建设环境保护部于1987年做出了以集镇建设为重点的决策，我国开始了"从只抓农房建设发展到对村镇进行综合规划建设"的新阶段（赵虎等，2011）。1997年以后，国家在政策方面日益加大对小城镇和农村的关注力度，这为村镇规划跨入进一步探索阶段提供了环境。2000年建设部发布施行《村镇规划编制办法（试行）》，提出村镇规划的完整成果包括村镇总体规划和村镇建设规划；2005年党的十五届五中全会提出建设社会主义新农村的重大历史任务；2007年建设部出台了《镇规划标准（GB 50188—2007）》；2008年我国出台了《村庄整治技术规范（GB 50445—2008）》，用于指导我国村庄建设的长远发展。目前我国各省（区、市）村镇规划编制分为总体规划和建设规划（或详细规划），使用范围包括建制镇、集镇和村庄，各地村庄规划编制愈加注重具体情况，提出"编制近期建设项目规划"的要求，村镇规划类型多样，在村庄规划层面含有村庄建设规划、村庄整治规划、美丽乡村建设规划、传统村落保护规划等不同类型。由此可见，我国村镇规划走过了一个从无到有，从简单到复杂，从基本空白到逐步完善的历程。

同时村镇建设管理机构和编制方法也不断改进和调整，编制框架体系逐渐由粗到细，规划编制层次亦由少到多。就我国村镇建设管理机构和规划编制情况而言，2013年村镇建设管理机构的建制镇有1.57万个，占比89.83%；设有村镇建设管理机构的乡有0.87万个，占比70.70%。建制镇完成村镇规划占比90.61%，乡（集镇）完成相应规划占比73.73%，行政村完成相应规划占比60%，自然村同一数据则为27.85%。

2. 中国美丽乡村建设试点正在有序推进

美丽乡村建设是中国共产党第十六届五中全会提出的，是社会主义新农村目标的继承与发展。2005年10月，党的十六届五中全会提出建设社会主义新农村的重大历史任务，提出了"生产发展、生活宽裕、乡风文明、村容整洁、管理民主"的具体要求。2007年10月，党的十七大顺利召开，会议提出"要统筹城乡发展，推进社会主义新农村建设"。"十一五"期间，全国很多省（市）按照十六届五中全会的要求，加快社会主义新农村建设。2008年，浙江省安吉县正式提出"中国美丽乡村建设"，出台了《建设"中国美丽乡村"行动纲要》，提出用10年左右时间，把安吉县打造成为中国最美丽乡村。自此，浙江省全面推广安吉经验，把美丽乡村建设升级为省级战略决策。

受安吉县和浙江省"中国美丽乡村"建设成功的影响，安徽、广东、江苏、贵州等省也在积极探索本地特色的美丽乡村建设模式。2013年7月，财政部采取"一事一议"奖补方式，预计投入30亿元，在全国确定130个县（市、区）、295个乡镇开展美丽乡村建设试点，美丽乡村正在有序建设之中，为改善村民生活条件和农村村容村貌、生态环境等做出了积极贡献（王卫星，2014）。

3. 村镇发展模式由增量为主向存量转变

镇作为我国城镇体系中的重要组成部分，是联系城市与乡村之间的纽带。新中国成立以来，我国城镇经历了曲折中发展、波动中前进多个发展阶段；改革开放后，城镇迎来了发展的春天，进入数量快速增长的阶段。1978~2013 年，我国城镇化率从 17.9%提升到 53.7%，年均提高 1.02 个百分点；城市数量从 193 个增加到 658 个，建制镇数量从 2173 个增加到 20 113 个；2015 年我国城镇化率达到 56.1%（国家发展和改革委员会，2014）。我国过去快速的城镇化发展时期，也是我国小城镇迅猛增长的阶段，与此同时出现了用地粗放，城镇空间分布、规模和资源配置不合理的问题（专题图 4-1）。

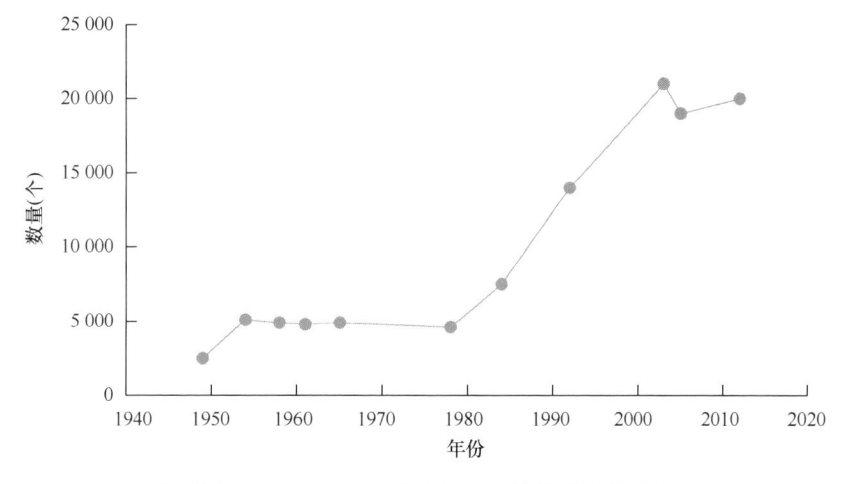

专题图 4-1　1949~2012 年我国小城镇数量变化曲线图

在新型城镇化和生态文明建设大背景下，以"增量"为主导的城镇发展过程将逐渐转向"存量"之际，城镇的发展及建设也将进入"控制增量，盘活存量"的新时期。诸多数据和研究也表明我国已进入快速城镇化末期，城镇化速度在未来一段时期内将保持平稳而缓慢的增长态势，作为小城镇重要组成部分的乡村同样面临着发展模式的转变，以美丽乡村建设为主导的发展模式将以"土地集约化利用"作为这一阶段发展的关键着力点。

4. 村镇土地利用结构处于不断演变完善中

我国幅员辽阔，自然地理环境复杂多样，在人类长期利用过程中形成了复杂多样的土地利用类型，但总是由耕地、园地、居住用地、建设用地、林地、牧草地等用地类型形成不同的组合和结构。

伴随着村镇的发展完善，非农用地比例不断增加，用地结构由简单到复杂，空间配置由混杂无序到合理有序不断演替。就村落而言，最初只有少量居民点用地和直接用于种植或养殖的农用地，伴随人口增多和经济发展，居民点用地和农村道路、农田水利、农业设施等用地规模迅速增加；同时居民住房由初始的独院向小高楼和公共院落转化，居民点用地规模由持续增速到渐趋减缓。就小城镇而言，城镇规划的日益成熟使得小城镇的居民点和工矿用地分布更趋合理有效，并且随着公用设施用地、交通用地等的增加，土地适度规模经营已经成为趋势，土地利用结构逐步由混杂无序向模块化、专业化发展（陈芳和毛锋，2010）。

5. 村镇基础设施建设配置正在加快改善

村镇基础设施建设是村镇建设的基础和根本内容，是村镇经济与社会发展的支撑体系，适度超前配置合理的基础设施不仅能满足村镇各项活动的要求，而且有利于带动村镇建设和村镇经济的腾飞，保障村镇持续健康发展。

近年来，我国村镇基础设施建设在中央重要文件和会议中被多次提及，如《中共中央关于推进农村改革发展若干重大问题的决定》对加强农业基础设施、农村基础设施等提出了明确的要求；《国家"十二五"规划》提到要"加强农村基础设施建设……加快改善农村生产生活条件"；2014年召开的"两会"将"促进农业现代化和农村改革发展，夯实农业农村发展基础……完善农村水电路气信等基础设施"写入政府报告；《国家新型城镇化规划（2014—2020年）》也对农村基础设施建设提出了指导意见；党的十八大报告明确提出到2020年要总体实现基本公共服务均等化，尤其是基础设施建设均等化（孙凡文等，2015）。在此背景下，各地乡镇政府、村委会大力推进村镇基础设施建设进程，加大对村镇基础设施建设的投资力度。

（二）存在的问题

1. 村镇规划编制体系不完善，建设缺乏有效管理

目前具体指导乡村规划编制的为《村镇规划编制办法（试行）》，其中将村庄规划划分为总体规划和建设规划两个阶段，我国各省（市）村镇规划多数沿用这个编制体系。村庄总体规划是乡级行政区内村庄布点规划及相应的各项建设规划的整体部署，村庄建设规划是具体安排村庄各项建设。当前的乡村规划编制体系存在一定问题，完善的村镇规划编制体系尚未建立。一是划分的村庄规划阶段不妥当，从村庄系统性上说，既不能通过规划来协调村庄与城镇的区域关系，在个体乡村层面又缺少深入规划和相关延伸。二是重小城镇规划，轻村庄规划，缺乏考虑村与村、村与镇之间的关系，各层次规划缺乏衔接；村镇规划缺失上位指导，缺乏分类指导，规划的针对性和可操作性较差。三是只考虑乡村中居民点的规划，重心放在乡村建设规划上，对于村域范围内其他土地缺乏有效规划（周游等，2014）。四是规划编制标准问题，村镇规模标准按规划期末常住人口的数量确定，仅以人口为判定标准是不全面的；全国村镇在地域和建设水平上存在差异，致使无论是人均建设用地规模还是建设用地比例均缺乏实际指导意义（邹艳丽和刘海燕，2010）。

我国村镇规划起步较晚，发展时间不长，各地政府把工作重点放在规划编制上，忽视了建设管理工作，由于管理体系不健全、管理力度不强、缺乏分类指导、资金和人才匮乏、公众参与不积极，没有得到很好的落实（雷春生，2015）。一是由于村镇建设管理工作的政治性较强，需要很多政策、法律等给予支持和保障，国家相关部门虽然出台了一些法律法规，但是在实际的执行过程中没有发挥真正的效果。二是地方政府对村镇建设管理的重视不够，我国乡镇没有专门设置正规的管理机构，也存在管理资金不足、人才缺乏、素质不高等情况。村镇建设管理需要大量的资金投入，不能脱离地方财政部门的支持和统筹，由于国家补助有限，很多边远乡村地区管理人员的工资、福利得不到

保障，村镇建设管理的工作质量不断下降；村镇建设需要大批的人才来进行管理，但是很多高素质的青壮年为了获得更大的提升空间、得到更舒适的生活都移居城市，导致农村干部队伍的整体素质得不到提高。三是目前我国村镇居民难以主动参与规划建设，村镇居民的意见得不到重视与采纳，因此村镇居民建设和管理村镇的积极性不高，缺乏公众参与。

2. 盲目进行城镇化建设，片面追求形象政绩工程

我国的土地城镇化远高于人口城镇化，城市建设用地增速远高于城镇人口的增速，一些城市"摊大饼"式扩张，过分追求宽马路、大广场，新城新区占地过大，建成区人口密度偏低（国家发展和改革委员会，2014），这种粗放式的城市建设开发模式对村镇的建设发展起到了负面的作用。

我国的城乡一体化建设不断缩短城乡之间的差距，但是城乡一体化并不是指把农村建设成城市。然而现在许多的村镇规划都不根据实际情况，而是生搬硬套地使用城市规划方法，不加以改变，直接应用到村镇规划建设中。一些地方政府领导为了追求短期效益，在任期内主要致力于见效快的政绩工程、形象工程，不断建造宽马路、大广场、小洋房等，导致在规划工作中出现许多违规的建筑，使得村镇失去自身的特色。

村镇盲目撤并村庄，片面理解城镇化；盲目对民居进行改造，进行城乡无差别化的建设。认为撤并村庄一可以节约耕地，二可以集中居住从而减少基础设施投资，三可以推进城镇化。而事实上这种大撤大并浪费了巨大的资源，消耗了大量建筑材料，破坏了众多文化遗产，也忽视了农业生产的特征。许多村镇热衷于统一发放的"农宅标准图册"，完全忽视不同地方的民居特色、传统民居的节能特性；忽视村庄发展的经济情况和实际需求，盲目进行规定性动作的建设，建设时序常常与农民现阶段的实际需求脱节。

3. 土地非农化利用，耕地资源紧张，建设用地闲置

伴随城镇化快速发展，农村土地非农化趋势加剧，因土地征用使优质耕地面积不断缩减，在很大程度上加剧了我国耕地锐减的形势，带来日益严峻的土地资源安全与粮食安全风险。

根据国土资源详查数据，城镇化率大致上每提高一个百分点占用耕地 287 万亩。1996~2008 年，全国建设用地由 $2955×10^4 hm^2$ 增至 $3305×10^4 hm^2$，增幅达 11.8%，年均增长 $29.2×10^4 hm^2$，同期耕地共减少 $838.8×10^4 hm^2$，仅 2001~2005 年就减少了 $616.4×10^4 hm^2$。《2015 年中国国土资源公报》显示，截至 2014 年底全国共有农用地 64 574.11 万 hm^2，其中耕地 13 505.73 万 hm^2；全国因建设占用、灾毁、生态退耕、农业结构调整等原因减少耕地面积 38.80 万 hm^2，通过土地整治、农业结构调整等增加耕地面积 28.07 万 hm^2，年内净减少耕地面积 10.73 万 hm^2（国土资源部，2016）（专题图 4-2，专题图 4-3）。

耕地质量总体偏低。优等地仅占 2.94%，高等地占 26.53%，中等地占 52.84%，低等地占 17.69%（专题图 4-4）。

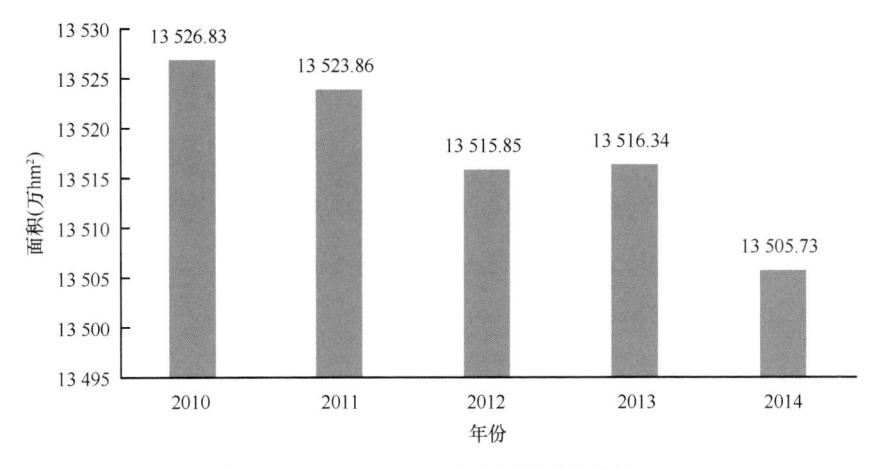

专题图 4-2　2010~2014 年全国耕地变化情况

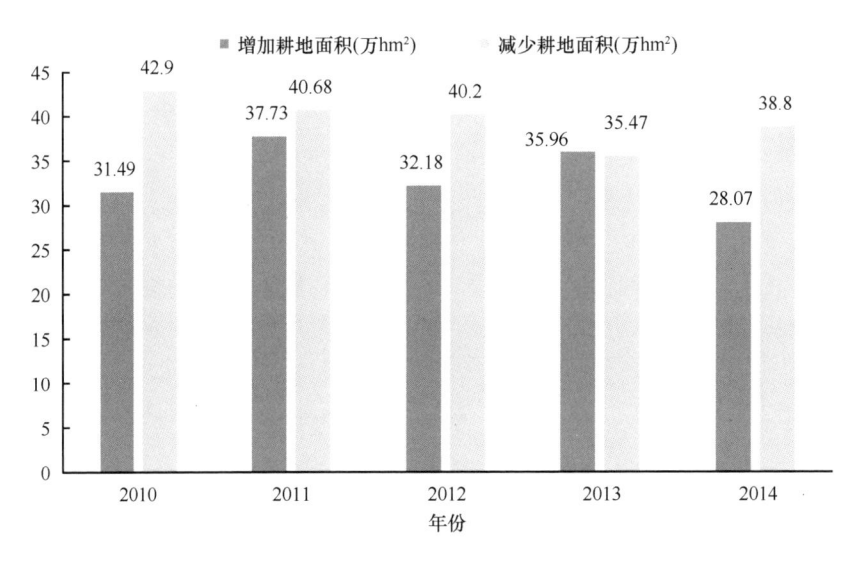

专题图 4-3　2010~2014 年耕地增减变化情况

专题表 4-1　全国耕地质量等别面积比例

等别	面积 万 hm²	面积 万亩	比例（%）
1	48.84	732.60	0.36
2	59.93	898.97	0.44
3	115.85	1 737.73	0.86
4	172.76	2 591.33	1.28
5	366.48	5 497.15	2.71
6	886.22	13 293.34	6.56
7	1 143.89	17 158.31	8.47
8	1 188.01	17 820.18	8.79
9	1 410.69	21 160.28	10.44
10	1 790.55	26 858.20	13.25

续表

等别	面积		比例（%）
	万 hm²	万亩	
11	2 045.43	30 681.51	15.14
12	1 891.85	28 377.81	14.00
13	1 125.50	16 882.44	8.33
14	765.63	11 484.45	5.67
15	498.12	7 471.84	3.69
合计	13 509.74	202 646.14	100.00

注：数据合计数由于单位或小数位取舍而产生的计算误差，均未作机械调整

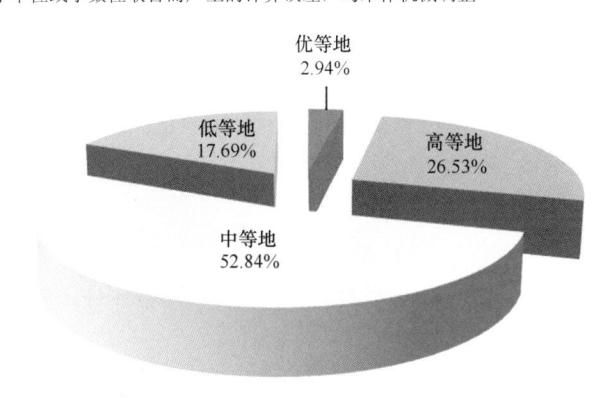

专题图 4-4　全国耕地质量各等别面积所占比例情况

土地非农化利用大量征收耕地用于建设用地，投资开发强度不足，导致土地闲置和低效利用，存在"开而未发、圈而未用、批而未建"现象，造成极大的浪费。1996~2008年，建设用地由 $2955×10^4hm^2$ 增至 $3305×10^4hm^2$，增幅达 11.8%，年均增长 $29.2×10^4hm^2$。2014 年，国土资源部通过对全国 31 个省（区、市）11 801 个村庄内部土地利用情况进行抽样调查发现，村庄内部用地中农村宅基地面积占比最高，约占村庄建设用地的比重为 62.9%（国土资源部，2015）。而同年全国失地农民总数达 1.1 亿人，失去土地的大量农村劳动力非农化转移，带来农村经营主体老弱化问题，也导致以宅基地废弃闲置为主要特征的农村空心化加剧发展。

4. 土地流转市场机制不完善，过程和行为不规范

目前，我国农村土地流转市场机制发育不完善，存在信息流通不畅、充满风险、不确定因素众多等特征。

一是土地流转供需机制失衡，价格形成机制不完善。一方面，农户与农户之间进行的自发的、零散的、无序的土地流转往往不能最大化地体现土地作为市场稀缺资源的经济价值，使得农村土地资源配置无效率或效率不高；另一方面，即使是一些地方进行有组织的规模流转，但由于农村土地流转价格组成复杂、农村土地流转交易涉及利益相关者众多、现有的土地流转价格机制的不健全、土地流转市场交易信息的不对称，也影响了农村土地经济资源的最优配置。

二是土地流转交易过程不规范，造成不少的土地流转纠纷。根据我国相关法律法规的规定，农村土地承包经营权流转时应签订书面合同。然而，现实中大多数农户间进行

的农村土地流转只有口头约定，没有书面合同，即使有书面合同，其内容也不完整，合同条款、标的也不明确；有的合同未经合同管理机构审查、签证或公证机关公证，不具有法律效力。同时，由于土地流转交易涉及不同主体的经济利益，特别是在长期限的土地流转中，关于出让方与受让方的利益协调机制不健全，一旦发生经营风险或者农业市场变化，容易引发土地流转利益矛盾（段力誌，2011）。

5. 村镇环境遭受严重破坏，急需推进污染综合治理

快速城镇化和工业化进程中，随着社会经济的转型、区域要素重组与产业重构，特别是乡村要素非农化带来的资源损耗、环境污染、人居环境质量恶化等问题日益凸显。在我国广大农村地区，农村点源污染与面源污染共存、生活污染与工业污染叠加、城市和工业污染加速向农村转移，农村环境保护基础薄弱，农村人居环境质量普遍较差，垃圾、污水处理问题亟待解决。2011年环保部发布的《中国环境状况公报》指出，我国农村环境形势依然严峻，农村和农业污染物排放量大，部分地区农村生活污染加剧，畜禽养殖污染严重，工业和城市污染向农村转移，农村环境质量进一步恶化。根据2010年《第一次全国污染源普查》，我国农村污染物排放量约占全国总量的50%，全国农村每年产生生活污水约90亿t，生活垃圾约2.8亿t，人粪约2.6亿t，其中大部分未经处理随意排放，导致村镇环境质量下降。2013年我国农村垃圾集中处理率仅占50.6%，近一半农村地区垃圾自然堆放，造成垃圾围村；农村污水处理率低，约88%的生活污水未经集中处理随意排放（张为民，2014）。根据2014年国家发布的《全国土壤污染状况调查公报》和《全国耕地质量等级情况公报》，全国土壤点位污染超标率达19.4%，耕地退化面积超过耕地总面积的40%。在生态文明大背景下，急需推进农村环境污染综合治理。

6. 基础设施建设资金不足，缺乏长效投入保障机制

村镇基础设施投入是建设美丽乡村的重要物质保障，当前我国农村基础设施建设存在资金投入不足、布局不合理等问题。我国政府财政支农资金是农村基础设施建设的主要资金来源，但政府资金投入交易成本高，严重影响了财政支农的政策效应。近年来，尽管国家加大对农村公共基础设施建设的投入力度，但由于历史欠账较多、底子薄，当前农村公共基础设施供给能力尚不能满足广大农民生产生活和美丽乡村建设的需要。农村基础设施建设东部、中部、西部区域差异明显，东部地区农村基础设施建设较为完善，而西部地区基础设施建设相对滞后（李志军等，2010）。完善农村基础设施急需建立均衡的、城乡一体化的基础设施供给制度，建立自下而上的农村基础设施决策机制，实现农村基础设施供给主体和资金渠道的多元化。

二、关于形势的判断和发展趋势

1. 村镇规划视角将从城乡分割走向城乡统筹

随着新型城镇化理念的深入，为了进一步加强城乡规划管理，统筹城乡空间布局，节约资源特别是土地资源，促进城乡经济社会全面协调可持续发展。中国正在打破原有的城乡分割的规划状况，进入城乡统筹规划的时代。与此同时，村镇规划视角将从单个

的镇区规划、村庄建设规划到镇域居民点、空间等资源的统筹考虑。从村镇规划的发展历程不难发现，其初衷主要是为了保护耕地和规范建设，其后涉及经济发展、环境保护和历史文化遗产保护等目标。伴随着当前规划成为政府重要的公共政策之一，村镇规划扩展到资源调控、乡村建设、公共安全和公共利益等多个领域。

2. 新常态下，美丽乡村建设将主动做出调节

2015年5月27日，《美丽乡村建设指南》国家标准由国家质量监督检验检疫总局、国家标准化管理委员会正式发布，该标准将"美丽乡村"定义为：经济、政治、文化、社会和生态文明协调发展，规划科学、生产发展、生活宽裕、乡风文明、村容整洁、管理民主，宜居、宜业的可持续发展乡村（包括建制村和自然村）。从内涵来看，美丽乡村突出了乡村产业、社会等非物质性建设方面的内容和要求，在国家进入新常态环境下，美丽乡村建设不仅作为国家全面改善农村人居环境的重要手段，更是国家着力实现全面建成小康社会的重要途径，它具有广泛而深刻的社会意义，这就对与此相适应的美丽乡村规划提出了新要求。在城乡规划"供给侧"改革转变发生之际，作为城乡规划重要内容之一的"乡村规划"理应做出主动调节和改变。首先要将美丽乡村建设规划与宜居村庄建设规划、村庄整治规划等多种乡村规划进行区分，逐步完善乡村规划编制体系，将原有乡村类规划中忽视的非物质性规划内容与相应管理和执行策略等纳入其中。

3. 农村土地经营和土地流转进入规模化阶段

伴随我国工业化、信息化、城镇化和农业现代化的快速推进，农村劳动力大量转移，农业物质技术装备水平不断提高，我国农村土地已进入适度规模经营阶段，土地流转形式多样化、规模集中化。从各地农村土地流转的具体实践来看，出现了转包、出租、转让、互换、股份合作、租赁信托等形式。随着社会经济发展，尤其是一些地方非农产业的迅速发展，农村富余劳动力不断转移，参与土地流转的农户越来越多；除普通农户以自发形式进行农村土地流转外，一些工商企业、龙头企业、专业合作社、经营大户等规模经营主体也积极参与到农村土地流转中来，并呈逐步增加趋势。近年来，随着国家土地承包政策的稳定和社会经济的发展，有更多的社会资本、龙头企业、工商企业、中介服务机构等进入农村发展现代农业，同时非农产业的发展也促进了农村富余劳动力的转移，这些都为农村土地成片流转的需求和供给提供了可能。

4. 生态文明背景下，急需推进土地生态工程

中国总体上已进入推进城乡协调发展、资源节约集约、建成小康社会、建设生态文明的转型关键期，新时期的"五位一体"建设，需要确立"生态为先"的理念，科学推进土地生态工程，对村镇生态用地保护和建设提出了更高要求，急需深化土地资源工程科学探索。破解土地资源开发、利用与管理存在的主要问题，亟待国家战略和社会需求主动转型。第一，治理模式转型。在土地资源开发、利用与管理领域，国家治理模式正逐渐从单一化的指标控制、片面强调"占补平衡"向节约集约、环境友好、生态文明的综合要求转型，这为土地资源研究向工程领域拓展提供了全新的认知环境。第二，用地方式转变。"三生"空间正成为土地利用空间管控的重要理论基础，引发以牺牲资源环

境为代价的用地方式变革,逐渐向"控制总量、优化增量、盘活存量、用好流量、提高质量"的高效、生态、低碳、循环的供地及用地之路转变,这为土地资源研究向工程领域拓展提供了强大的政策动力。第三,消费观念变革。城乡居民对食品品质、环境健康、生态景观的要求日益提高,渴望更加安全、健康、可持续的生活方式和生产方式,这为土地资源综合研究向工程领域拓展提供了旺盛的内需市场。

5. 基础设施建设一体化和绿色化是大势所趋

十八大报告及其随后出台的《国家新型城镇化规划(2014—2020年)》明确指出新型城镇化是以城乡统筹、城乡一体、节约集约、生态宜居、和谐发展为基本特征的城镇化,是大中小城市、小城镇、新型农村社区协调发展、互促共进的城镇化。新型城镇化的核心在于不以牺牲农业和粮食、生态和环境为代价,要着眼农民,涵盖农村,实现城乡基础设施一体化和公共服务均等化,促进经济社会发展,实现共同富裕。由此可见,随着国家新型城镇化战略的提出和逐步深入,乡村规划方式面临转型,生产、生活、生态三维平衡成为乡村生存的基本目标,而基础设施先行和城乡基础设施一体化则是实现这一目标的关键。

传统型乡村生存中,朴素的基础设施肩负着维护生产、生活、生态三维平衡的重任,近年来的快速城镇化和乡村生产方式的变革打破了由朴素的基础设施所构建的乡村型生命支撑网络,引发了一系列新的生态问题。在新时代背景下,有学者借鉴国外经验,提出乡村绿色基础设施[①]理念,旨在引导和完善乡村基础设施建设,使其能够在展现特色生态观念的同时稳步实现现代化,进而迈向城乡一体化。虽然我国绿色基础设施的应用还不成熟,主要体现在城市,乡村绿色基础设施的应用还处于起步阶段,但随着新型城镇化及生态文明建设的提出,城乡基础设施一体化及绿色基础设施建设将成为未来乡村发展的趋势。

三、总体思路和战略构想

(一)总体思路

以提升村镇美化建设为首要任务,以乡村土地规划为重点方向,以提高土地利用效率和完善基础设施建设为重要内容,以资源节约、文明生态为基本要求,以提高农民收入、改善农民生活为根本任务,找准战略定位、坚持规划引领、整合各方资源、建立长效机制,坚持政府主导、倡导公众参与、创新乡村规划编制体系、深化农村土地制度改

---

① 进入20世纪后期,基于人们对土地永续利用与可持续发展的重新认识,国外一些学者将生态化绿色环境网络设施与常规基础设施(也称灰色基础设施)区分开来,提出了一种新的基础设施——绿色基础设施(green infrastructure,GI),其核心是由自然环境决定土地使用,突出自然环境"生命支撑"功能。但随后这一概念衍生为两个研究方向:以美国、英国为主的一些国家倾向于将绿色基础设施看作一种通过相互联系的绿色空间网络构成环境系统的土地利用方式;而在加拿大,绿色基础设施是通过生态化手段的改造或代替灰色基础设施的基础设施工程生态化。乡村绿色基础设施(rural green infrastructure,RGI)涉及乡村的原野生态、农业生产、乡村生活三大系统,突出基础设施的生命支撑功能,对城乡统筹中的人居建设、环境保护、社会可持续发展给出系统性、网络化的空间结构方案和技术对策,是在乡村范围内实践和延伸新型城镇化思想,并且能够真正落实城乡基础设施一体化的新理念(李峻峰和史含章,2014)。

革、健全基础设施建设机制。借助规划手段，合理分配土地，优化利用结构，完善设施建设，进行人地协调土地综合整治和环境治理，助力美丽乡村建设。

第一，坚持政府主导，社会参与。在政府主导和领衔的情况下，整合社会资源，充分发动村民、集体、企业、相关部门的力量共同参与美丽乡村建设，共同解决过程中面临的问题，保障各环节的工作效果。

第二，坚持规划引领，逐步推进。坚持合理的规划引领，制定好科学弹性的规划，实现美丽乡村建设近期与远期目标的统筹，保证各个地区依照自身特点逐步实现美丽乡村建设目标。

第三，坚持实施效果，动态调整。在美丽乡村建设过程中注重实施效果，注重动态化的调整和策略转变，长期坚持与不懈努力是真正落实美丽乡村建设实践的行动指引[①]。

第四，坚持产业支撑，生态经营。产业的落实与支持是保证生态文明建设的基本条件，生态文明建设的持续推进是促进产业正向发展的目标导向。将生态保护与产业发展相结合，通过合理安排，实现互促共荣、和谐发展。

（二）战略构想

1. 构筑村镇建设新格局，打造四位一体国土新空间

村镇建设格局指乡村地区县城、重点镇、中心镇、中心村的空间布局、等级关系及其治理体系（刘彦随等，2014）。构筑村镇建设新格局，是夯实农村发展基础，搭建统筹城乡发展新平台的需要；是集聚乡村人口产业，促进城乡要素平等交换的需要；是优化乡村空间重构，推进城乡公共资源均衡配置的需要；是优化城乡地域系统，实现"城市病""乡村病"两病同治的需要。加快构筑村镇建设新格局，是构建城乡发展一体化新格局的根本要求，亦是打破城乡二元结构、破解"三农"问题的现实途径。好的村镇建设格局最能凸显绿水青山之美、安居乐业之福，是城乡协调发展和美丽乡村建设不可或缺的空间载体。

新型城镇化背景下，急需在理论与战略上重新定位村镇建设格局，包括村镇人居空间、产业空间、生态空间和文化空间。立足村镇地域空间，以促进产业培育、生态保育、服务均等、文化传承作为村镇建设的核心目标，塑造村镇发展新主体、新动力、新制度，推进形成中国特色的"人居、产业、生态、文化"四位一体的村镇国土空间新格局。

2. 深化耕地保护综合研究，创新耕地保护制度改革

第一，确立耕地全要素保护机制。保证耕地数量，确保耕地红线不突破；保护耕地质量，实现耕地产能提升；保护耕地生态环境，确保农产品质量安全；优化空间格局，实现耕地资源空间的最优配置；统筹安排利用时序，协调代际关系，实现耕地资源的优化利用。形成耕地保护"用途管制、整治提质、产能提升、空间规划、流转增值、权益保障"六位一体的融合机制。

第二，完善耕地占补平衡制度。一是建立补充耕地质量建设与后续管理机制。完善

---

① "湖州模式""安吉模式"的成功，为全国美丽乡村建设提供了发展思路，从"金山银山不如绿水青山"到"绿水青山就是金山银山"，这不仅是一种口号的转变，更是一种发展理念和对生态文明建设更深层次的理解。

补偿耕地质量验收程序,将补充耕地后续的质量提升、基础设施建设等费用纳入耕地占用成本,提高耕地产能。二是耕地占补平衡与生态协调发展机制。严格论证后备资源开发,预留资金消除生态环境压力。三是创新"以质抵量、产能平衡"机制。按照产能平衡原则,通过实施中低产田改造,提高粮食综合生产能力。四是建立补充耕地经济补偿机制。对新开垦耕地的区域发放"新增耕地耕种和管护补助费",形成补充耕地经济补偿机制,增强地方政府和农民对耕地占补平衡的责任心。

第三,创新耕地保护价值补偿制度。耕地保护所得补偿是耕地保护过程中产生的正外部性的价值体现,要充分考虑耕地保护主体的多元性,既要补贴耕地保护微观主体农户,激励其保护耕地的积极性,也需补偿地方政府因耕地保护而放弃开发建设获取更高经济利益的机会成本。健全建设过程中尽量避开耕地、提高集约用地水平的奖惩制度,建立有利于增加耕地、改善耕地质量、提升耕地产能的经济激励与投入长效机制。依据耕地资源的功能价值评价,修正征地占用耕地的补偿标准,要依据耕地的真实价值对失地农民进行足额补偿。

第四,创新区域耕地保护补偿模式。国家应加大对重要粮食主产区和商品粮基地的耕地保护补偿力度,即纵向补偿。同时,粮食调入省份或地区应对粮食调出区域进行价值补偿,即横向补偿。耕地占补平衡也急需创新利益机制,建设占地区需对补充耕地地区进行利益补偿。

3. 完善土地流转保障体系,促进土地流转模式创新

第一,加强农村土地流转法制建设。一是完善《中华人民共和国土地管理法》《中华人民共和国农村土地承包法》《中华人民共和国土地管理法实施条例》和《农村土地承包经营权流转管理办法》的相关规定。二是增订农村土地征用和征收的专门法律法规。如制定专门的《农村土地流转法》《农村土地抵押法》及《农村土地收益分配法》等;运用法律的公正性与权威性,有效地界定与规范不同行为主体的决策和选择行为,保障不同产权主体特别是土地经营主体的正当权益。

第二,完善农村土地产权管理制度。首先,尊重法律赋予农民的土地权利,尊重农民土地流转意愿,发挥广大农民的主体作用;其次,保障农民土地流转的经济收益,创造条件让农民拥有更多的财产性收入;最后,赋予农民享有农村土地的经济所有权,如占有支配权、经营使用权、自主决策权、收益占有权、合理处分权、产权继承权等。

第三,推动农村土地流转的机制创新。首先,推动农村土地流转市场化。引导农村土地进入市场,形成依法、自愿、有偿地流转,在市场机制和政府宏观调控的共同作用下,实现农地资源合理配置。其次,推动农村土地流转的多元化。在保证农村土地承包经营权和收益权的前提下,因地制宜,允许农民采取多种方式进行农村土地流转,也可以根据流转双方的实际需要采取现行法律没有明确禁止的方式进行农村土地流转。最后,建立健全农村土地交易所的工作和监管制度。

第四,发展农村土地流转的服务体系。加强农村土地流转的登记制度建设,规范土地流转合同的文本;建立农村土地承包和流转的仲裁机构,配合司法部门协调处理和仲裁农村土地流转过程中出现的各种矛盾及纠纷。

4. 构建基础设施循环网络，保障绿色生态建设体系

第一，建立完整的乡村绿色基础设施规划生命支撑网络。乡村绿色基础设施着重解决的是物质层面资源、能源和人类活动之间的循环问题，是维护人与自然交互关系的桥梁。构建乡村绿色基础设施的循环网络，重点突出生态环境的背景依托、生产活动的自然属性、生活场所的乡村风貌，保证人类生存的大环境及人地关系的可持续。

第二，从生活、生产、生态方面提出乡村规划新视角。以乡村绿色基础设施作为主线，深度挖掘乡村生活、生产、生态的三元共生关系，从建立乡村生命系统支撑网络的角度对乡村人居、农业生产、生态保护等方面提出乡村规划的新视角。

第三，加大资金、科技和人才投入，保障生态化建设。乡村绿色基础设施及生态化建设是一项复杂、系统、难度较大的工程，需要专业人才、科技工程研发等的支撑，国家应加大资金投入力度来保障乡村绿色基础设施建设的推进。

5. 统筹布局基础设施建设，健全长效投入保障机制

第一，新建基础设施必须在既有的基础设施廊道内进行布局，避免对土地完整性的进一步破坏，以保证村镇组团的整合性发展。基本型基础设施在各村镇均衡布局，保证各地居民能就近平等完善地享受各类设施；享受型基础设施在镇域内经论证后根据有关条件布局，镇域内集中设置，采取有力措施，避免重复建设。

第二，进一步加大公共财政对农村基础设施建设的投入力度，建立现代农村金融体系，积极引导社会资本参与农村公益性基础设施建设、管护和运营。创新农村基础设施和公共服务设施决策、投入、建设和运行管护机制，建立自下而上的民主决策机制。放宽农村金融准入政策，加大对农村金融发展的政策支持力度，拓展农业发展银行支农领域，扩大邮政储蓄银行涉农业务范围，推动村镇银行的发展；拓宽融资渠道，引导更多的信贷资金和社会资金投向农村基础设施建设。

四、若干问题的剖析和对策

（一）乡村土地高效集约利用转变路径分析

1. 现状问题

（1）多种类型规划并存，土地利用矛盾冲突不断

在我国目前有国民经济与社会发展总体规划、土地利用总体规划、城市总体规划、环境与生态保护规划、乡村规划等其他相关的空间规划，存在"规出多门、各自为政、相互打架"等突出问题，由于各类规划年限、范围等的不一致，土地利用矛盾冲突不断。

国民经济与社会发展总体规划注重从全局宏观角度统筹谋划未来人口分布、经济布局、国土利用和城镇经济格局；村镇总体规划则根据工程地质、自然环境、资源条件等，并结合村镇发展定位，对村镇空间进行禁建区、限建区和适建区空间范围的划定；土地利用总体规划则根据区域经济社会可持续发展的要求，结合当地自然禀赋、经济、社会

条件统筹安排区域各类用地，重点保护基本农田，控制非农建设占用农用地。这就导致了不同调控重点下，即使对同一空间、同一地块的功能定位也各不相同。在规划空间范围及规划期限的确定上，各类规划也存在较大差异，例如，总体规划一般为 20 年，近期规划期限一般为 5 年，规划范围则具有很大的随意性，一般由政府部门根据当地城乡经济社会发展水平和统筹城乡发展需要划定；土地利用总体规划期限一般在 10 年以上，规划范围为区域内全覆盖的土地利用范围。以上技术层面的差异也是土地利用矛盾冲突不断的重要原因。

（2）土地利用占补平衡和增减挂钩违背政策初衷

2010 年 11 月 10 日，温家宝主持召开了国务院常务会议，专题部署"规范城乡建设用地增减挂钩试点"，明确指出"对违规者，要严肃追究有关地方政府负责人及相关人员的责任，并相应扣减土地利用年度计划指标"。2011 年 1 月 4 日，国土资源部召开了 2011 年第一次部长办公会议，讨论了《关于学习贯彻"国务院关于严格规范城乡建设用地增减挂钩试点切实做好农村土地整治工作的通知"的工作方案》，并将"专项检查增减挂钩试点"作为 2011 年重点要抓的工作内容之一。毋庸置疑，城乡建设用地增减挂钩政策的推出与落实，在一定程度上满足了地方经济社会发展带来的城镇建设用地的急剧需求。由于该模式改变了传统的土地利用方式与结构，并引起了既有的土地权属与经济关系的变动，再加上个别试点地方政府对挂钩政策初衷也存在着理解不到位、认识有偏差、做法不规范、管理有缺陷，因此在挂钩试点过程中，不仅存在对耕地乱占滥用、无序使用，或者弃耕撂荒、私自改变用途等问题，也存在着农民合法权益容易受到侵害、城乡差距扩大、违法违规现象严重、土地利用失控、资源配置效率低、收益分配不公、社会冲突加剧等现实问题。一是占补平衡和增减挂钩周转指标上，存在借而不还、盲目使用等问题。通过项目区内"拆旧建新"实现建设用地周转指标的平衡，是增减挂钩政策的要求。国土资源部在 2010 年 5 月对增减挂钩试点省份进行调研后，发现第一批试点截至 2009 年底，仅拆旧复垦耕地 5.58 万亩，约占下达周转指标的 80%。同时，一些地方缺乏统筹考虑，没有从实际出发，仅凭人为冲动、盲目地推进增减挂钩，结果造成新的问题。二是不少地方政府利用城乡建设用地增减挂钩试点机会，"曲解"国家政策本意，缺乏科学统筹，盲目投资建设，片面追求增加城镇建设用地指标，擅自开展城乡建设用地增减挂钩试点或扩大试点范围，擅自扩大挂钩周转指标规模（段力誌，2011）。

（3）土地确权困难重重，相关信息平台建设滞后

自 2012 年，我国就已全面推动农村土地确权工作，土地确权工作有力地促进了农村土地流转和农业的现代化发展，但在其推进过程中困难重重，主要表现在以下几个方面：一是对土地权证的作用认识不足。近些年，很多地区的农村留守人员均是文化素质相对较低的老年人和未成年人，更关注的是土地流转金额的限制、土地占用的补偿规定等直接利益问题，而对附着于土地的诸多权利关系这些基础性问题并不关心，导致很多地区由于农民对于土地权证的作用和意义认识不足，参与土地确权的积极性不高。二是一些已私自开垦的"四荒"土地确权难以落实。我国许多农村地区有着大量的荒山、荒沟、荒丘、荒滩，当地一些农户在没有事先与村集体签订承包合同的情况下，进行耕作，这虽然有利于耕种面积的扩大与"四荒"土地的开发，但在全面推进农村土地确权工作

的情况下,这一部分土地的权利归属便成为必须解决的现实难题。三是在耕地上建成的私人住宅阻碍了土地确权。实践中私自占用耕地、滥用建设用地等现象也阻碍了农村土地确权工作的开展。四是技术和费用问题影响土地确权的精准度。土地确权工作的顺利执行需要先进的勘察和测绘技术,但是较之农村需要确权的土地面积,我国相关技术人员缺口非常大。尽管近年来的土地确权工作中,一些地方用传统测绘方法进行了划分,但由于资金和技术人员的欠缺,测绘效果并不理想,甚至造成一些地区人力、物力、财力的浪费。"3S"技术是遥感技术、地理信息系统和全球定位系统的总称,是多种空间技术的集成应用。如果适当运用,"3S"技术不仅会提高测绘精度,也会节约一定的人力和物力,可有效解决土地确权工作中的操作标准化问题,为国家相关统计积累科学、全面的土地数据(朱北仲,2015)。

(4)土地流转破坏大量优质耕地,农民利益受损

土地流转过程中出现强行撤村圈地,破坏优质耕地,肆意损害农民合法权益等问题。一是耕地利用方式上,存在未批先占、擅自占用、多占少补、占优补劣等问题。目前,我国各个地方一般对耕地采取"先占后补"的利用方式来实现耕地的"占补平衡",但数据作假现象不容忽视。统计数据显示,2007年全国建设占用耕地为282.4万亩,补充耕地为293.8万亩,补大于占11.4万亩,名义上实现了占补平衡,但国土资源部在同期进行的违法用地调查中却发现,当年全国有24.5万亩耕地未经批准而被占用。同时,一些地方利用增减挂钩试点机会,随意扩大建设用地范围,对耕地多占少补、占优补劣的做法也屡禁不止,造成耕地数量在减少、质量在下降。二是权益分配上,在农村土地被征用过程中农民的合法权益难以得到保障,利益分配欠公平。由于农村土地产权欠明晰、现行法律法规欠完善,加上各个参与主体的经济利益博弈,在农村土地征用过程中,农民作为传统的弱势群体,其合法权益往往容易受到侵害。

(5)非正式土地流转普遍,缺乏有效的监督管理

全国大多数农村地区目前的土地承包经营权流转一般是发生在本村及其邻村、邻乡,以及发生在亲戚、朋友或相互关系较好的村民之间的私下行为,在流转过程中,大多仅以口头方式达成协议,没有书面合同,即便签订合同也存在着责、权、利关系没有明确的规定,合同手续不规范,未经土地所有者村集体的同意,也没有向村集体备案等缺陷。有的农民甚至通过土地承包经营权流转擅自改变土地的农业用途,还有一些土地承包经营权的流转由村组织代替承包户进行,但缺少农户委托书,流转完成后,也不签订合同。一些地方的集体经济组织在对外发包流转土地过程中,既没有按照规定实行公开招标,也没有按照规范的合同样文签订承包协议,而是由村干部私下与承租者达成交易。

这些不规范的流转行为得不到土地管理部门的有效监控,导致流转双方责任不尽明确,无法保障流转权益不受侵害,也破坏了农村土地承包经营权的流转秩序和农业生产的稳定。

2. 对策建议

(1)借助多规合一优化调整土地结构

多规合一改革正是统筹兼顾、协调发展的有效途径,它是把多张蓝图变为一张蓝图,

这有利于集约节约利用土地等资源，有效解决"规出多门、各自为政、相互打架"等突出问题，有利于解决项目建设中存在的"挖沟填沟、填沟挖沟"问题。多规合一并不是说把多个规划合并成一个规划，而是使多个规划整合互通，充分发挥系统性的作用。为全面推动城镇发展一体化，多规合一的重心还在于土地规划，核心是解决建设用地的供给来源与农村同步发展和农民顺利进城就业的矛盾。通过多规合一的规划方法，使村镇文化、经济、建筑、景观特色得到科学规划，统筹协调城镇在各系统、各层面、各类型之间的关系。

借助多规合一统一规划区范围和用地规模与标准，调整优化土地利用结构。例如，各类村镇发展规划所涉及的范围一致，村镇规划、土地利用规划等应当与禁建、限建、适建范围一致；建设用地应当在符合土地利用总体规划总量目标和保护耕地需求的前提下，根据国民经济和社会发展规划提出的城镇化发展和产业发展的要求，同时满足村镇发展和建设的需要，统一确定建设用地标准。

（2）深入开展乡级土地利用规划编制

美丽乡村建设的主要内容是"生产发展、生活富裕、乡村文明、村容整洁、管理民主"，顺应广大村民改变农村面貌、改善生活条件、进行农业现代化建设、增加收入的强烈愿望，是一项长久性的任务，不能一蹴而就，需要对乡级土地进行规划，这是实现美丽乡村建设的基础。推进乡级土地利用规划编制工作，对于加快乡镇经济发展，实现社会主义新农村建设，对于加快本行政区域内经济社会发展都具有十分重要的意义。通过优化乡村用地的布局和结构，可提升农业生产效率，加快推进农村社区建设，发展乡镇经济，加快农村地区的经济发展。

根据上级土地利用总的编制要求，结合各乡镇自然条件和社会条件，对辖区内的土地利用进行合理的安排，对用地矛盾进行协调，确定各类用地的规模。重点安排好耕地、环境保护用地及生态建设用地，对于其他工业用地及基础设施建设，要在保证总耕地面积的情况下，合理规划。要确定好乡镇建设用地和土地整理、复垦和开发的范围，加强对用地结构和布局的引导。

（3）加强乡村人地协调土地综合整治

土地整治的重点是对农村的田、水、路、林、村及工业建设用地进行综合整治，土地综合整治的根本目的就是通过提高土地承载能力，为生态建设提供更多空间，实现资源与人类的永续发展。只有立足全域，以土地综合整治为平台，对土地利用进行系统、科学规划才能建立较为完善的生态保护体系，实现人地协调发展。

进行人地协调的土地综合整治需要从以下几方面入手：一要坚持科学发展观，确保土地综合整治可持续发展。土地综合整治必须立足生态，坚持科学发展观，确保土地资源的永续利用，生态与经济的协调发展，树立保护生态环境的观念。土地资源与其他环境资源、社会经济文化相互联系，相互制约，坚持科学发展观，协调处理各种关系，在土地综合整治中保护环境，在保护环境中开发整理土地。二要构建生态环境安全格局，实施差别化土地综合整治。针对不同区域社会经济发展和土地利用总体战略，围绕构建生态环境安全格局，实施差别化土地综合整治。西部生态环境脆弱地区应进行生态型土地整治模式，强化生态保护和修复；东、中部优化开发的城市化地区，应大规模开展基本农田整治，发挥农田的生态景观功能，改善区域生态环境；重点开发的城市化地区要大力推进田、水、路、林、村综合整治，保障农业和生态发展空间。

（4）因地制宜地促进土地流转模式创新

目前我国一些地方已经进行了多种形式的探索，创造出各种不同的农村土地流转模式，比较典型的主要有土地互换、土地出租、土地股份合作、土地入股、土地转包、宅基地换住房、承包地换社保等模式（周艺霖和宋易倩，2014），如重庆地票交易流转模式、成都确权流转模式、浙江土地股份合作社[①]流转模式及天津宅基地换房模式最为典型。

土地流转是未来土地制度改革的重要方向，因此土地流转模式的创新显得尤为重要，各地区在借鉴以上典型创新流转模式时，还需要根据各地的实际情况，选择适合自身的土地流转模式。此外，在土地流转过程中也出现了不少问题，包括在土地整理过程中人为破坏耕地、拆村并点过程中农民获得的补偿过低、土地流转收益分配不均、土地股份合作社被村干部控制和"暗箱操作"等，各地区应该借鉴以上创新模式的成功经验，吸取问题教训，根据地方实际，创造出有地方特色、高效率的土地流转模式。

（5）加强相关监督管理和保障制度设计

加强土地利用占补平衡、增减挂钩和确权相关监督管理和保障制度的制定。第一，有关部门要对增减挂钩组织开展专项检查，结合试点地区的自查、清理，加强对农村土地整治和增减挂钩的监管，充分利用农村土地整治监测监管系统，加快实现对增减挂钩试点情况的网上监管。第二，完善对现有的挂钩周转指标的考核、激励机制，尤其是对于耕地复垦整理做法、耕地保护机制，急需进一步建立和健全。第三，完善农村土地确权工作相关政策法规。关于农村土地确权，国家已出台一系列政策，但在实践中仍存在许多问题，急需一定的政策法规作为依据。第四，鼓励新型农业规模经营主体开发利用"四荒"土地。"四荒"土地既是土地确权工作中的难点，也是有待开发利用的巨大资源。因此，可鼓励和扶持新型农业规模经营主体对"四荒"土地的集约化利用。一是明确新兴农业规模经营主体在"四荒"土地确权中的优先地位。二是加大对新型农业规模经营主体流入"四荒"土地的补贴力度。三是做好对"四荒"土地的规划管理工作，绝不允许乡村组织不经合法手续私自转让和利用"四荒"土地。第五，注重土地确权中新技术、新方法的运用。在农村集体土地确权过程中，首先要对现有土地进行严格的地籍调查。在地籍调查、核实、审核的过程中，应注重新技术、新方法的运用。第六，严格执行土地权证的登记发放程序。一是调整土地权证登记发放机构，成立专门的农村土地确权协调小组，制定细化配套政策；二是明确土地确权中国土、财政、农业及乡镇工作人员的岗位职责，严格规范其行为准则；三是土地确权工作必须严格按照申请、调查、审核、公告、审批下达等步骤进行。

---

① 浙江省通过建立健全土地股份合作社平台，以"先股后转"流转模式，对农村流转土地实行股份化，推动整片、整村土地连片流转，提高土地流转的质量和效益。同时，为鼓励土地股份合作，因地制宜出台了扶持政策，如长兴县对村集体连片土地流转50亩以上、流转期5年以上的，每亩补助村集体经济组织50元；乡镇连片流转500亩以上、流转期5年以上的，每亩补助乡镇20元；对新建土地股份合作社一次性补助1万~2万元。

（二）乡村基础设施建设改善路径分析

1. 现状问题

（1）基础设施建设滞后，影响乡村整体发展

我国政府投入城乡建设的资金严重不足，且多用于城市建设，村镇基础设施建设普遍落后，阻碍了村镇经济社会的发展。多年来，村镇的交通条件普遍较差，道路质量不高，缺乏最基本的文化娱乐设施，村镇居民的生活条件仍然比较差。由于基础设施建成后管理不当，不少村镇的一些公共基础设施建好后尚未达到使用寿命就报废。村镇环境遭受严重破坏，环卫设施简陋，排水设施建设滞后，垃圾杂物乱堆乱放，电力电信线路乱拉等，脏乱差现象比较普遍。

（2）基础设施建设中公众参与不足，参与形式被动

我国乡村规划尚未形成较为成熟的公众参与规划编制和实施模式，导致农民参与乡村规划的广度和效果有很大的局限性。目前农民仅仅可以参与到关切自身利益（如宅基地）的部分内容，在基础设施建设公共利益方面参与较少。由于目前乡村规划主要由地方政府主导，乡村规划设计部门主要以政府社会经济发展目标为主，加上农民文化水平整体偏低、参与意识不足及传统乡村规划的专业性和复杂性，农民仅在乡村规划的调研阶段参与，且参与形式较为被动。农民很少参与决策过程，且参与渠道和方法极其有限，只能通过"村委会"这一组织参与乡村规划的编制和实施（边防等，2015）。

（3）基础设施规划内容单一，建设弹性不足

从目前诸多的乡村规划类型来看，在规划编制成果中均将基础设施作为其中的重要内容，这些编制内容通常注重乡村基础设施的以下几个方面：道路、给水、排水、电力、电信、环卫、能源等。但是，由于我国地区间乡村发展的差异客观存在，在东南部发达地区的广大乡村，早已解决基础设施"七通一平"问题之后，对基础设施的供给产生了新的要求，如隶属于电信设施范畴的移动互联网络设施的建设与投入，就成为能否顺利推进乡村产业"互联网+"的重要因素。李克强总理在2016年4月6日的国务院常务会议上发表报告指出，在"互联网+流通"的潮涌中，催生了最新一轮的"流通业革命"，要抢占流通业革命"先机"，保持领先地位，就必须在硬环境和软环境方面突破四大"瓶颈制约"。其中，"加大农村宽带建设投入，填平农村与城市的数字鸿沟；智慧物流体系、物联网，以及冷链运输滞后"等内容，为农村基础设施的改善提出了新的要求，讲出了乡村发展的急切心声。

由此可见，乡村地区的基础设施建设和农民对于基础设施的需求是处于动态变化之中的，基础设施规划内容应趋于多元化，建设模式应趋于弹性化。

（4）基础设施建设"一刀切"问题严重，脱离实际需求

我国地区差异和发展水平的极大不同，导致农村基础设施的需求层次在一定时期内难以实现同步，地区内部不同村庄的需求也存在极大的差异。由于这种现实差异的存在，乡村基础设施无论在规划还是建设方面都应当体现出自身的独特性和基于农民实际需求的针对性。面对乡村建设发展中存在的屡见不鲜的"一刀切"现象，统一标准化、统一指标性的建设行为的"无差别化"实施，导致了很多问题的出现。

（5）基础设施建设"城市化"模式突出，未能因地制宜

需求层次的差异不仅体现在地区之间，也体现在地区内部，尤其明显的是城市居民和乡村居民之间在基础设施方面的现实差异。城市基础设施具有投资大、面向远期、规模化建设等特点，而乡村基础设施则应当立足于村庄，体现因地制宜、规模适宜、节约投资等基本原则。因此，对于目前乡村建设中普遍存在的套用"城市化"标准和"城市化"模式的基础设施规划与建设而言，未能体现出对于地域乡村因地制宜的基本原则，无疑存在巨大问题，亟待解决。

2. 对策建议

（1）加大政策扶持，扩宽融资渠道，保障资金投入

村镇基础设施与环境是村镇生存和发展的必备因素，只有加快村镇基础设施建设，改善村镇生态环境，提高居民生活质量水平，才能真正缩小城乡差距，促进城乡二元结构融合。第一，各级财政要加大扶持力度，增加村镇资金投入，整合相关资源，推进基础设施建设，采用先进设备和技术，推动城乡基础设施一体化建设，逐步缩小城乡差距，将村镇建设向更深入、更具体、更完善的方向推进。第二，加强对基础设施的管理。把对基础设施的管护放在与建设同等重要的位置，切实解决农村基础设施长期存在的"有人建、有人用、无人管"的问题，充分发挥基础设施的使用效益。

（2）倡导公众参与，尊重村民意愿，体现村民利益诉求

为确保农民在规划中的利益主体地位，必须实现规划中参与主体、参与方式和参与深度向以农民为主体的乡村规划建设体系转变，每个过程都加强公众参与的力度和深度，使公众利益得到最大体现。一方面，要丰富公众参与的主体与形式。建立代表不同社会阶层、多视角的村镇规划公众参与机构，加强交流，并综合运用多种媒介，拓宽村镇居民参与村镇建设管理的渠道，使村镇民众能够真正地参与到村镇建设管理中来。另一方面，规划各个环节都应当有公众的参与。在前期调研阶段，可以通过调查问卷、座谈会等形式收集公众意见，确定规划的原则和目标；在方案修改过程中要注意根据民意调查公众的满意度，适时修改方案；在修改方案的公示阶段，通过路演、展览等活动向公众告知并征集意见；在规划实施前、中、后期，要强化农民自治监督意识和规划实施管理主管部门信息的公开和透明化，通过农民监督来制衡规划的各环节中各利益主体的博弈，确保自身利益不受侵害。

通过农民参与制定乡村的经济和社会发展目标，以战略发展规划的形式为规划工作人员提供一定参考，通过多种形式的公众参与村庄规划的切身诉求（如教育、医疗卫生、道路交通与大型基础设施的优化和配置），同时结合规划层面的农民参与，系统和全面地梳理与解决农民最关心的拆迁补助和失地安置等问题。

（3）统筹规划基础设施建设时序，综合考虑远期发展

要想使得乡村基础设施规划与乡村的现实与远期的发展相适应，就必须面向远期进行统筹规划和布局，避免反复规划和建设带来的浪费，从规划层面做好统筹安排和时序区分，体现基础设施规划的动态性与弹性。统筹建设时序不仅是一项规划建设安排，也是一项指导实际操作的资金分配方案，只有制定了合理的规划建设时序，才能保障资金划拨和使用的经济高效。因此，在规划和建设方案中，应当具有分阶段、分步骤的目标

体系和建设要求。

（4）引入有限干预理念，倡导"统建"与"自建"相结合

乡村基础设施的建设不仅应当在规划层面予以合理安排、科学布局，更应当在具体的建设层面进行新的实施方式的设计。目前，绝大多数地区的乡村基础设施由政府统筹规划、政府统筹建设这种"统筹统建"的方式来实现，这种方式的优点是：便于管理、推动迅速，整体实施效果好。但这种方式的缺点也同样明显：缺乏公众参与，忽视村民感受，政府资金压力巨大，后期资金投入无法保障，缺乏长远管理意识等。

为了改善这种情况，需要引入"有限干预"这种新的建设理念和方式。在有限干预的理念下，政府主导规划方案的编制，同时村民充分表达各自的意见，提出对于规划方案的相应修正建议，在此之后，政府进行投资建设时应当适当引入农民参与，使其以"出钱出力"的形式共同参与建设，甚至由村集体统一安排村民进行建设，既分担了政府投资压力，又增强了村民的主体性和责任感，更符合村民的实际需求，做到一举多得的"统建"与"自建"相结合。

（5）发掘地域传统营建智慧，进行绿色生态基础设施引导

对于乡村这种独特的地理聚落而言，它的发展经历了漫长的岁月，村民世代沿袭的传统与技艺不仅是历史积淀下来的宝贵文化遗产，同时稍加改良和转化就能够成为为现代生活服务的生态技艺。对于乡村中存在的传统技艺和生态设施，应当结合地区实际和村民的生活习惯，合理进行保留和改造，探索地区范围内可以推广和具有地域适应性的传统生态技艺。

五、重点问题、典型案例的实证分析

（一）案例一：岜扒传统村落保护发展综合研究与示范

岜扒村位于黔东南州从江县高增乡中部，距从江县城15km，距高增乡政府所在地9km。西与占里、托里接壤，北与小黄相连，东与朝里、美德相接，南靠高增，为七星侗寨旅游线路上的重要节点之一，是从江—高增—小黄的必经之路。

岜扒村全村总面积21.5km^2，其中：耕地面积2602.54亩，林地22747.82亩，建设用地1102.55亩，水域14.24亩，自然保留用地4951.12亩。村落整体位于老鹰山和挡号山之间，依山就势，背靠老鹰山林，北望巨石悬岩，北部山岗、南部山冲为田畴，生态环境良好。村落以鼓楼为中心，上下2个自然寨簇团而聚，形成向心内聚的空间格局。建筑顺应山形地势，高低错落，与自然环境很好地融合。

1. 土地利用规划

（1）现状和存在的问题

村落山、水、宅、田相间，传统侗族民居保存较好，整体景观风貌良好，但局部景观风貌有待提升。近年来由于人口规模的增加，村民外出打工后收入水平的提升，村庄新建建筑增多，并呈现出沿道路线性发展趋势，致使村落原有的组团状空间形态在弱化，空间开始异化。由于修路和新建民宅导致水系统中断，水流不畅致使水塘富营养化、水

质较差,原来"水渠—水塘—稻田—河流"的生态系统被破坏,同时导致村庄环境品质较差。

(2) 山水林田保护

一是注重空间格局保留延续。岜扒村村落空间与周边的自然环境完美融合,观其山水,四象俱全、五行皆备、背山面水,村落布局延续龙脉,整体形态犹如元宝,风水格局极佳,体现出一种人地和谐、天人合一的整体空间观。其山水脉络、林田基底、传统建筑依山就势,这些不单纯是空间上的特色,其中更蕴含着岜扒村人民的民俗、风水观念及尊重自然的生态观念。因此整体性原则下的传统村落保护将首先从大的山水林田空间环境及现有良好的空间格局保护着手。

二是山水林田分级保护。①山林分级保护。规划中将风水林,即紧邻村庄的周边山体划定为一级保护区,禁止砍伐,以培风水;其次为农田周边的山林,村民心中所认定的"无山就无树,无树就无水,无水不成田,无田不养人"反映了山林对于稻田水源供给的重要性,因此将集中成片的稻田周边的山林划定为二级保护区,该部分山林可用作经济果林种植,多方面、多维度提高村民经济收入。最后,将村域范围内其他山林划定为三级保护区,仍然延续现有的杉木种植,节制利用,以促长利。②水体分级保护。村域范围内形成的几条水系主要由山泉水汇集而成,而村民的生活饮用水和稻田灌溉用水主要依靠周边山涧中流淌出来的山泉水。因此对于水体的分级保护,重点将村民的主要饮用水水系及其周边汇水区域、水井划定为一级保护区,将主要提供灌溉用水的水系划定为二级保护区。③稻田分级保护。岜扒村的稻田分布较为分散,且多为沿等高线修筑的条状台阶式的梯田,在尊重自然的基础上很好地利用了自然环境。通过与村民共同绘制村庄资源图的参与式方法,了解到不同位置的稻田的产量高低、水源丰沛情况,并以此作为划定稻田分类保护的依据。所以,规划对靠近村寨、水源供给充沛、耕地质量良好、村民容易到达的农田进行一级保护,用作稻谷种植,严禁用作建设用地、经济林木种植等其他用途;对分布零散、水源供给较差、距离村寨较远、耕地坡度较大、单位产出较低的农田进行二级保护,当必须用作其他用地时实行"占补平衡"策略,即必须拿出同等面积的其他用地复垦为农田。

2. 基础设施建设

(1) 道路系统优化

岜扒村村域范围内的主要道路为一条南北向的乡道及一条东西向的乡道,北至小黄村,南至从江县城,西至占里村。其他道路主要为生产性道路,多为土路,宽 2~4m,主要供生产性机械如三轮车、摩托车通行。现穿村而过的乡道对于村落环境、村庄安全影响较大。道路路面坑洼不平,旅游大巴、农用车等大型车辆通过时灰尘漫天,导致村庄环境较差。同时,经过车辆车速过快对于紧邻路边的中小学生的人身安全有一定的威胁。因此结合上级交通部门的道路规划,建议新建一条道路绕村而行,现有的乡道完全作为岜扒村内部的主要慢行道。生产性道路则结合村民的生产需求逐渐完善路面情况,方便村民开展生产活动。

道路分级分类:水泥车行道、水泥主要人行道、水泥次要人行道、青石板次要人行道。现状道路铺地形式单一,未形成系统的道路网,存在较多的尽头路。多处道路形态僵硬，与村庄的自然形态不协调。且较深的池塘旁道路无防护措施，存在一定的安全隐患。

道路改造优化：规划建议，在尊重并延续传统的基础上，将五类道路进行整合。①水泥车行道，保持现状水泥硬化，在局部地段加卵石，在减车速的同时在局部地段变化铺地形式，形成景观效果；②水泥主要人行道、青石板次要人行道，以青石板铺地为主，结合节点改变铺地材质及图案；③水泥次要人行道，根据现状情况部分采用青石板、卵石铺地，结合池塘形成特色街巷；根据现状情况部分以采用水泥硬化路为主，在局部地段改变铺底材质，作为一般街巷。

（2）水环境系统治理

A. 水系统现状分析

供水现状：岜扒村水源来自山泉，引入泉井、蓄水池供村民引用。供水管线为村民自发采用软管敷设自来水管，走线杂乱，故障频发。

排水现状：雨水通过路面无组织散排，通过明渠进入水塘，最终汇入水渠进入下游。污水排放及去向有三类。

1）生活污水排放及去向：厨房污水排入明沟，汇入水塘，进入下游；洗涤污水排入明沟，汇入水塘。

2）厕所污水及去向：化粪池或沼气池无定期清掏；简易厕所污水直接汇入水塘，进入下游。厕所并非每户人家都有，无厕所的人家会就近使用别家的厕所，极少数农户使用水塘上的简易厕所；有厕所的均有化粪池或沼气池，是近一两年修建的。

3）牲口棚排污及去向：牲口棚污水未经处理，散排或还田。

B. 水量测算

a. 用水量测算

1）通过基于灰色模型的农村生活用水影响因子分析，影响岜扒村居民生活用水的各类家庭因素中，洗浴习惯、厕所冲洗类型、洗衣习惯与生活用水的关联程度更高，因此通过这些方面对岜扒村村民用水量进行基础调查，得出每日生活用水量为63L/人。

2）通过参考《村镇供水工程技术规范》，对于贵州地区村镇，当用水条件为全日供水，户内有洗涤池和部分其他卫生设施时，最高日居民生活用水定额为75~95L/人。

3）通过以上基础调研与参数修正，最终确定岜扒村最高日生活用水量为75L/人。

b. 污水量测算

生活污水按照用水量的80%计算，化粪池与牲口棚污水按5%计算，总污水量为64L/人。

C. 给水系统优化

将现状给水系统进行优化，进而完善排污系统。根据水源点、四季水源水量情况，为水塘选定间歇性入水口四处，为水塘水量、净水补给提供保障。水塘所接受的补给净水，仍通过小片区水循环汇入下游水塘，灌溉稻田，进而避免稻田灌溉用水不足。完善入户给水管线，与排污系统进行协调与配合。

D. 污水处理规划

充分利用岜扒村自然传统古老的立体式水网系统所具备的优势，制定污水处理原则,在遵循污水处理原则的基础上,污水收集、处理、排放过程可分为两类进行规划:①水冲厕所、牲口棚—化粪池—跌水曝气充氧—小湿地—氧化塘—水塘;②杂排水—明沟—跌水曝气充氧—氧化塘—水塘。

拟采用的关键技术单元如下。

1)跌水曝气接触氧化:污水中氨氮等的去除需要氧气,氧气的输入需要能量的介入(运行需要大量能耗)。本项目利用高差进行充氧可省掉运行费用,以适应当地的技术经济条件,保证长效运行。已有工程表明:强化跌水充氧,可应用在有 1.5m 地势高差以上的农户中,不需要电源的输入即满足污水处理的氧气需求,且该技术已在浙江余杭区和安吉县推广示范(专题图 4-5)。

专题图 4-5 跌水充氧设备(单户)(彩图请扫封底二维码)

2)土地处理:利用当地的地形特点,将单户或几户污水导入小型土地处理系统,处理后可用于就近菜地或林地用水,或排入水塘。已有工程表明:土地处理单元与强化厌氧结合,处理出水水质可用于灌溉,经过进一步处理可达到排放标准,且该技术已在余杭区和安吉县推广示范。岜扒村现有少数农户有可见的土地处理单元空间(专题图 4-6)。

专题图 4-6 土地处理单元(彩图请扫封底二维码)

3)氧化塘系统:利用当地的地形特点,接触氧化出水和土地单元处理出水进入氧化塘,经过多级处理。已有工程表明,氧化塘是适合农村技术经济条件的技术单元。岜扒村中有大量的氧化塘可用于污水处理和景观美化。

4）厕所改造。旱厕改造建议：旱厕污水定期清掏（建议 3~6 个月清掏一次），不能溢流。掏出的粪便作为绿色的有机肥料，可用作农作物、植物等的肥料。或安排统一清掏旱厕的环卫人员，购置小型真空吸污车，解决人力将粪便还田的劳作，利用真空，可大大消除异味，定期清掏回田。旱厕室内改造：内部墙面需粉刷或贴砖；地面使用的材料具有防滑性，并与室内环境相协调；顶部需要具有一定的照明系统；室内环境干净整洁。旱厕室外改造：造型、颜色与周围环境相协调；就地取材，绿色环保；周围要有一定的绿化。

水冲厕所改造建议：必须配套化粪池，且优先考虑废水还田，溢流污水经过跌水充氧接触氧化设备处理后进入水塘。跌水接触氧化池解决污水处理能耗问题，放置在沟渠内，不新增占地。

5）明沟改造：对主要公共明沟进行加深、加宽改造，安装格栅防止大型固体进入后续单元，杂排水通过格栅过滤后进入跌水充氧接触氧化设备或景观土地处理单元，最终进入氧化塘，汇入下游。

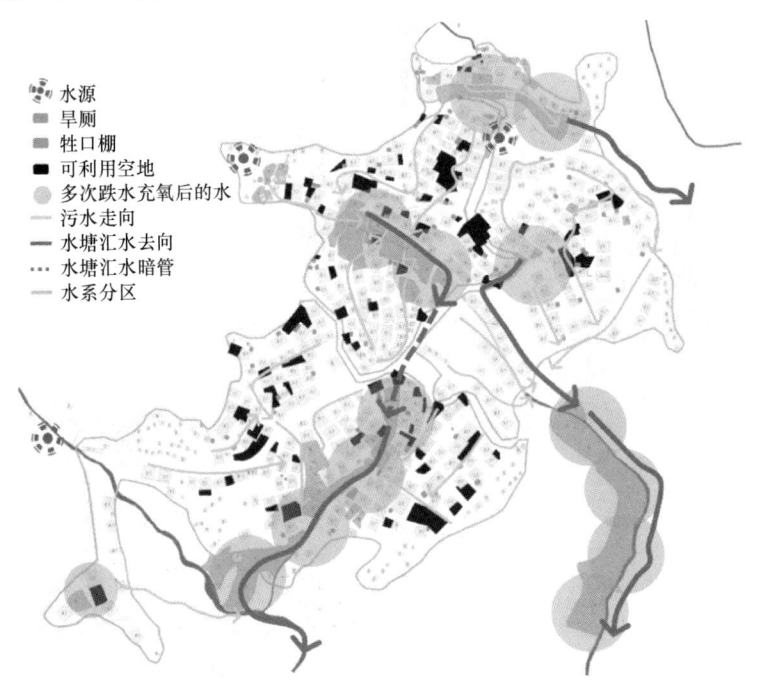

专题图 4-7 绿色自循环污水处理模式（彩图请扫封底二维码）

6）养殖污物管理。鸡、鸭等家禽类牲口棚：建议鸡、鸭家禽圈养，在周围增加集粪坑，并定期清理；散养的家禽粪便集中收集在集粪坑中，并定期清理；新建的家禽类牲口棚必须增加集粪坑，并定期清理；掏出的肥料是绿色的有机肥料，可回填农作物。这类污水主要是以面源形式存在，随雨水可进入沟渠处理。

猪、牛、羊等畜类牲口棚：建议在每个猪圈周围增加集粪坑，若无条件增加集粪坑的，可将粪便通过管道收集集中到集粪坑，并定期清理；新建的猪圈必须增加集粪坑，并定期清理；掏出的肥料是绿色的有机肥料，可回填农作物。这类污水主要是以点源形式存在，量大且浓度高，需还田，少量进入污水处理系统。

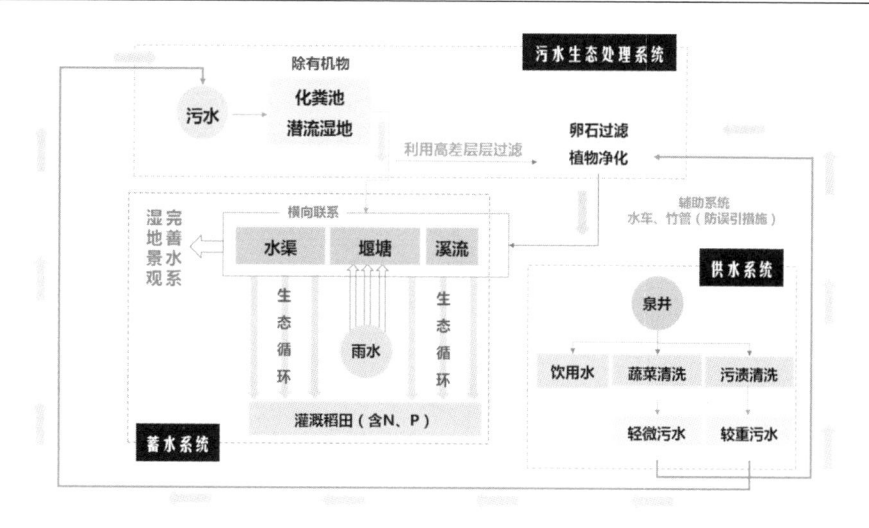

专题图 4-8　适应贵州等西南地区的污水生态处理系统
资料来源：作者自绘

综上，总体污水处理规划，要形成一套污水单户与联户污水处理系统，实现粪便还田，污物资源化利用；结合厕所改造与吸粪车应用，减轻劳作，提升环境质量；利用跌水充氧替代电源，解决了后期运行费用问题；多级景观氧化塘经现有闲置塘改造，可美化环境、净化污水，还可产生经济效益。

E. 水塘整治

岜扒村水塘污染严重，原本畅通的水系统瘫痪，垃圾满塘。在社区详细调查与社区动员的基础上，借助村庄地形特征，疏通明沟及水塘，形成自我循环的生态水系统（专题图 4-9）。

专题图 4-9　岜扒村水塘现状（彩图请扫封底二维码）

通过生态化分散式的污水处理方案中明沟的改造，结合穿插管线，对岜扒村水塘进行统一疏通和清淤，在水塘进出水口设置格栅，定时清理格栅处的垃圾，同时提高村民的环境意识。并且进行分区植物种植，农村生活污水中有机物、氮、磷浓度高，选择香蒲、美人蕉、水芹、鸢尾、菖蒲、芦苇及当地所种植的芋头等对污染物去除效果较好的植物。

以 A 片区水塘为例进行景观设计，对其中每块水塘进行编号，赋予不同的功能，按照不同功能进行植物选择与景观打造（专题图 4-10，专题图 4-11）。

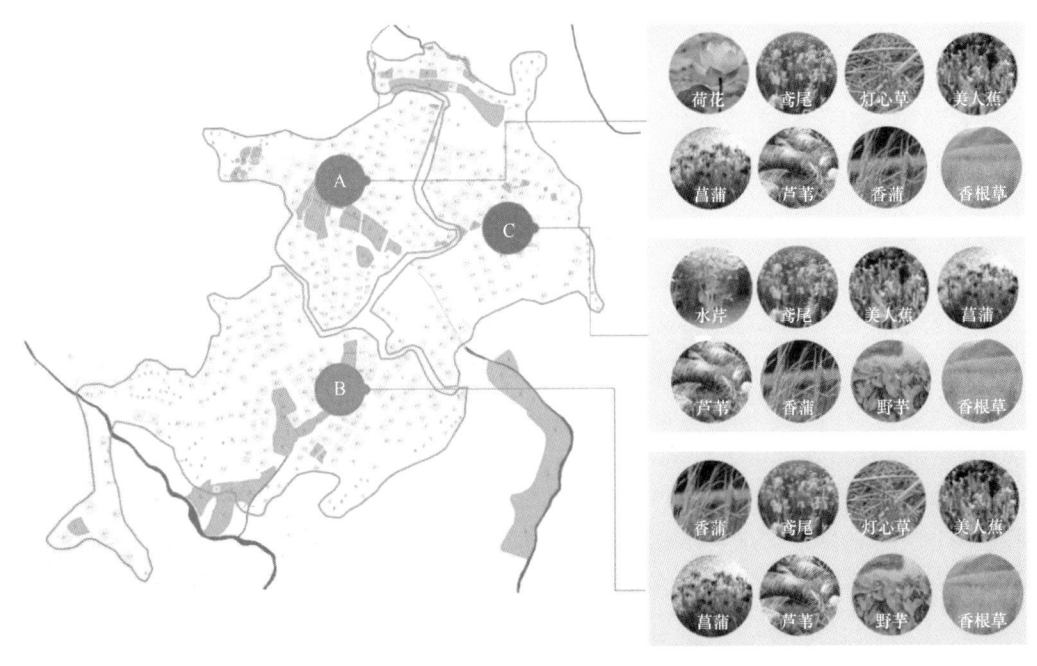

专题图 4-10　水塘分区的植物选择（彩图请扫封底二维码）
资料来源：作者自绘

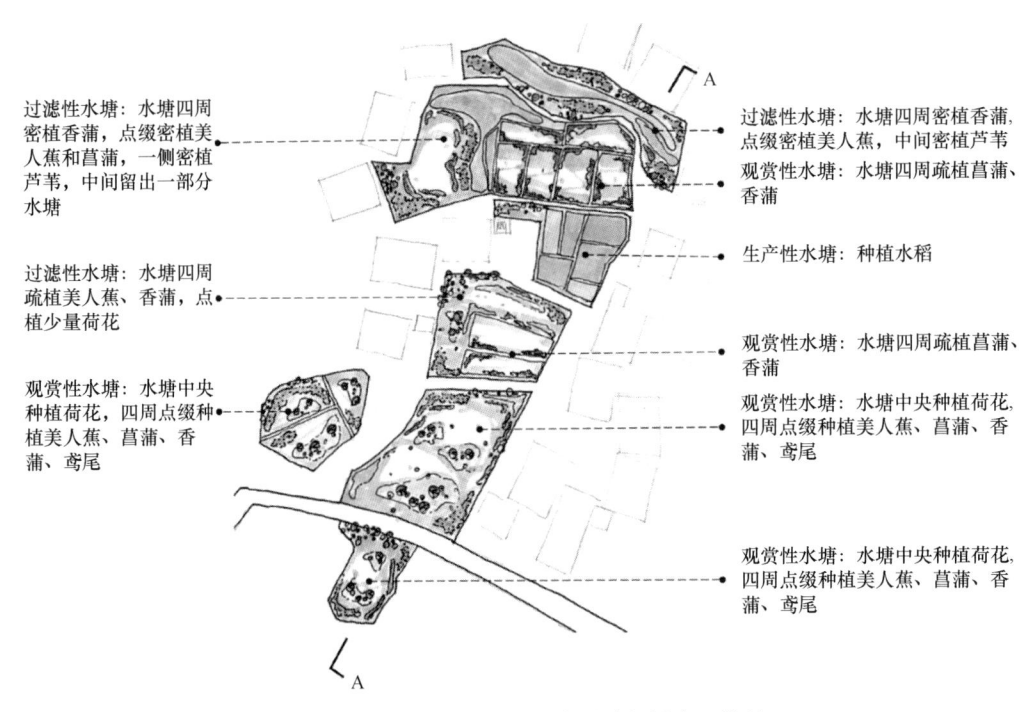

专题图 4-11　水塘景观设计（彩图请扫封底二维码）
资料来源：作者自绘

（二）案例二：迭部县旺藏乡次日那生态文明小康村建设

迭部县位于甘肃省甘南州南部，次日那村为迭部县旺藏乡旺藏村所辖的自然村，位于乡政府东南侧，距离乡政府 2km。此处山大沟深，水土流失严重，生态环境不断恶化。村内基础设施建设现状较差，村内缺乏村民活动场所、医疗设施、污水处理设施和垃圾收集设施等，由于受传统习惯影响，加上村居生态文明意识较差，很多空地及排洪沟等沦为天然垃圾场，影响村庄环境卫生。

1. 土地整治规划

（1）治山理水——与自然相融的山水人居生态安全格局

次日那村周围山体峰峦叠嶂，巍峨绵延，风景壮阔。村庄北侧白龙江滔滔不绝，水流清涧、景观优美；林带环绕村庄，四季各异、玉翠清秀；田地围宅而建，阡陌纵横，与自然融为一体；传统格局保存完好，有文物保护单位一处。次日那村虽有着天然的环境优势，可以使村庄与自然和谐地融为一体，有效利用山水，但由于村庄处于黄土高原上，生态相对脆弱；村北河流为白龙江，是长江的二级支流，水流较小，大部分河段为自然驳岸；村庄耕地资源不足，建筑风貌良莠不齐，公共空间缺乏，院落利用率不高。要保障村庄的安全，规划要求注重从保护生态资源的角度来进行综合治理。

规划依照村庄生态安全及环境需求，划分对于村庄具有重要作用的生态范围为生态保育区，可以适度开发的区域为有限干预区，制定生态管制规则。对于基本农田，不得随意侵占；对于山体，增加植被覆盖、增加护坡建设；对于河流水体，禁止在河流治理区内过度开发建设，同时进行河流生态保育，适当加种植物，生产企业不得设置在河流两侧，生产废水必须经过处理，且不得直接向河流排放。

（2）梳脉成络——与自然相通的绿色线性空间网络格局

村庄与自然的连通脉络，应积极疏通生态廊道，构建绿化体系，使自然绿色渗透入村庄，实现最基本的"本土"诉求。依靠水渠、泄洪沟、道路绿化，并在治理后的廊道两侧人工种植经济林带和灌木，最终形成指状的绿带格局，打造绿色廊道，将村落划分为若干组团，并可以承载主要村民及游客的步行交通。依托现状农耕绿化，自由发展形成自然的景观风貌，不做过多干涉。在现状果林基础上再种植一些灌木，以此增加生态稳定性，同时维护每个组团的小气候环境。

合理组织道路流线，构建原住民与外来游客的差异化交通体系，使不同的服务对象各行其道，减少旅游对村庄固有生活的影响。村庄主要道路，在原有村庄主要道路基础上，铺上鹅卵石等材质，作为旅游交通和村民日常活动的主要载体；村庄组团道路，将村民的车行交通单独区分出来，形成一套单独完整的车行道路系统，实现旅游活动与村民活动互不干扰；支路，村民生活支路采用三合土材质，部分旅游服务支路采用原木材质，创造一种自然感受；步行道，步行景观道路结合耕作基本方法进行设计，实现步移景异的景观特征。

（3）划区设点——以村民为本的空间功能分区利用格局

根据村民及游客的不同需求及不同发展阶段村庄空间的基底特质和文化底蕴，设置相应的功能空间分区和重要的特征节点。以"生态打底,人文造境"为基本规划理念,引导外部山体生态渗透,借助外部水体景观渗透,形成生态背景下的以"旅游服务功能区""藏家生活功能区"和"精神信仰功能区"为核心,生态、生产、生活空间有机结合又各有区分的规划结构。同时结合村落不同地点的现状打造不同的功能点,设置重要节点空间。

（4）塑屋造景——文脉延续、技艺传承的空间营建智慧

尊重次日那村的本土营建智慧,依托当地的自然、文化特质及生土建筑的传统,塑造有本土特色的建筑、景观环境,满足原住民的现代生活诉求及外乡人的高品质游憩需求。依据藏族村落特色,对门头做传统藏式样式;院墙基部包片石;院内立片石片墙进行内外空间的划分。

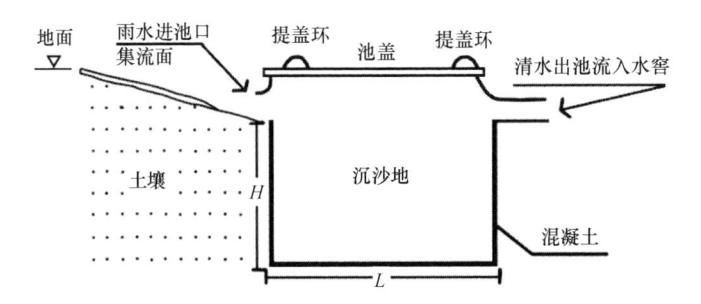

专题图 4-12　适应于西部干旱、落后乡村地区的生态水窖
资料来源：作者自绘

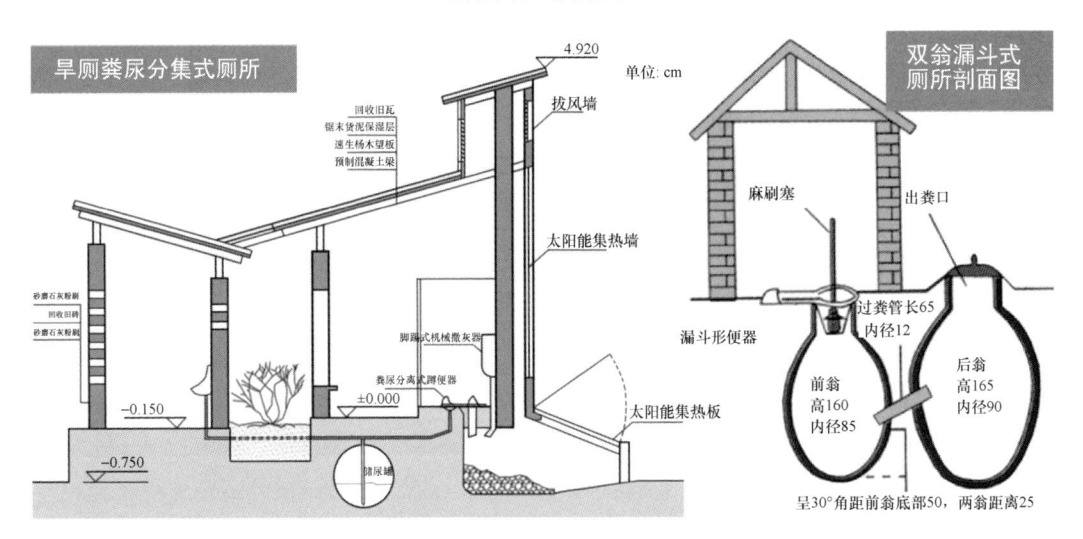

专题图 4-13　两种适应于西部干旱、落后乡村地区的生态旱厕
资料来源：作者自绘

四周绿化,源于乡土,承载乡土,对村落景观进行整体设计和节点打造。对村庄四旁绿化的风貌引导采取"图则规制、重点引导、统一整治"的方式,对路旁、宅旁、水旁、村旁进行绿化引导。

2. 基础设施引导

村落饮用水为山泉水,利用高位水池供给,自来水管均已接入各家各户。排水借助自然地形,在人字形主巷道中间建设排水沟。但各家各户排水管道未完善,仍然存在巷道污水横流的现象。规划在完成村庄基础设施"规定动作"的基础上,依据生态文明的规划原则,进行绿色生态基础设施引导。

(三)案例三:日本岐阜县白川乡合掌村传统村落保护开发

日本岐阜县素有"森林与溪流之国"的美称,合掌村就坐落在岐阜县白川乡的山麓里。"合掌造"房屋建造于约300年前的江户至昭和时期,是为了抵御大自然的严冬和大雪,由村民创造出的适合大家族居住的建筑形式,屋顶为防积雪而建成60°的急斜面,形状有如双手合掌,因此得名。合掌村在文化遗产保护和传承上具有世界领先水平,沿袭并创造出一系列独特的乡土文化保护措施,被称为"日本传统风味十足的美丽乡村",被列为世界文化遗产。白川乡的成功与当地农民为保护家乡的地域文化、保护山村的生态环境所做的不懈努力是分不开的,他们的经验对我国美丽乡村建设具有积极的参考作用。

一是制定景观保护开发规则。为妥善保护自然环境与开发景观资源,合掌村村民自发成立了"白川乡合掌村集落自然保护协会",指定了白川乡的"住民宪法",规定了合掌村建筑、土地、耕田、山林、树木"不许贩卖、不许出租、不许毁坏"的三大原则。协会制定了《景观保护基准》,针对旅游景观开发中的改造建筑、新增建筑、新增广告牌、铺路、新增设施等都做了具体规定。例如,用泥土、砂砾、自然石铺装,禁用硬质砖类铺装地面。管道、大箱体、空调设备等必须隐蔽或放置于街道的后侧。户外广告物以不破坏整体景观为原则。水田、农田、旧道路、水路是山村的自然形态,必须原状保护,不能随便改动。

二是保护原生态建筑。白川乡合掌村自然村落中的茅草屋建筑全部由当地山木建造且不用一颗铁钉,能保留至今确实很不容易。1965年曾发生大火烧毁了一半以上的茅草屋建筑,村里有三四人主动带领大家重建家园,开始了一场保护家园、建造茅草屋的运动。由此,继承和发扬了合掌村的一个历史传统:每家都有囤积茅草的习惯,凡是一家房屋需要更换新茅草屋顶,家家户户携带自家囤积的茅草来相助并参与更换屋顶的工事,一家更换新屋顶只需要一天就可以全部完工。

三是建立合掌民家园博物馆。在协会的策划下,针对空屋进行的"合掌民家园"的景观规划设计、院落的布局、室内的展示等都力图遵循历史原状,使之成为展现当地古老农业生产和生活用具的民俗博物馆。自然与合掌建筑结合而成的"合掌民家园"博物馆是数栋合掌建筑和周边自然环境相结合的美丽小村庄。

四是旅游景观与农业发展相结合。白川乡的居民都有这样的共识:旅游开发不能影响农业的发展。为提高整体经济效益,白川乡积极主动地制定了有关农业发展方向和政策的5年计划。白川乡农用地面积有1950亩,其中水田1650亩,农家有229户。主要农副业生产项目包括水稻种植、荞麦种植、蔬菜种植、水果种植、花卉种植、养蚕、养牛、养猪、养鸡、加工业等,这些生产项目在旅游区中也是观赏点。

五是开发传统文化资源。为增加旅游项目，白川乡合掌村从传统文化中寻找具有本地乡土特色的内容，他们充分挖掘和庆祝以祈求神来保护村庄、道路安全为题材的传统节日——"浊酒节"。除大型节日庆典外，村民还组织富有当地传统特色的民歌民谣表演。把传统手工插秧、边唱秧歌边劳作的方式作为一种观光项目，游客都可主动参与，体验劳动的快乐。

六是配套商业设施建设。包括饮食店、小卖部、旅游纪念品店、土特产店等，都是与本地结合的具有乡土特色的商店。每个店都有自身的主要卖点，合理分布，方便游客。

七是注重防火系统建设。合掌造作为草木建筑，防火无疑是第一要务。早在20世纪70年代中后期，白川乡就制定了防火设施建设的五年计划，最终建成了以59处喷水枪为主的防火系统，每一处水枪由周边人家看护，火灾发生时打开可及时有效地隔离和灭火。村民还分区成立了消防队，进行日常巡视。此外，虽然现代技术使得屋顶的茅草铺就变得相对容易，但他们还是努力延续"结"之传统，将其视为地方文脉的重要组成部分。

六、需要支撑的科技工程

1. 乡村生态文明区划制定工程

我国地域辽阔，有近270万个自然村庄，它们分布在地域差异明显的不同地区，既具有广大乡村的普适特征，又具有鲜明的地域特色；通过对西北、西南、华中、华东部分乡村的调研和典型案例乡村的研究，发现在乡村建设过程中，所有乡村既存在共性的问题，每个乡村又有其自身要面对的独特问题。因此，全国范围的美丽乡村建设是一个复杂庞大的系统工程。

针对全国范围内的乡村，应以进一步制定的《全国生态功能区划（修编版）》为依据进行科学指导，借助中国科学院生态环境研究中心、中国科学院地理科学与资源研究所、中国城市科学研究会等的介入，以村庄的社会、经济、资源、生态、土地面临的问题等因素科学合理地构建区划指标体系，研究制定乡村综合生态区划与单要素生态区划，"统筹兼顾、分类指导"，助力美丽乡村建设。

2. 乡级土地利用规划编制工程

加强"3S"技术在乡级土地利用规划编制中的使用。全球定位系统的使用可以很精确地对土地使用的位置进行定位；遥感技术可以实现全天候、实时性的远程监控，对乡级土地的变更情况进行精确的监测；地理信息系统能非常方便地对数据进行采集、存储、更新、分析及输出等操作，通过人机交互及可视化模式进行数据和属性信息操作。"3S"技术在乡村土地利用规划编制中的使用，可以对乡镇土地的变更进行实时的跟踪监测，使乡镇土地管制制度得到很有效的实施。这样的乡级土地利用规划编制才更加科学，进而有力地促进乡镇经济社会的发展。

3. 多规合一信息平台对接工程

首先应当全面推进地籍调查工作。其次是要在现有法律政策的基础上，细化确权政策。最后一定要加强信息化建设，在有条件的地方建立关于土地信息的计算数据库，在条件落后的地区也一定要建立土地档案库，为查证土地信息、管理土地使用、监督房屋建设提供确切信息。

明确的宅基地权属，既能够保证村民新建房屋不占用他人宅地，更能够依照已有宅地的权属关系尽量限制新增宅地的无序扩张与对耕地的占用，不仅能提高土地的使用效率，同时也作为一种管理手段，约束村民的投机建设行为。查清耕地权属与集体建设用地情况，可为乡村划定未来发展的基本空间增长界限提供依据，避免村中实际人口减少而建设用地不断增大的"减人增地"现象，为实现乡村空间发展的"精明增长"提供基础。同时，也为合理落实和使用法律、政策手段进行监管提供了事实依据。

4. 土地资源研究与土地整治工程

土地资源研究与土地整治工程的推进需借助理学、工学、管理学、农学等相关学科的交叉集成。在大力推进生态文明建设的背景下，重点应围绕低效、退化及未利用土地进行综合整治，探索土地资源可持续利用与土地工程化实践的工程技术创新方案，协调处理社会经济发展对土地资源开发、利用与管理在多宜用途、地域空间、权益保障、流转增值、产能提升、整治提质等多方面的需求和目标，实现土地资源理论、工程与管理的系统化、集约化、工程化、信息化，促进土地资源结构优化、质量提升、利用增效。土地资源研究与土地整治工程重在探讨工程技术的优化组合方案，服务于土地资源的合理开发、利用与管理。具体涉及土地资源的勘探、调查、规划、设计、开发、建设、保护、评估与管理等相关工程技术措施。

5. 低投入适应性生态基础设施研发工程

该工程分为两个部分。首先，在生态基础设施的研发上，要注重低投入和适应性，保证村民能够用得起，又能够好操作，易实施。因此就需要相关科研和技术部门带头开发相应技术，并制作易于村民理解和使用的普及宣传手册。例如，在西南地区，具有良好自然生态环境、水资源充分的地区，虽然用水问题普遍得以解决，但是污水排放和再循环的生态化处理十分低效，问题也较为突出，因此，可以结合当地情况和特色建立"生态水循环系统"。而对于西部落后且干旱地区，尚未有效解决自来水供应问题，所以应当适度推广生态水窖和生态处理型旱式厕所，因地制宜地推广这些低投入、适应性较高的生态基础设施，真正解决各地农民面临的实际问题。另外，应当建立相应的奖励和补偿机制，以便鼓励和推广此类设施的研发及应用，使得此类设施能够更为有效地落地。

6. 乡村互联网暨规划信息平台交互工程

主要包含三方面的信息工程平台。首先，建立全国范围内的乡村规划建设信息平台，及时发布有关乡村建设的各级信息，便于各级政府及时掌握各级信息，打通信息渠道，指导乡村规划和建设；也便于村民及时获得相应的惠民信息，扩大乡村信息民主化。其次，滚动更新各地最新、最优、最有代表性的乡村规划建设实践案例和实践过程经验，便于各级管理者、组织者进行查阅、学习，进而吸取优秀经验，结合各自特色进行相应的地域转化，服务于自身村镇规划建设。最后，推出相应手机应用，设立不同区域频道，积极吸纳和获取民间信息，不仅扩大民主参与度，更加能够起到对规划建设的管理监督和满意度调查等作用，做到真正意义上随时随地的民主参与。

七、政 策 建 议

1. 完善规划编制体系，强化村镇建设管理

建立行之有效、完善的从宏观到微观的村庄规划编制体系。第一，乡村规划体系的构建应注重各类规划间的协调和配合，积极进行村镇体系规划与县（市）国民经济与社会发展规划、土地利用规划、环境保护规划等多规协调的改革实践。第二，村镇土地利用规划是对区县和乡镇土地利用总体规划的再深化，具有保护耕地资源、管制土地用途、促进农村土地合理流转等作用，应将其纳入乡村规划编制体系中，乡村土地利用规划应配合其他乡村规划建设同步进行，并注重土地利用规划与村镇规划的比较和协同研究。第三，建立以农民为主体的乡村规划建设体系。从乡村建设的决策层、规划层和实施层确立以农民为主体的乡村规划编制体系，构建适合现阶段发展背景的乡村规划的公众参与模式，通过农民多层次和多途径参与规划编制的各个环节，确保农民在乡村规划过程中的利益主体地位。第四，完善县域村庄规划，创新县域村庄规划编制方法，强化规划的科学性和约束力。从全域角度出发，对影响村庄发展的综合安全格局、用地宜居性、社会经济发展等内容进行分类定级评价，科学统筹村庄的土地利用、产业发展和建设风貌等的定位及居民点、基础设施和公共服务设施的布局，重视差异性影响因素，加强分类指导、分级控制。

建立健全相关的规划建设管理工作体系，积极联合政府、专业机构进行管理，安排专门的部门进行监督考核，做到责任清晰、落实到位。第一，转变政府部门的职能，建立规范的行为准则，完善各级村镇规划管理部门。在县级规划建设局设置村镇规划建设管理部门，同时要配备具有专业知识的人才，对于村镇规划建设工作进行综合性的监督指导工作，乡镇部门也需要建立相关的管理机构；各村庄建立相应的村庄规划组织管理机构，引进"地方规划师"；同时加强对规划建设管理人员及技术施工人员的教育，提高工作人员的综合素质。第二，高度重视村镇规划建设管理工作。对于出台的有关规划方案要反复征求意见、邀请专家进行评审工作，及时上报规划方案成果，有效保证建设规划的真实性和科学性；严格审批制度，严格控制工程质量，对于技术的实施性进行不断论证；做好安全管理工作，对于违法违规现象进行严格处罚；把村镇建设管理列入议事日程，加强村镇建设法律法规的宣传，不断提高村民的法制意识。第三，加大村镇建设管理过程中的资金支撑和人才保障。统筹协调省级各有关部门的村镇建设资金，充分发挥作用，加快村镇建设管理；对于不同经济发展水平的广大乡村，要因地制宜地给予优惠政策；深入开展村镇建设管理的宣传工作，增加村民的管理意识，广泛听取群众意

见，以尊重村民意愿为主，结合实际情况，编制出可行的管理方案；注重人才的培训，建立高效、高素质的管理团队。

2. 深化相关制度改革，保障规划建设实施效果

面对全国范围内的乡村空间、社会这个庞大的系统，应该意识到，仅仅凭借规划和建设来实现美丽乡村建设的目标是非常困难的。只有相应的"软环境"条件充足，规划建设等"硬措施"才能够真正发挥作用，实现乘数效应。

"软环境"的建立和改善，有赖于相应的体制机制创新和相关制度改革，如户籍制度改革、土地制度改革、村民社保制度的完善等，都是实现美丽乡村建设目标的必要保障。

以调研对象湖州市为例，按照"三权到人（户），权跟人（户）走"的要求，湖州市扎实有序地推进土地承包经营权、集体资产股权、房屋所有权的确权登记颁证工作。基本建成市、县区、乡镇、村"四位一体"的产权交易平台体系。德清县已顺利完成了户籍管理制度改革，实现了城乡居民医疗保障制度并轨，取消了城乡低保差别等。不仅如此，湖州市加强农村金融改革，建立了浙江省规模最大的村镇银行和村级资金互助社，积极开展了农村住房抵押借款、林权抵押贷款、土地承包经营权抵押贷款、农村集体资产股权抵押贷款和农村信用体系建设等工作，在全国首发"美丽乡村富民卡"。这些先进的改革探索和制度设计都成为"美丽乡村"建设过程中值得学习的经验。

改革源于创新，创新源于格物致知，源于实事求是。面对"美丽乡村建设"的制度改革需求，首先要做到的应是拆掉"思维的墙"，建立起积极探索、努力创新的基本精神。勇于创新，敢于实践，才能建立起美丽乡村建设的"软环境"。

3. 加大科技人才投入，保障社会多元参与

积极推进乡村治理模式创新与规划决策改革，实现"自上而下"和"自下而上"的协同规划；加大科技投入和政策扶持，确保人才下乡，调动村代表、精英分子、知识分子的积极性，保障社会多元参与。第一，创新政府决策方式。改变政府"自上而下"的工作方式，实现从命令式规划向参与式规划的转变；建立"当地政府—村民"双向互动的决策模式；以地方公众参与的法规条例作为改革引擎，建立"上有保障，下有机制"的规划决策与审批过程，实现由乡村管理模式向乡村治理模式的转变。第二，构建分层参与模式。促进农民自发参与规划，使农民更好地表达自身发展意愿和诉求；通过农民自治调动村委会，统筹农村地区经济社会发展和促进农民参与；因地制宜地形成"村委会—村代表—村民"的分层参与模式。第三，构建民主的村民监督体系。明确农民实质监督的相关法制，实现农民在乡村规划过程中的"政治民主化"，将农民监督制度系统化和规范化；完善村民参与的相关法律条款，明确规划行政机构相关义务和村民对建设规划项目的监督检查权，对村民参与乡村规划管理实施的范围和机制提供制度化保障，明确诉讼主体及其相关权利，保障农民对乡村规划的知情权和监督权。第四，建立长期有效的农民意见反馈机制。构建起长效的互动反馈机制（如"村主任热线"、规划建设"绿色窗口"、乡村规划展示厅和网络意见反馈平台等），将农民的意见和异议纳入规划的各环节中，切实通过农民意见反馈机制保障农民的知情权和参与权，使农民利益主体

得以保护及公众参与的作用得以发挥①。

4. 加大新型农民教育培训,提升村民自治管理水平

加大新型农民教育培训是村镇美化建设的重要任务之一。促进乡村经济社会文化事业的繁荣发展、保障农民增收和乡风文明,需要培养大批有文化、讲文明、懂技术、会经营的新型农民。通过投入资金加大教育培训力度,调动农民学习的积极性,提高工作人员的道德水平、知识水平和业务素质。根据地方生态区域特点和农民生产、生活需求,确定教育培训的内容和形式,尊重农民意愿,分类培训指导。在提高农民增收致富能力的同时,注重思想文化教育,提高农民的综合素质,建设富裕文明的美丽乡村。

创新社区管理模式、提高村民自治水平是村镇美化建设的重要途径。倒逼和创新多种民主管理方式,转变基层政府的工作职能,完善村委直选制度,深化村务公开和民主管理制度;对村级重大经费开支、土地补偿金使用、项目建设等重大村务,探索推行村民公决制和村级重大决策民主听证制。提高村民自治的管理水平,增强社区自治功能,健全村民自治机制;探索维护群众权益、化解社会矛盾的新途径和新方法,在社区形成科学有效的利益协调机制、诉求表达机制、矛盾调处机制和权益保障机制。

---

① 浙江省在建设"美丽乡村"过程中重视农民意愿对于规划绩效的作用和影响,认真落实"一事一议"制度,对于村级建设进行管理监督,同时通过"村民理事会"模式动员农民规划师和村民对乡村建设的实施进行跟踪监督,并且收集相关反馈意见,调整规划,在产业引入、生态环境保护和建设风貌控制方面发挥了较大的作用,其中"安吉模式"最具有代表性。

主要参考文献

白延飞, 王子臣, 吴昊, 等. 2014. 建立小型分散养殖粪污集中收集处理服务体系的研究. 安徽农业科学, (33): 11844-11847

边防, 赵鹏军, 张衔春, 等. 2015. 新时期我国乡村规划农民公众参与模式研究. 现代城市研究, (4): 27-34

财政部. 2013. 财政部关于发挥一事一议财政奖补作用推动美丽乡村建设试点的通知. http://zgb.mof.gov.cn/zhuantilanmu/xcjssd/bf/201307/t20130708_955437.html[2013-7-1]

陈芳, 毛锋. 2010. 村镇土地利用结构演化规律与模型探析. 安徽农业科学, 38(12): 6373-6378

陈清, 卢树昌, 等. 2015. 果类蔬菜养分管理. 北京: 中国农业大学出版社

陈微, 刘丹丽, 刘继军, 等. 2009. 基于畜禽粪便养分含量的畜禽承载力研究. 中国畜牧杂志, 45(1): 46-50

陈锡文. 2015a-2-4. 中国农业发展转型需要新理念. 光明日报

陈锡文. 2015b-3-18. 适应经济发展新常态 加快转变农业发展方式. 求是

段力誌. 2011. 农村土地流转问题研究——以重庆城乡统筹试验区为例. 重庆: 重庆大学博士学位论文

高旺盛, 陈源泉, 隋鹏. 2015. 循环农业理论与研究方法. 北京: 中国农业大学出版社

国家发展和改革委员会. 2014. 国家新型城镇化规划(2014—2020年). http://ghs.ndrc.gov.cn/zttp/xxczhjs/ghzc/201605/t20160505_800839.html[2014-12-5]

国家环保总局. 2006. 关于印发国家级生态村创建标准(试行)的通知. http://www.zhb.gov.cn/gkml/zj/wj/200910/t20091022_172434.htm[2014-5-12]

国家统计局. 2015. 2015中国统计年鉴. 北京: 中国统计出版社

国家质量监督检验检疫总局, 国家标准化管理委员. 2015. "美丽乡村建设指南"(GB/T 32000—2015). http://www.csres.com/detail/267858.html[2015-4-29]

国土资源部. 2015. 全国城镇土地利用数据汇总成果分析报告. http://data.mlr.gov.cn/qtsj/201512/t20151229_1393418.htm[2015-12-29]

国土资源部. 2016. 2015年中国国土资源公报. http://data.mlr.gov.cn/gtzygb/2015/201604/t20160422_1403272.htm[2016-4-22]

国土资源部. 2017. 国土资源部关于发布2015年全国耕地质量等别更新评价主要数据成果的公告. http://www.mlr.gov.cn/zwgk/zytz/201702/t20170222_1440804.htm[2017-1-17]

国务院办公厅. 2013. 国务院关于印发循环经济发展战略及近期行动计划的通知. http://www.gov.cn/zwgk/2013-02/05/content_2327562.htm[2013-1-23]

国务院办公厅. 2015. 国务院办公厅关于加快转变农业发展方式的意见. http://www.gov.cn/zhengce/content/2015-08/07/content_10057.htm[2015-8-7]

环境保护部. 2016a. 国家生态文明建设示范县、市指标(试行). http://www.zhb.gov.cn/gkml/hbb/bwj/201601/t20160128_327045.htm[2016-1-22]

环境保护部. 2016b. 国家生态文明建设示范区管理规程(试行). http://www.zhb.gov.cn/gkml/hbb/bwj/201601/t20160128_327045.htm[2016-1-22]

蒋阿宁, 管建慧, 黄文江, 等. 2014. 连续三年冬小麦精准施肥的效益分析. 四川农业大学学报, 32(3): 335-339

科技部. 2015. 中华人民共和国促进科技成果转化法. http://www.most.gov.cn/fggw/fl/201512/t20151203_122619.htm[2015-8-31]

邹艳丽, 刘海燕. 2010. 我国村镇规划编制现状、存在问题及完善措施探讨. 规划师, 26(6): 69-74

雷春生. 2015. 试论当前村镇规划建设管理. 建筑科学, (34): 270

李国祥. 2015. 如何推进我国农业供给侧结构性改革. http://cn.chinagate.cn/news/2015-12/25/content_37394677.htm[2015-15-25]

李峻峰, 史含章. 2014. 乡村绿色基础设施——城乡基础设施一体化新思路. 城乡治理与规划改革——

2014中国城市规划年会论文集(14 小城镇与农村规划)
李志军, 刘海燕, 刘继生, 等. 2010. 中国农村基础设施建设投入不平衡性研究. 地理科学, 30(6): 839-846
刘彦随, 陈聪, 李玉恒, 等. 2014. 中国新型城镇化村镇建设格局研究. 地域研究与开发, 33(6): 1-6
农业部. 2011. 饲料和饲料添加剂管理条例. http://jiuban.moa.gov.cn/fwllm/zxbs/xzxk/spyj/201706/t20170606_5661908.htm[2011-11-10]
农业部. 2013. 农业部"美丽乡村"创建目标体系(试行). http://www.docin.com/p-816337549.html [2013-5-5]
农业部. 2015a. 关于积极开发农业多种功能大力促进休闲农业发展的通知. http://jiuban.moa.gov.cn/zwllm/tzgg/tz/201509/t20150918_4834255.htm[2015-9-16]
农业部. 2015b. 全国农业可持续发展规划(2015—2030年)发布. http://www.gov.cn/xinwen/2015-05/28/content_2869902.htm[2015-5-28]
农业部办公厅. 2013. 农业部办公厅关于开展"美丽乡村"创建活动的意见. http://jiuban.moa.gov.cn/zwllm/tzgg/tz/201302/t20130222_3223999.htm[2013-3-22]
盛婧, 孙国峰, 郑建初. 2015a. 典型粪污处理模式下规模养猪场农牧结合规模配置研究Ⅰ. 固液分离-液体厌氧发酵模式. 中国生态农业学报, (23): 199-206
盛婧, 孙国峰, 郑建初. 2015b. 典型粪污处理模式下规模养猪场农牧结合规模配置研究Ⅱ. 粪污直接厌氧发酵处理模式. 中国生态农业学报, (23): 886-891
孙凡文, 张小飞, 刘娇, 等. 2015. 我国城乡基本公共服务均等化水平评价分析. 调研世界, (7): 9-12
王瑾, 韩剑众. 2008. 饲料中重金属抗生素对土壤和蔬菜的影响. 生态与农村环境学报, 24(4): 90-93
王万茂, 董祚继, 王群, 等. 2006. 土地利用规划学. 北京: 科学出版社
王卫星. 2014. 美丽乡村建设: 现状与对策. 华中师范大学学报(人文社会科学版), 53(1): 1-6
新华社. 2015a. 中共中央、国务院关于加快推进生态文明建设的意见. http://www.gov.cn/gongbao/content/2015/content_2864050.htm[2015-4-25]
新华社. 2015b. 中共中央、国务院生态文明体制改革总体方案. http://www.gov.cn/guowuyuan/2015-09/21/content_2936327.htm[2015-9-21]
新华社. 2015c. 中共中央关于制定国民经济和社会发展第十三个五年规划的建议. http://cpc.people.com.cn/n/2015/1103/c399243-27772351.html[2015-11-3]
新华社. 2016. 中共中央、国务院关于落实发展新理念加快农业现代化 实现全面小康目标的若干意见. http://www.gov.cn/zhengce/2016-01/27/content_5036698.htm[2016-1-27]
薛绪掌, 陈立平, 孙治贵, 等. 2004. 基于土壤肥力与目标产量的冬小麦变量施氮及其效果. 农业工程学报, 20(3): 59-62
杨红旗, 徐艳华. 2010. 我国种植业发展现状、制约因素分析及对策建议. 江西农业学报, 22(8): 181-183
杨军香, 王合亮, 焦洪超, 等. 2016. 不同种植模式下的土地适宜载畜量. 中国农业科学, (49): 339-347
叶静, 叶近天, 宋仿根, 等. 2013. 水旱轮作制下稻田精准施肥技术应用效果. 浙江农业科学, (8): 941-943
张井柱. 2013. 玉米精准变量施肥技术的示范应用. 长春: 吉林农业大学硕士学位论文
张书慧, 马成林, 李伟, 等. 2006. 变量施肥对玉米产量及土壤养分影响的试验. 农业工程学报, 22(8): 64-67
张为民. 2014. 中国县域统计年鉴(乡镇卷). 北京: 中国统计出版社
赵虎, 郑敏, 戎一翎, 等. 2011. 村镇规划发展的阶段、趋势及反思. 现代城市研究, (5): 47-50
郑久坤, 杨军香. 2013. 粪污处理主推技术. 北京: 中国农业科学技术出版社
周艺霖, 宋易倩. 2014. 我国农村土地流转创新模式研究. 广东土地科学, 13(4): 30-35
周游, 魏开, 周剑云, 等. 2014. 我国乡村规划编制体系研究综述. 南方建筑, (2): 24-29
朱北仲. 2015. 我国农村土地确权中的问题与解决对策. 经济纵横, (5): 44-47
朱丽娜, 姜海, 诸东海, 等. 2013. 分散养殖污染治理中政府定位及公共服务供给研究. 农业环境与发展, (2): 7-10